本书获中宣部全国文化名家暨"四个一批"人才项目资助

# 思想的表达与传播

## 学术出版的本质及其实践

上卷

赵剑英 著

中国社会科学出版社

图书在版编目（CIP）数据

思想的表达与传播：学术出版的本质及其实践：全2卷／赵剑英著．—北京：中国社会科学出版社，2021.11

ISBN 978 - 7 - 5203 - 9155 - 9

Ⅰ.①思… Ⅱ.①赵… Ⅲ.①学术工作—出版物—图书出版—研究—中国 Ⅳ.①G237

中国版本图书馆 CIP 数据核字（2021）第 187425 号

| | |
|---|---|
| 出 版 人 | 赵剑英 |
| 责任编辑 | 仲 欣 |
| 责任校对 | 朱妍洁 |
| 责任印制 | 王 超 |

| | |
|---|---|
| 出　　版 | 中国社会科学出版社 |
| 社　　址 | 北京鼓楼西大街甲 158 号 |
| 邮　　编 | 100720 |
| 网　　址 | http://www.csspw.cn |
| 发 行 部 | 010 - 84083685 |
| 门 市 部 | 010 - 84029450 |
| 经　　销 | 新华书店及其他书店 |

| | |
|---|---|
| 印刷装订 | 北京君升印刷有限公司 |
| 版　　次 | 2021 年 11 月第 1 版 |
| 印　　次 | 2021 年 11 月第 1 次印刷 |

| | |
|---|---|
| 开　　本 | 710×1000　1/16 |
| 印　　张 | 59.5 |
| 字　　数 | 788 千字 |
| 定　　价 | 498.00 元（全二卷） |

# 赵剑英简介

　　赵剑英，现任中国社会科学院中国社会科学出版社党委书记、社长，编审（二级）。中国社会科学院大学哲学院教授、博士生导师、博士后合作导师，南开大学—中国社会科学院大学21世纪马克思主义研究院特聘教授。获第五届中国出版政府奖优秀出版人物奖（2021年），第十三届韬奋出版奖（2019年），全国文化名家暨"四个一批"人才（2014年），国家百千万人才暨"有突出贡献中青年专家"（2013年），全国新闻出版行业领军人才（2010年），国务院政府特殊津贴专家（2009年）。获中国社会科学院优秀共产党员（2016年）、先进个人（2010—2012年度）、优秀青年（2000年）等荣誉称号。获第六届吴玉章人文社会科学优秀奖、"中国社会科学院第一届青年优秀成果奖"论文类一等奖、第一届全国青年优秀社会科学成果奖三等奖、中国青年科技论坛三等奖、第二届"胡绳青年学术奖"提名奖、中国社会科学院优秀对策信息对策研究类一等奖、中国社会科学院优秀决策信息情况报告类三等奖。兼任中国辩证唯物主义研究会副会长，中国历史唯物主义学会副会长。

中国人民大学哲学学士、哲学硕士，中国社会科学院研究生院哲学博士

1989年8月—1994年9月　　中国社会科学杂志社哲学编辑室编辑、副主任（主持工作）（其间在陕西商洛丹凤县扶贫）

1994年9月—2000年12月　　中国社会科学院党委办公室宣传处副处长、处长（其中，1995年12月到1997年8月在新华社澳门分社政策研究室任高级研究员）

2000年12月—2006年10月　　中国社会科学杂志社副总编辑

2004年9月—2005年1月　　在中央党校第2期半年制中青班学习

2006年10月—2007年7月　　中国社会科学杂志社副总编辑、机关党委书记

2007年7月—2011年8月　　中国社会科学出版社总编辑

2011年8月—2017年8月　　中国社会科学出版社社长、总编辑、机关党委书记

2017年8月—2018年8月　　中国社会科学出版社社长、机关党委书记

2018年8月至今　　中国社会科学出版社党委书记、社长

长期致力于马克思主义哲学、中国特色社会主义理论和习近平新时代中国特色社会主义思想的学习与研究。著有《深圳经验与中国特色社会主义道路》《21世纪中国的马克思主义（中俄文版）》《时代的哲学回声》《哲学的力量——社会转型时期的中国哲学》《复兴中国》等。主编《中国道路的哲学形态》《中国共产党治党治国的哲学智慧》《后疫情时代的全球经济与世界秩序》《论中国模式（中英文版）》《马克思哲学论坛文丛（共7卷）》等。在《中国社会科学》《哲学研究》《马克思主义研究》《人民日报》等报刊上发表论文和文章近百篇。代表作有《百年中国共产党为什么能的哲学密码》《中国之治的实践逻辑》《中国道路的哲学观念》《深刻理解党的十九大报告的"大历史观"》《党的自我革命开创权力监督的新路》《现代性与近代以来中国人的文化认同危机及重构》《试析实践活动运行机制》等。

策划出版了《习近平新时代中国特色社会主义思想学习丛书》《理解中国丛书》《中国制度研究丛书》《当代中国学术思想史丛书》以及"中社智库"系列等，在海内外产生较大影响力。获国家新闻出版广电总局授予的"2016年度推动版权输出引进典型人物"奖。近年来，在赵剑英的带领下，中国社会科学出版社在推动中国文化、中国学术"走出去"，讲好中国故事、发出中国声音方面做了大量富有成效的工作，被中宣部授予"中国图书对外推广计划"特别贡献奖。

2008 年 1 月 4 日，中国社会科学院常务副院长王伟光（左四）、副院长陈佳贵（右三）、副院长武寅（左三）一行来中国社会科学出版社调研后与社领导班子合影

2008 年 9 月 12 日，赵剑英总编辑在新时期中国哲学社会科学发展 30 年暨中国社会科学出版社建社 30 周年专家座谈会上向专家颁发出版社专家委员会委员证书，右三为中央党校谢春涛教授

2008 年 9 月 12 日，赵剑英总编辑主持新时期中国哲学社会科学发展 30 年暨中国社会科学出版社建社 30 周年专家座谈会（历史学科），前排右五为中国社会科学院副院长武寅，前排右一为北京大学历史系钱乘旦教授

2008 年 1 月 18 日，赵剑英总编辑拜访老作者、著名学者任继愈先生

2009 年 1 月 23 日，赵剑英总编辑拜访著名学者、
中国社会科学院原副院长于光远先生

2009 年 6 月 28 日，赵剑英总编辑在北京师范大学参加罗尔斯《正义论》修订版研讨会并与 20 年后再度合作的三位译者：何怀宏（左四）、何包钢（右三）、廖申白（左二）共祝新版问世，左三为北京师范大学副校长韩震

2010 年 1 月 20 日，中国社会科学出版社举行《治理中国：从革命到改革》中文版出版媒体见面会，赵剑英总编辑致辞，该书作者、美国布鲁金斯学会桑顿中国研究中心主任李侃如（Ken Lieberthal）（左三）参会

2010 年 2 月 2 日，
赵剑英总编辑拜访
老作者、著名学者、
红学家冯其庸先生

2010 年 2 月 2 日，
赵剑英总编辑拜访
中国社会科学出版
社、中国社会科学
杂志社原总编辑，
中国社会科学院原
副院长丁伟志先生

2010 年 2 月 2 日，
赵剑英总编辑看望
先后担任过我社总
编辑的三位老同志，
右二为丁伟志先生，
左一为王俊义先生，
左二为郑文林先生

2012年2月17—19日，社长兼总编辑赵剑英在"国家社科基金重大招标项目暨中国社会科学院重大课题《剑桥古代史》《新编剑桥中世纪史》翻译工程2012年度工作会议"上致辞

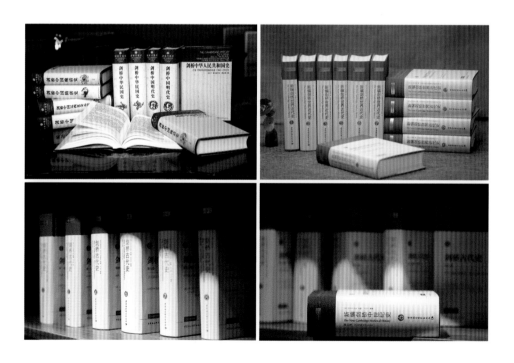

2012年7月30日，社长兼总编辑赵剑英在人民大会堂参加《简明中国历史读本》
出版座谈会，与全国政协副主席、中国社会科学院院长陈奎元合影

2012年7月30日，社长兼总编辑赵剑英参加《简明中国历史读本》
出版座谈会，与国家新闻出版总署署长、党组书记柳斌杰合影

2012 年 4 月 16 日，在第 41 届伦敦国际书展上，社长兼总编辑赵剑英与中国社会科学院副院长李扬（左三）、财经战略研究院院长高培勇（左二）、世界经济与政治研究所所长张宇燕（右二）、社会学研究所所长李培林（右一）合影

2012 年 8 月 30 日，社长兼总编辑赵剑英在"中国的历史属于世界：中国社会科学出版社图书版权推介与国际合作招待酒会"上致辞

2012 年 10 月 19 日，社长兼总编辑赵剑英在中国社会科学院国际研究学部、中国社会科学出版社联合主办的中国社会科学院国际研究学部学科发展报告编写工作座谈会上讲话

2013 年 6 月 8 日，社长兼总编辑赵剑英与著名历史学家李学勤先生合影

2013 年 11 月 27 日，社长兼总编辑赵剑英陪同中国人民
对外友好协会会长陈昊苏先生参观中国社会科学出版社

2013 年 12 月 13 日，受中国社会科学院委托，中国社会科学出版社主办 2013 年度"六名会"。王伟光院长（左二）、李培林副院长（左一）、高翔秘书长（右一）与社长兼总编辑赵剑英交谈

2013 年 12 月 13 日，社长兼总编辑赵剑英陪同王伟光院长等院领导参观中国社会科学出版社出版成果

2014年5月14日,俄罗斯科学院院士、著名中国问题专家季塔连科（Михаил Леонтьевич Титаренко）访问中国社会科学出版社并作学术演讲,社长兼总编辑赵剑英与季塔连科院士交谈

2014年5月16日,在俄罗斯驻华使馆举行的《俄罗斯的亚洲战略》首发式暨季塔连科院士80寿辰庆祝会上与中国社会科学院原副院长、《求是》杂志社社长李捷合影

2014年5月16日,在俄罗斯驻华使馆举行的《俄罗斯的亚洲战略》首发式暨季塔连科院士80寿辰庆祝会上与中国社会科学院荣誉学部委员、著名翻译家、画家、诗人高莽先生合影

2014 年 8 月 14 日，社长兼总编辑赵剑英与中国社会科学院学部委员、近代史研究所原所长、中国史学会原会长张海鹏先生合影

2014 年 8 月 25 日，社长兼总编辑赵剑英与参加"中国社会科学论坛（2014）国际学术出版：资源与合作"的专家学者合影，左五为中国社会科学院副院长张江

2016 年 1 月 3 日，社长兼总编辑赵剑英拜访原中央政治局委员、
中国社会科学院原院长李铁映同志

2016 年 1 月 20 日，在《满铁农村调查》与《中国农村调查》
新书发布暨学术研讨会上，与著名学者、华中师范大学徐勇教授交谈

2014 年 10 月 14 日，社长兼总编辑赵剑英访问莫斯科国立大学出版社并与该社社长伊戈尔·波波夫（Igor Popov）（右三）会谈后合影

2015 年 5 月 29 日，出席美国纽约国际书展中国主宾国活动，左五为国家新闻出版广电总局副局长吴尚之

2015 年 9 月 24 日，参观瑞典乌普萨拉大学图书馆特藏部中国藏品区

2016 年 4 月 12 日，在伦敦国际书展上与受邀参加中国社会科学出版社活动的
英国学者马丁·雅克（Martin Jacques）合影

2016 年 4 月 15 日，访问罗德里奇学术出版社，与其全球出版总监艾伦（Alan Jarvis）、
人文与传媒总监本·丹尼（Ben Denne）以及编辑主管罗伯特（Robert）合影

2016 年 11 月 22 日，从北京出
发抵达智利圣地亚哥国际机场

2016 年 11 月 23 日，社长兼总编辑赵剑英
参加中国—智利经济社会发展高端研讨会，
主席台右二为中国社会科学院院长王伟光

2016 年 11 月 23 日，社长兼总编辑赵剑英
与智利前总统爱德华多·弗雷（Eduardo
Frei Ruiz-Tagle）合影

2016 年 11 月 23 日，社长兼总编辑赵剑英
在智利首都圣地亚哥智利社会政治研究所
发布《理解中国》丛书之《中国的民主道
路》西班牙文版

2016 年 11 月 23 日，向智利学者赠送中
国社会科学出版社英文版和西班牙文版图
书，左一为《中国的民主道路》作者房宁
教授（中国社会科学院政治学研究所所长）

2017年1月9日，社长兼总编辑赵剑英在法国波尔多政治学院等大学和机构，洽谈筹备成立法国分社事宜，右三为法国阿基坦大区大学及学术机构联盟主席马文森（Vincent Hoffmann-Martinot），右五为波尔多大学出版社社长多米尼克·皮科（Dominique Picco）

2017年1月10日，与法方会谈

2017年1月10日，与法方就《理解中国》丛书法文版的出版签署意向合作协议，左一为法国波城大学校长莫罕穆德·阿玛拉（Mohamed Amara），右一为法国阿基坦大区大学及学术机构联盟主席马文森，右二为法国波城大学出版社社长维克托·佩雷拉（Victor Pereira）

2017年1月10日，与法方签署多项意向合作协议

2017年4月10日，中国社会科学出版社法国分社成立，社长兼总编辑赵剑英与阿基坦大区大学及学术机构联盟主席马文森揭幕

2017年4月10日，中国社会科学院中国研究中心与中国社会科学出版社法国分社成立，社长兼总编辑赵剑英与中国社会科学院副院长蔡昉、阿基坦大区大学及学术机构联盟主席马文森、波尔多政治学院院长伊夫·德洛伊（Yves Déloye）合影

2017年4月10日，在法国波尔多政治学院与中法学者合影，中方学者有蔡昉、黄平、陈星灿等教授

2016 年 8 月 24 日，在北京国际书展就《理解中国》丛书的出版接受中央电视台记者采访

2016 年 11 月 23 日，中国社会科学出版社智利分社成立，赵剑英社长接受中央电视台记者采访

2017 年 4 月 10 日，中国社会科学出版社法国分社成立，赵剑英社长接受中央电视台记者采访

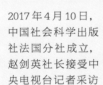

2019 年 8 月 21 日，在北京国际书展就《理解中国》丛书的影响力接受中央电视台记者采访

2017 年 6 月 21 日，作为校友、系友代表在中国人民大学
哲学院学生夏季毕业典礼上演讲

2017 年 6 月 21 日，与中国人民大学哲学院学位委员会全体委员合影，
右五为中国人民大学党委常务副书记张建明，右六为著名学者、中国人
民大学哲学院张立文教授，左五为中国人民大学哲学院院长姚新中教授

2016 年 3 月 29 日，社长兼总编辑赵剑英与中国社会科学院副院长蔡昉一起为社科书店新装开业揭牌

2017 年 6 月 30 日，拜访作者、中国社会科学院荣誉学部委员、著名法国文学专家、外国文学所研究员柳鸣九先生

2017 年 6 月 30 日，率队参加中国社会科学院"社科杯"乒乓球比赛

2017 年 7 月 19 日，与著名经济学家、中国社会科学院学部委员张卓元先生合影

2017 年 12 月 15 日，在复旦大学举行的"中国大学智库论坛 2017 年年会"
上作学术报告

2018 年 4 月 17 日，靳辉明教授（左五）著《思想巨人马克思》发布会与会专家合影

2018 年 4 月 17 日，与著名马克思主义哲学家、教育家陈先达先生合影

2018 年 4 月 17 日，与中央编译局原副局长顾镜屏先生交流

2018 年 4 月 17 日，与中国社会科学院学部委员、原马列所所长靳辉明先生交流

2018 年 6 月 12 日，与中国社会科学院院长、党组书记谢伏瞻先生合影

2018 年 6 月 12 日，与中共中央党校原副校长杨春贵先生合影

2018年6月12日，赵剑英社长与出席新时代哲学社会科学出版座谈会暨中国社会科学出版社成立40周年大会的贵宾热烈交谈，从左到右分别为：中共中央党校原副校长杨春贵，中国社会科学院原党委书记、副院长王忍之，中国社会科学院原副院长、荣誉学部委员丁伟志，中国社会科学出版社社长赵剑英，中国社会科学出版社总编辑魏长宝，中国社会科学院院长、党组书记谢伏瞻，原国家新闻出版总署署长、党组书记柳斌杰，中央纪委驻中国社会科学院纪检组原组长李秋芳，中国社会科学院原副院长、学部委员汝信，中国社会科学院原副院长朱佳木

2018 年 6 月 12 日，新时代哲学社会科学出版座谈会暨中国社会科学出版社成立 40 周年大会

2018 年 12 月 6 日，与三联书店（香港）在香港联合出版大厦举行战略合作签约仪式暨
"中华文化的核心理念"学术研讨会

2018 年 12 月 8 日，与时任香港联合出版（集团）有限公司
常务副总裁（现任总裁）李济平先生合影

2019 年 6 月 18 日，在伦敦与英国帕斯国际出版社总裁保罗·高丁
（Paul Goulding）先生签署合作协议

2019 年 11 月 11 日，与俄罗斯科学院哲学研究所首席研究员、著名汉学家布罗夫
（Владилен Георгиевич Буров）教授合影

2019 年 4 月 9 日，参加《习近平新时代中国特色社会主义思想学习丛书》出版座谈会的专家合影，从右到左分别为中国社会科学院原副院长李培林，中国社会科学院副院长蔡昉，人民日报社副总编辑张首映，中国社会科学院院长、党组书记谢伏瞻，时任中共中央宣传部副部长梁言顺（现任中央和国家机关工作委员会主持日常工作副书记），中国社会科学院党组成员杨笑山，中国社会科学院秘书长赵奇，中国社会科学出版社社长赵剑英

2019 年 4 月 9 日，中国社会科学院召开《习近平新时代中国特色社会主义思想学习丛书》出版座谈会

2019 年 9 月 25 日，中国社会科学院召开《庆祝中华人民共和国成立 70 周年书系》
出版发布座谈会

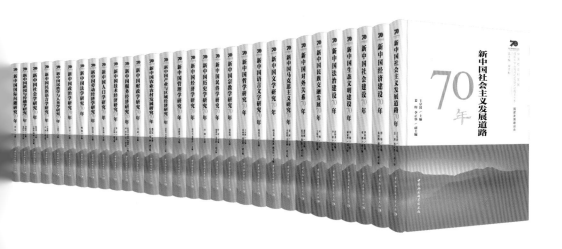

庆祝中华人民共和国成立 70 周年书系

2019 年 10 月 29 日，主持召开第一届中国哲学家论坛，与会专家合影

2021 年 6 月 20 日，在第三届中国哲学家论坛上发言

2019 年 11 月 18 日，访问中国（海南）改革发展研究院，与该院院长迟福林先生合影

2019 年 11 月 20 日，在海南三亚市出席中国出版界与北美东亚图书馆座谈会

2019年11月29日，《当代中国学术思想史》丛书出版座谈会暨编委会会议专家合影，前排左七为中国社会科学院院长、党组书记谢伏瞻，左八为中国社会科学院副院长、党组副书记（正部长级）兼中国历史研究院院长、党委书记高翔，左六为中国社会科学院原副院长李培林

2019年11月29日，陪同谢伏瞻院长视察中国社会科学出版社校对科

2019 年 12 月 18 日，拜访中国社会科学院原党委书记、副院长王忍之先生，并送上其新著《古史人镜辑录》（全三卷）

2020 年，与著名学者、北京大学哲学系朱良志教授合影

2020年2月17日，党委书记、社长赵剑英检查中国社会科学出版社疫情防控工作

2020年2月19日，陪同中国社会科学院党组成员、秘书长赵奇检查中国社会科学出版社疫情防控工作

2020年2月19日，陪同中国社会科学院党组成员、秘书长赵奇检查中国社会科学出版社疫情防控工作

2020 年 9 月 26 日，与著名马克思主义哲学家、南开大学哲学系教授陈晏清先生合影

2021 年 1 月 29 日，在中国社会科学院 2021 年度工作会议暨全面从严治党加强党的
建设工作会议上，中国社会科学出版社党委书记、社长赵剑英作交流发言

2020 年 9 月 16 日，中华人民共和国成立 70 周年纪念章颁发仪式合影

2021 年 6 月 10 日，"光荣在党 50 年"纪念章颁发仪式合影

2021 年 3 月 31 日，出席卓新平教授《宗教学新论》丛书出版座谈会时，
与十三届全国政协委员、文史和学习委员会副主任叶小文先生交流

2021 年 4 月 25 日，《中国金融报告 2020》新书发布暨高层研讨会专家合影，左四为
中国社会科学院原副院长李扬，左五为清华大学国家金融研究院院长朱民

2021年6月1日，在中俄智库高端论坛（2021）上，为我社出版的《庆祝〈中俄睦邻友好合作条约〉签署20周年文集》新书揭幕，左三为中国社会科学院院长、党组书记谢伏瞻，右三为俄罗斯驻华大使杰尼索夫（Андрей Иванович Денисов），左二为中国社会科学院副院长王灵桂，右二为中国驻俄罗斯原大使张汉晖，左一为中国社会科学院俄罗斯东欧中亚研究所所长孙壮志

2021年6月18日，庆祝建党100周年暨《当代中国马克思主义的最新理论成果》出版座谈会专家合影，右五为中国社会科学院原院长王伟光，左五为天津市社科联主席薛进文，左四为南开大学党委书记杨庆山，右四为浙江省人大常委会原副主任王永昌

2021年6月24日，庆祝中国共产党成立100周年《奋斗与梦想：近代以来中国人的百年追梦历程》出版座谈会专家合影，左七为中国社会科学院副院长、党组副书记（正部长级）兼中国历史研究院院长、党委书记高翔，右五为《求是》杂志社原社长李捷，左六为著名党史专家邵维正教授、少将，左五为吉林省政协原主席黄燕明

2021年6月26日，与中国社会科学院原副院长汝信先生及其夫人、全国脱贫攻坚楷模夏森女士合影

2021 年 7 月 17 日，在北京大学参加第三届世界马克思主义大会并发言

2021 年 8 月 26 日，主持《改革开放简史》统稿会

2021年9月7日，参加纪念"一带一路"倡议提出八周年国际学术研讨会暨《"一带一路"手册（2020）》新书发布会，左四为中国社会科学院院长、党组书记谢伏瞻，左二为中国社会科学院副院长王灵桂，左五为中国社会科学院原副院长蔡昉

2021年9月10日，中国经济高质量发展暨《成长的烦恼：中国迈向现代化进程中的挑战及应对》出版座谈会专家合影，左四为中国社会科学院原副院长蔡昉，右三为中国社会科学院原副院长李培林，右四为中国社会科学院学部委员朱玲

2021年6月23日，中国社会科学出版社党委荣获"中央和国家机关先进基层党组织"称号，党委书记、社长赵剑英在人民大会堂出席表彰大会

2019年，获第十三届韬奋出版奖

2014 年 1 月 4 日，参加第三届中国出版政府奖表彰大会

证　书

赵剑英 同志：

　　荣获第五届中国出版政府奖 优秀出版人物 奖。

特颁此证。

国家新闻出版署

二〇二一年

2021 年，获第五届中国出版政府奖优秀出版人物奖

2017 年 12 月 7 日，赵剑英社长在香港大学作题为"新时代中国共产党的自我革命与破解历史周期率"的演讲

2019 年 12 月 5 日，党委书记、社长赵剑英在同济大学作题为"中国之治的实践逻辑"的学术报告

党委书记、社长赵剑英线上视频授课

## 同济马院大讲坛第十四期

# 中国之治的实践逻辑

**赵剑英**

赵剑英，浙江萧山人，哲学博士，曾任中国社会科学杂志社副总编辑，机关党委书记，中国社会科学出版社总编辑、社长兼总编辑，机关党委书记，现任中国社会科学出版社党委书记，社长，二级教授。

中国社会科学院大学哲学系教授、博士生导师、博士后合作导师，全国文化名家暨"四个一批"人才，国家百千万人才暨"有突出贡献中青年专家"，全国新闻出版行业领军人才，国务院政府特殊津贴专家，曾被评为中国社会科学院优秀党员，中国社会科学院先进工作者，中国社会科学院优秀青年。

兼任中国历史唯物主义学会副会长，全国中国特色社会主义理论研究会副会长，中国辩证唯物主义学会社会认识论专委会副会长，中国人学研究会常务理事，中国出版协会理事。南开大学、西北大学、浙江师范大学、陕西师范大学等大学客座教授和特聘教授。

长期致力于马克思主义哲学和中国特色社会主义理论的学习与研究。著有《21世纪中国的马克思主义》《时代的哲学回声》《哲学的力量——社会转型时期的中国哲学》《复兴中国》等，在海内外产生较大影响力。荣获新闻出版广电总局授予的"2016年度推动版权输出引进典型人物"奖项。

**时间：2019年12月5日15：30-17：00**
**地点：衷和楼1503学术报告厅**
**主办单位：同济大学马克思主义学院**

---

### 明德讲坛 第二十一期

#### 暨"不忘初心、牢记使命"主题教育讲座

# 中国之治的实践逻辑

### 讲座人：赵剑英 教授

赵剑英，浙江萧山人，哲学博士。曾任中国社会科学杂志社副总编辑、机关党委书记，中国社会科学出版社总编辑、社长兼总编辑，机关党委书记，现任中国社会科学出版社党委书记，社长，二级教授。

中国社会科学院大学哲学系教授、博士生导师、博士后合作导师，全国文化名家暨"四个一批"人才，国家百千万人才暨"有突出贡献中青年专家"，全国新闻出版行业领军人才，国务院政府特殊津贴专家，曾被评为中国社会科学院优秀党员，中国社会科学院先进工作者，中国社会科学院优秀青年。

兼任中国历史唯物主义学会副会长，全国中国特色社会主义理论研究会副会长，中国辩证唯物主义学会社会认识论专委会副会长，中国人学研究会常务理事，中国出版协会理事。南开大学、西北大学、浙江师范大学、陕西师范大学等大学客座教授和特聘教授。

**时间：12月5日 上午9:00**
**地点：文科实验楼203教室**

上海师范大学马克思主义学院

---

香港大學政治與公共行政學系
Department of Politics and Public Administration
The University of Hong Kong

### SEMINAR & ROUND TABLE DISCUSSION

# THE INSTITUTIONAL INNOVATION & CAPACITY BUILDING OF THE COMMUNIST PARTY OF CHINA

**KEYNOTE SPEAKER**

**PROFESSOR ZHAO JIANYING**

PROFESSOR OF PHILOSOPHY
CHINESE ACADEMY OF SOCIAL SCIENCES
PRESIDENT,
CHINA SOCIAL SCIENCES PRESS

**ROUND TABLE DISCUSSANTS**

PROF. BU XIANQUN
DIRECTOR, INSTITUTE OF HISTORY, CHINESE ACADEMY OF SOCIAL SCIENCES
PROF. ZHOU SUYUAN
EXECUTIVE VICE PRESIDENT, THE CHINESE INSTITUTE OF HONG KONG
MS. WANG YIN
ASSISTANT CHIEF EDITOR, CHINA SOCIAL SCIENCES PRESS
DIRECTOR, CENTER FOR MAJOR PUBLICATION PROJECTS
PROF. RICHARD HU
PROFESSOR & HEAD, DEPARTMENT OF POLITICS & PUBLIC ADMINISTRATION, HKU
PROF. CI JIWEI
PROFESSOR, DEPARTMENT OF PHILOSOPHY, HKU
DR. YAN XIAOJUN
ASSOCIATE PROFESSOR, DEPARTMENT OF POLITICS & PUBLIC ADMINISTRATION, HKU

**THURSDAY, DECEMBER 7, 2017**
**FOUR P.M**

**JOCKEY CLUB TOWER, HKU**
**JCT966**
**(IN MANDARIN)**

ALL ARE WELCOME

---

# 21世纪马克思主义讲坛

## （第十讲）

# 习近平新时代中国特色社会主义思想开辟了当代中国马克思主义、21世纪马克思主义新境界

### 主讲：赵剑英（中国社会科学出版社社长、研究员）

时　间：2020年12月13日（周日）下午15：00

主办单位：中央党校（国家行政学院）马克思主义学院
　　　　　中国马克思主义研究基金会

说　明：届时请关注腾讯会议参会账号998 415 862

## 欢迎参加！

2021 年 3 月 31 日，党委书记、社长赵剑英应邀在北京大学国家发展研究院作学习党史专题报告

2021 年 3 月 31 日，党委书记、社长赵剑英应邀在北京大学国家发展研究院作学习党史专题报告

2021 年 5 月 20 日，党委书记、社长赵剑英在中国社会科学出版社讲党史学习教育专题党课

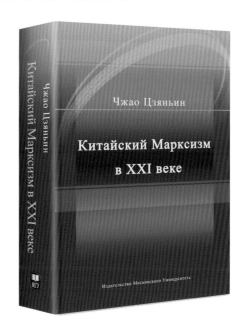

21 世纪中国的马克思主义（中文版）  21 世纪中国的马克思主义（俄文版）

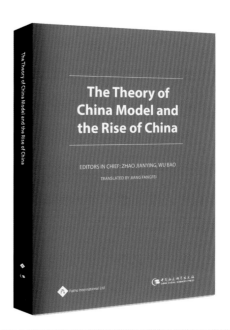

时代的哲学回声（中文版）  论中国模式（英文版）

俄罗斯科学院哲学研究所首席研究员布罗夫教授为赵剑英著《21世纪中国的马克思主义》一书撰写长篇书评——《马克思主义的创造性方法》,并发表在《自由思想》杂志2019年第6期

Свободная Мысль
(《自由思想》)杂志

赵剑英教授的论文《中国化马克思主义哲学引领中国改革开放的伟大历史进程》由布罗夫教授翻译为俄文并发表在《自由思想》杂志2020年6月第3期

## 赵剑英策划的部分图书

理解中国丛书

中国社会科学院马克思主义理论学科建设与理论研究系列丛书

习近平新时代中国特色社会主义思想学习丛书，被中国共产党历史展览馆永久收藏 10 套

当代中国学术思想史丛书

中外哲学典籍大全

今注本二十四史

深圳经济特区建立 40 周年改革创新研究特辑

中国制度研究丛书

2015 年策划"中社智库"品牌，已成为国内系统、密集、快速
展示中国高端智库成果的重要平台

国家智库报告
National Think Tank

地方智库报告
Local Think Tank

年度报告
Annual Report

智库丛书
Think Tank Series

中国宏观经济研究院　　　　北京大学国家发展研究院　　　　国家发展与战略丛书
国宏智库青年丛书　　　　　　智库丛书　　　　　　　　　　　中国人民大学国发院智库丛

# 序

# 对中国学术出版建设的
# 可贵思考与实践

邬书林[*]

中国社会科学出版社赵剑英同志将他2008年至2020年十多年间的130余篇文章、书评、工作报告和重点图书策划实录，以《思想的表达与传播——学术出版的本质及其实践》为名出版，嘱我作序。把剑英同志的这本书放到中国出版业改革发展的大背景下去考量，从中可以看到一代出版人对中国从出版大国向出版强国迈进的思考和实践的轨迹，本书也是这一进程的历史见证。作者在以下几方面有思考、有创新、有实践，值得关注学术出版的同志们读一读。

**其一，本书对学术出版的本质和中国如何推进学术出版的繁荣发展做了哲学层面的深入思考和积极探索。**学术出版在出版行业中具有重要地位，是出版业的核心板块。如何做好学术出版工作，是一个十分重要的课题。对于一家学术出版社的"掌门人"来说，更是一大挑战，是对其智慧与能力的考验。中国社会科学出版社是我国最具影响力的学术出版社之一，在十几年的出版实践中，作为该社"掌门人"，赵剑英以哲学思维探索学术出版之道，为出版同行提供了有价值的借鉴。

做好学术出版，首先要回答何谓学术出版，学术出版的矛盾或

---

\* 邬书林，原国家新闻出版广电总局副局长，现任中国出版协会理事长。

症结是什么。剑英同志用"思想的表达与传播"概括学术出版的本质与使命，新颖又独到。出版的本质功能是传播知识、传递信息、传承文明，用古今中外的知识、思想来提高人的素质，推动社会进步。剑英同志认为，思想是人类文明中最具原创性、最核心、最精粹的部分，因此，作为表达和传播思想、推动人类思想进步的学术出版应是最基本、最重要的出版形态。学术出版不仅要传播好学者按照自己的研究计划生产出来的学术成果，还要以好的选题策划引领和推动学术思想创新。我以为，剑英同志的这一理解是精准的，对于做好学术出版工作十分重要。剑英同志长期从事马克思主义哲学研究，擅长辩证思维、战略思维、系统思维，基于对学术出版的认识和面对社科出版社在发展中曾经存在的问题，他提出了"一个定位""三个统一""五个战略""六个坚持"等出版理念（书中有详细阐释），破解学术出版的难题。这些理念从哲学层面阐明了社科出版社的基本定位、发展目标、发展战略、管理体制机制、队伍建设、一体多元的出版格局等，具有很强的针对性和创新性。

**其二，本书对学术出版的社会效益和经济效益的关系做了有价值的研究并用实践回答了两者统一的问题。**把社会效益放首位，努力实现社会效益与经济效益相统一，是党和国家重要的出版方针，是衡量出版工作的首要标准。一段时期以来，把社会效益和经济效益对立起来，认为两者很难统一，一直是中国学术出版繁荣发展的障碍，甚至有人认为学术出版天然亏损，应当由政府包下来。读一读此书，我们欣喜地看到，在剑英同志的带领下，在过去的十多年中，中国社会科学出版社用实践很好地回答了"两个效益"相统一的问题。

十多年来，他策划组织了一系列"两个效益"相统一的优秀选题，带领社科出版社走出一条主题出版、精品出版、数字出版、国际出版和大众出版有机统一、相互联动的特色发展之路。先进出版理念不仅体现为体制机制的变革，更体现为选题策划思路的创新。

近十余年来，剑英同志策划出版了一批学术影响力大、市场反响好的优秀图书，如《习近平新时代中国特色社会主义思想学习丛书》、《理解中国》丛书、《当代中国学术思想史》丛书、《中国制度研究》丛书、《简明中国》丛书、"国家智库报告"等品牌图书，在这一过程中，他探索出一条主题出版、精品出版、数字出版、国际出版和大众出版有机统一、相互联动的特色发展之路。如《习近平新时代中国特色社会主义思想学习丛书》，该丛书是一部系统学习阐释习近平新时代中国特色社会主义思想的权威著作，它将政治性、研究性和学理性相结合，力求把政治语言转化为学术语言和大众语言。因此，它既是研究性很强的学术著作、精品图书（2021年获得第五届中国出版政府奖图书提名奖），又是具有重大理论和政治意义、适合大众阅读的主题出版物和大众读物（在国内发行6万多套，发货码洋3500多万元），还被翻译为英、俄、韩等多个语种在国外出版，成为"走出去"的精品。同时，该丛书的电子书入选中宣部组织的"新时代 新经典——学习习近平新时代中国特色社会主义思想重点数字图书专栏"，在16家网络传播平台同步上线，累计点击超过千万次。这套书实现了主题出版、精品出版、数字出版、国际出版和大众出版的统一。再如，剑英同志精心策划的《理解中国》丛书，定位于高端学术著作，全面、深刻阐述中国道路、中国理论、中国制度，由我国各学科领域的顶尖专家撰写，其中有不少图书都获得了国家级大奖，如《破解中国经济发展之谜》获第六届中华优秀出版物（图书）奖、中宣部优秀通俗理论读物奖，《中国的和平发展道路》获2017年"中国好书"等。该丛书又是较为通俗的学术著作，旨在给国内外读者呈现一个真实、丰富、立体的中国。同时，该丛书从学术的角度向国外读者生动讲述中国故事，成为一套"走出去"的力作，已被翻译为英、法、俄、德、西、阿、泰、韩、日等12种语言在国外出版。因此，《理解中国》丛书也是主题出版、精品出版、国际出版和大众出版等多种出版形态集于一身的经典学术出版案例。社科出版社被"中国图书对外推广计划"工作小组授予"突出贡献奖"。总之，剑英同志打破出版形态壁垒，形成"一种产品、多种出版形态"的出版思维，值得称道。

中国社会科学出版社的实践说明社会效益和经济效益两者是完全可以统一的。放眼世界出版强国，我们可以发现在当今世界出版业中，在学术出版中坚持科学精神、学术出版质量和市场运作是并行不悖的。目前，世界上最高水平的学术图书和期刊，往往是定价最高、利润率最高的图书和期刊，而标准是有无"创新"，是质量。

**其三，本书用一个个生动的实例诠释了出版人应坚持学术研究，加强与学术界的联系和友谊。** 跟踪学术前沿，坚持学术研究与学术出版相结合，紧紧依靠专家学者来做好学术出版，加强和专家学者的联系，建立互信互动和友谊，是保证学术出版繁荣发展的活水源头。剑英同志长期从事马克思主义哲学和中国特色社会主义理论体系研究，他对于学术出版规律的探索和认识，体现了其学者型出版人的特点，即能够将学术出版与学术研究相结合、将出版理论与出版实践相结合，彰显了其作为一名哲学研究者的智慧。担任社科出版社主要负责人的十余年来，他勤于学习，时刻关注国际国内形势，及时跟踪学术理论动态，坚持每年写一两篇高质量学术论文。多年来不仅写出了一些有影响的学术论文和理论文章，还出版了多部专著。同时，他还充分发挥自己的专业优势，以宽广的学术视野和敏锐的学术眼光捕捉有学术影响力和市场影响力的图书选题。他始终认为学术出版植根学术，又反哺学术。可以说，坚守学术是剑英同志做好学术出版的重要源泉，从中可以看出剑英同志挚爱学术的情怀与追求。

书中收录了他听取专家学者的意见、和专家互动的有关资料，其中有专家学者对出版社工作坦诚的批评和提升学术水准真诚的建议，这部分资料真实可信，弥足珍贵。

**其四，本书的一大亮点是把对学术出版的追求、"两个效益"的**

**统一以及调动员工的积极性，统筹在出版社的改革之中，通过建立有效的体制机制来实现上述目标。**深化出版社管理体制机制改革，构建以专业出版为基础、紧跟时代发展步伐的多元出版格局。剑英同志初到社科出版社工作时，出版社正值转企改制的前夜，因此，他一下子就站到了改革创新的风口浪尖。他以强烈的改革创新意识攻坚克难，明晰出版社发展定位、提升图书学术质量、加强品牌建设，推动一系列管理体制机制改革，建构新的出版格局。首先，建立专业化的学术出版体制。之前出版社的编辑室都是以第一、第二、第三等数字命名的，没有专业学科方向，编辑队伍可以说是一支"混编部队"。编辑以数量为导向，而不是以专业为导向，导致图书学术质量下降。剑英同志提出专业化的改革思路，以学科方向来划分编辑室，成立七大专业出版中心。所有编辑人员按照专业学科方向来划分，进入相应的出版中心，出版社的专业化程度大幅提升，图书的学术质量也明显提高。在成立专业化出版中心的基础上，剑英同志又推动社科出版社建立了重大项目出版中心（专门从事主题出版和重大项目的策划与出版）、数字出版中心、国际合作与出版部、大众分社、学术年鉴出版分社、智库成果出版中心等新机构，形成多元化的出版格局。这样一个新出版格局的建立为出版社不断提升学术影响力、市场影响力和国际影响力打下了良好的体制基础。应当说，这些年来，社科出版社的主题出版、学术出版、国际出版在业内是领先的；数字出版做得也不错，多个数据库产品成为行业的优秀品牌；学术年鉴出版做得很有特色，是全国哲学社会科学学术年鉴出版数量最多的出版机构，以此建立的学术年鉴数据库，汇集了改革开放以来哲学社会科学主要学科的巨量学术信息；大众出版也声名鹊起。所有这些成绩的取得都得益于上述出版管理体制的改革创新。在员工收入上，让坚持做学术出版的人从长远看不吃亏。可以说，以新的体制机制建构新的出版格局，是剑英同志探索学术出版规律的重要内容。

当前信息技术革命性进步为我们提升出版水平提供了机遇。人工智能、大数据、区块链的应用使出版的理念、出版业的结构、管理方式、载体形式、传播方式、运作流程、服务方式都发生了巨大变化。学术出版要在这个大背景下来思考自己的工作。中国出版人要以更大的勇气来跟上时代步伐，积极应用新技术推进学术出版的繁荣发展。以出版业的宏观结构为例，过去世界出版业大众出版、教育出版、学术出版，大体上维持3：3：3的格局。近年来英国的学术出版快速发展，收入已占整个英国出版界的48％。中国要成为出版强国，学术出版应该有更大的发展。

在一定意义上讲，出版工作者的思想和学术水平决定着该国出版的地位、作用和影响。一个国家的出版业只有其出版家的思想水平高了，写出能引领学术出版的学术著作，才能让学术出版建立在更加理性的思考和实践基础之上。二战之后，英国出版商协会主席斯坦利·昂温凭着高超的出版经验把英国的出版提高到新水平，他为大英百科全书撰写世界出版史的长条和《出版概论》（*Truth in Publishing*）被西方出版界奉为出版圣经。我们期待着赵剑英同志在推动中国学术出版繁荣的同时，在此书的基础上，写出推动中国出版繁荣发展的出版专著。

写序是中国文化的一个重要传统，《诗经·小雅》中有"嘤其鸣矣，求其友声"的诗句，《易经·乾》中有"同声相应，同气相求"的说法。求序者可视为同气相求，作序者则是同声相应，我的这点看法算是对剑英同志的同声相应吧。是为序。

2021 年 11 月

# 自　序

# 路这样走来

学术出版是人类的一项重要实践活动，在我看来，它的本质要义就是为了表达人类的思想并借以各种载体或媒介进行传播。

思想是人类文明中最具原创性、最核心、最精粹的部分。从历史发展看，人类最早的符号表达到以各种介质为载体的文字表达是人类交往得以沟通和实现的重要内容，也可以说是出版的早期形态。一般而言，纸张和印刷技术的发明，使人类文明的表达真正进入大规模出版的阶段。纵观历史，思想的表达以及传播一直是出版的最基本含义。因此，也可以说，学术出版是出版最基本的形态。

历史发展到今天，互联网技术使自媒体发布成为现实，出版的内涵与外延已大大拓展。但是，当今学术出版是须经国家认可审批，具有体制性和公共性，同时兼具纸质和网络出版形态的行为，与自媒体所谓的出版发布还是不一样的。

学术出版既然是以思想的表达与传播为要义与宗旨，简单说，它是一项与思想主体（作者）打交道的活动。所以，学术出版主体对思想的关注、思考、研究是做好学术出版工作的前提和必要的基本要求。因此，学术出版的第一个重要环节就是善于策划，善于学术组织。第二，要善于创制一系列相互配合、衔接的体制机制来保障学术出版完成自己的目标——出版优秀的思想作品。第三，不仅如此，还要探索形成一套适合学术思想产品传播的营销机制与方式。第四，任何思想产品除了公共性之外，不可避免地具有意识形态属性。因此，必须保证思想产品具有正确、有益的价值导向。在我国，就是要有利于党和国家的事业发展、国家安全、人民幸福、优秀传统文化的传承弘扬，以及中华民族伟大复兴的战略全局。因此，学术出版主体——无论是管理者，还是编辑出版人员，都必须坚持正确的政治方向，具有敏锐的政治鉴别力，必须讲政治，坚守政治纪律。

正是基于上述的认识，我提出了当今学术出版的初心与使命就是传文明薪火，发时代先声，以及做优秀思想的耕耘者、集聚者和传播者，这些也成为作为专业学术出版机构——中国社会科学出版社的基本追求。

这本书反映的是十余年来我与中国社会科学出版社一起走过的日子和共同成长、实践学术出版本质的故事。尽管这些故事看起来有些枯燥，但故事无论是时间上还是内容上都是真实的，作为主人公的我，感情也是真切的。本书所收录的文章反映了我初到出版社工作时面对一系列严峻问题（主要是品牌地位、影响力和学术质量的下滑）的焦虑，以及之后为改变这样的现状、解决这些问题所做的一切努力，特别是反映了对如何办好学术出版社和学术出版规律问题的探索思考。从中可以看到，这些努力从未停止，这些思考探索从未停止；可以看到，这些努力与奋斗越来越多地付诸实施，转变成出版社的发展成果；可以看到，对如何办好学术出版社，对学术出版本质的把握，对学术出版发展规律的探索，如何从比较零星的思想火花逐渐形成较为系统、有严密逻辑的"思想—行动结构"。

2007 年 7 月 31 日，经中国社会科学院党组决定，我从工作多年的中国社会科学杂志社副总编辑岗位调到中国社会科学出版社工作，担任总编辑职务。虽然升职了，但从被誉为"中国学术第一刊"的《中国社会科学》调到正面临企业化改制的出版社工作，心中多少有点儿"落差"。从"万事不求人"到需要在市场中摸爬滚打求生存求发展，着实需要一段时间和心理上的适应期。中国社会科学出版社是中国社会科学院所属的一家专业学术出版机构，这家出版社从一开始就出版了中国社科院及全国高校一大批著名专家学者的著作，在学术界、出版界有较重要的影响。随着社会主义市场经济体制改革的深入发展，出版社也逐渐从原来的事业单位转向企业化管理直至变成企业。我初到时，出版社正处在从事业单位彻底转化为企业的前夜。为应对这样的变化，求生存求发展，尽管当时出版社的领导和职工做了很多努力，但在发展思路、战略和具体管理以及图书学术质量上面临着许多亟须解决和推进的问题，也正因此，人们对社科出版社的传统印象也发生了较大的变化。

在这样的形势和背景下，如何办好社科出版社，学术出版之路应如何走，这是摆在我面前的首要问题。关键是要统一思想。首先是要明确在面临企业转制的情况下，社科出版社的出版定位，实现什么样的发展目标，即办什么样的出版社。解决了这个问题，接下来就要回答如何办的问题，这就要明确发展思路和发展战略。明确了发展目标和发展战略，接下来的问题就是要扫清实现目标和实施战略的一切障碍，这就必须要求深化体制机制改革，实现制度创新，包括学术出版社必须要有专业化的编辑体制、专业化的学术质量和编校质量保障体系，以及更重要的体现社会效益和经济效益相统一的考核机制和薪酬体系。还有其他多元化、新业态部门的建立及考核，乃至营销宣传的创新，等等。一切都在思考与酝酿中，目标有了，思路有了，方案有了，正准备大干一场、大显身手的我，却被一场大病击倒了。

幸运的是，在领导、朋友、家人的帮助与关心下，我较好地得到康复，并继续受到院党组的信任，担任社长兼总编辑。出版社在我的主持下，大家勠力同心，坚持正确定位，发展目标明确，发展思路清晰，发展战略科学，出版社一年比一年好，"两个效益"协调发展，学术影响力、社会影响力和国际影响力大大提升。

办好一家出版社不容易，办好一家无党政类图书、无教材教辅的学术出版社更为不易。如何在确保坚持正确出版方向的前提下，坚持社会效益与经济效益的统一，说起来容易，实则需要做出一系列的思索、策划，资源要素的争取与整合、竞争，制度创新构建激励机制等诸多努力。

这些年，我十分珍惜来之不易的第二次生命，十分珍惜来之不易的工作岗位，怀着一颗感恩之心勤奋工作。我谙熟并不断思考研究出版社存在的问题，翻阅每一本新出的样书。脑子总不停地思考如何改进出版社的弱项和短板，策划和组织新的选题与项目……

机遇总是给予有准备和勤奋的人。幸运的是，近些年来，中央对文化的地位和作用认识越来越深刻，对文化的建设发展也是越来越重视，先后推出了促进文化大繁荣、大发展，深化文化体制改革、建设社会主义文化强国一系列改革和发展举措，如对文化建设包括出版业，给予一些扶植政策，比如企业所得税减免，加大主题出版项目、数字出版项目、"走出去"项目的资助，等等。在机遇与优势面前，每家出版社都是平等的，关键是如何把这些机遇与优势转化为自身的成果与进步。这就需要考量你的体制机制是否匹配这些机遇，你的项目策划能力，等等。

十余年开拓奋进，十余年孜孜不倦。中国社会科学出版社紧贴大国崛起的时代脉搏，陆续推出了《理解中国》丛书，向世界讲好中国故事，推出《中国制度研究》丛书揭示中国奇迹背后的成功密码，推出"中社智库"品牌为新型智库建设添砖加瓦，推出《当代中国学术思想史》丛书助力中国特色哲学社会科学学科体系、学术体系和话语体系建设……提出了"六个坚持"的办社思路，大力推进专业化、精品化、国际化、数字化、大众化发展的"五化战略"，构建起既体现我社传统与优势，又与时俱进的专业化学术出版新格局，实现了社会效益与经济效益协调发展、出版社与个人和谐共赢的良好局面，让学术出版迸发出新的生机与活力，推动中国社会科学出版社迈向新的发展境界。

最后，要申明一下，出版此书并不是要为自己树碑立传。事实上是否出这样的书，我也是犹豫再三的，说实话，促使我决定出版的现实动因，是我的有关学术研究与出版研究项目得到了中宣部文化名家暨"四个一批"人才项目的资助。我想，我自2007年7月底以来在出版社工作的这十余年恰是我们党和国家事业发生重大变革，取得历史性成就的时期，也是我国文化体制改革从发轫到深化的关键时期，在这个重要时段，一家出版社的变革与发展，特别是一家学术出版社的生存与发展，也是这个时期文化体制改革与文化发展成效的一个缩影。因此，把我与中国社会科学出版社的故事写出来，也是有价值和意义的，起码对于研究这段历史背景下出版业的变化发展以及文化体制改革成效，无疑提供了一个"微观的、具有发生学意义"的样本。出于这样的考虑，就不揣浅陋，着手梳理、挑选这十余年来我所做的策划，在多种场合所做的讲话、发言，并结集出版。为便于阅读，这些讲话、文章以年代为主线，在每一年中又基本按照选题与产品策划、学术出版管理、重点图书的发布讲话、学术思考研究与政治方向把关、媒体视角等类别排列。这些类别的文章之间是具有内在逻辑联系的，即围绕探索学术出版规律、办好社科出版社这一主题。

当然，从内心上讲，我也很想回顾一下这些年所做的工作，梳理一下这十余年来自己对出版的思考与探索。作为一介凡夫，难免敝帚自珍，把自己在出版社这十余年的经历看得很重要。确实，工作即人的时间和空间的展开，即人生的历程。这十余年对出版社来说是重大变革与发展的十余年，于我而言是取得重要成就与进步的十余年，也是我人生中异常艰难、从人生困顿中奋起、勇往直前的十余年。

近十余年来，自己尽心尽力地做了一些事情，在同事们一起努力下取得了一些成绩，业界同人和组织上给予了我多项荣誉。对此，一方面对同志们和组织上所给予的肯定深为感恩，同时也深感惭愧，觉得自己做的都是应尽之责，不少方面做得还不够好，比我做得好的同人大有人在，需要我学习和完善提高的地方还很多。

我将十分感谢能阅读这本书的读者，从而进行可能的心灵交流。因为在书中凝结着我曾经的焦虑，我的不懈思考与探索，我的奋起与努力，凝结着我的辛勤汗水与心血。这十余年既是艰辛的，同时也是快乐和富有收获的。我十分感谢、感恩对我身体康复、事业进步给予帮助、激励和支持的每一位医生、领导、师友、同事与家人，是你们给予我前行的勇气与力量，是你们使我在生活和工作重压下仍能葆有一颗尚且阳光的心灵。

赵剑英

于北京鼓楼西大街甲 158 号

2021 年 5 月 7 日

# 上卷目录

## 2008

图书选题整理：学术出版的一项基础性工作————3

保持学术出版特色　坚持品牌立社之本————5

集思广益办好中国社会科学出版社————10

改革开放三十年来中国哲学社会科学繁荣发展成果的集中呈现————43

媒体视角｜浓缩学术创新精华　呈现思想发展历程————63

## 2009

《中国马克思主义研究前沿》出版前言————71

关于启动《当代中国学术思想史》写作的方案————80

《当代中国学者代表作文库》策划设想和总序————87

在《中央苏区研究丛书》首发式上的致辞————92

## 2010

《马克思主义学术文丛》出版前言————————99

重点推进选题与管理体制机制创新————————101

发挥哲学社会科学出版优势
    ——关于 2009 年工作与 2010 年工作思路————107

加大对马克思主义理论优秀成果的出版力度
    为推动马克思主义中国化、时代化和
    大众化做出应有贡献————————116

推进并深化社会认识与社会形态研究————121

## 2011

《中国哲学社会科学学科发展报告》出版前言————127

研究和展现当代中国学术发展的道路————————129

完善"两个效益"统一考核的利益分配机制————134

落实中国社会科学院工作会议精神，
    推动我社改革发展————————137

加快改革　转变观念————————144

## 2012

努力打造优秀出版品牌，
    探索社会效益与经济效益相统一的发展道路————151

贯彻党的十七届六中全会关于文化大发展大繁荣精神
    加快我社改革发展————————160

中国社会科学出版社编辑部机构与管理机制改革方案————167

抓住机遇　奋发有为
    推动我社沿着"三个统一"的发展道路前进————171

严把图书质量关　打造优秀企业文化————————————181

当前需要抓好的几项重点工作————————————————188

深化改革　推动"三个统一"————————————————195

党的十八大精神的丰富内涵————————————————200

深入学习、领会和贯彻党的十八大精神—————————203

紧密结合出版社工作实际，深入学习贯彻党的十八大精神——210

媒体视角｜谈中国共产党的文化自觉与中华民族伟大复兴

　　　　　——从理论层面解读《中共中央关于深化文化体制改革，

　　推动社会主义文化大发展大繁荣若干重大问题的决定》——217

媒体视角｜文化强国：学术出版使命光荣，大有可为—————234

媒体视角｜深化管理体制机制改革

　　　　　扎实推进"三个统一"发展道路————————240

## 2013

办国内外一流权威的专业学术出版社———————————247

全面推进管理体制机制改革，推动我社发展再上新台阶———256

深入贯彻"六个坚持"发展思路，做好近期重点工作————271

打破旧体制　建立现代企业薪酬制度——————————278

坚定不移地推进专业化和精品化战略——————————281

做专、做精、做强，建设富有竞争力的新型文化企业———287

党的群众路线是马克思主义的集中体现和党的生命线———292

媒体视角｜做学术出版的砥柱中流

　　　　　——写在中国社会科学出版社建社35周年之际——300

媒体视角｜实干兴社　以哲学思维经营学术出版——————305

媒体视角｜坚守学术出版　走哲学社会科学专业出版之路——309

## 2014

告诉世界一个真实的中国

　　——《理解中国》丛书出版前言————————321

稳中求进　改革创新　强化管理————————327

深入学习习近平总书记系列重要讲话精神，

　　切实贯彻落实到出版工作中————————331

学术出版的使命与作为————————339

构建中国特色社会主义经济学话语体系————————354

努力扩大中国图书的世界影响力————————358

马克思主义哲学时代化、中国化、大众化的理论创新之作————361

以中国特色社会主义最新理论成果指导学术出版事业发展

　　——学习《习近平总书记系列重要讲话读本》心得体会————366

# 2008

# 图书选题整理：学术出版的
## 一项基础性工作<sup>*</sup>

中国社会科学出版社<sup>①</sup>已经走过了30年不平凡的发展道路。30年间，我社出版了7000余种各类图书，其中许多是学术大家和青年才俊的精品力作以及优秀社科普及读物，对引领学术研究、推动学科建设、培养优秀人才、繁荣发展新时期中国哲学社会科学做出了极为重要的贡献。但也应当看到，由于所出图书种类繁多，加上整合和规划的力度不够，图书的散、杂情况比较突出。

选题整理是当前对我社具有战略意义的一项十分重要的基础性工作。选题整理并非简单的"合并同类项"，这里也需要创新，需要在把握学术研究的历史、前沿和发展趋势的基础上，以一定的学术理念对过往和正在编制以及未来将策划的图书选题进行整合与统筹。

在建社30周年之际，我们对30年来的图书选题进行了整理，并装订成册。这本小册子就是选题整理的初步成果。这些图书显示了我社的选题发展思路、出版特色与优势，彰显了我社的学术精品和学术品牌。通过选题整理，可以发现我社图书的学科覆盖面以及学术影响力，对于我们始终坚持学术出版定位，多出精品力作，不

---

\* 这是作者来出版社担任总编辑主抓的第一项工作，目的是了解30年来图书出版的情况，发现优秀作品，加强版权保护，提振文化自信，同时为将来加强选题策划、营销推广指明方向。

① 中国社会科学出版社成立于1978年6月，是由中国社会科学院主管的一家以出版哲学社会科学学术著作为主的国家级出版社。为行文简洁及表述之便，本书"中国社会科学院"有时简称为"中国社科院""社科院""我院"，"中国社会科学出版社"有时简称为"社科出版社""社科社""我社"等。

断丰富我社学术文化积淀，打造一流品牌，具有重要的启发意义。

选题整理的意义在于：一是有利于贯通历史，把握前沿，更加清晰我们的选题发展思路，以此不断丰富我社学术文化积淀，牢固学术出版主业的定位。二是彰显我社的学术精品和学术品牌。就我社来说，迄今已出版7000多种各类图书，而就全国来讲，500多家出版社每年所出图书可谓海量。如果不通过选题整理来彰显我们的图书精品，凸显我们的品牌，我们无疑会淹没于茫茫书海中，从而使学者和读者丧失对我社的认知。三是摸清我们的图书家底，一方面通过精品图书的发掘与整合，可以激发我们的自豪感、自信心以及进一步参与市场竞争的信心；同时也可以借此发现我社在哪些学科的成果出版上还需要加强，哪些选题还需组织和补充，以便进一步明确今后工作的着力点和努力方向。

总之，在出版业面临大发展和激烈竞争的新形势下，选题整理成果将成为产品策划、营销宣传等出版工作的重要信息基础，是我社实施学术品牌竞争战略，走"名社""强社"发展道路的需要，是"影响"和"引导"读者的需要，是"创造"和开拓市场空间的需要。望各编辑室对此项工作高度重视，拨出一定的时间，在2007年下半年初步整理的基础上，以认真负责和创新的精神配合社里做好这项工作。

# 保持学术出版特色
# 坚持品牌立社之本[*]

中国社会科学出版社已经走过了 30 年不平凡的发展道路。30 年间，我社出版了 7000 余种各类图书，在每年出版的 700 多种图书中，主要是学术出版物。其中许多是学术大家和青年才俊的精品力作以及优秀社科普及读物，对引领学术研究、推动学科建设、培养优秀人才、繁荣发展新时期我国哲学社会科学做出了极为重要的贡献。依托中国社会科学院的学术资源优势，我社已经在宗教学、考古学、哲学、史学、文学等人文社科领域形成了明显的品牌优势，是马克思主义理论、人文社会科学优秀成果的重要出版基地，所出图书在某种程度上代表着国家哲学社会科学的学术水平。

在出版实践中我们深刻体会到：一是要贯通历史，把握前沿，明晰出版发展思路；二是要通过精品图书的发掘与整合，彰显我社的学术精品和学术品牌。这是引导读者的需要，也是开拓市场的需要。

## 一 着力打造学术精品，实施学术品牌竞争战略

前不久，新闻出版总署正式公布了首届中国出版政府奖评选结果，在图书奖的 60 种获奖书中，中国社会科学出版社的《摩诃婆罗

\* 原载《全国新书目》2008 年第 7 期。

多》（全译本共 6 卷）与《中国历史地名大辞典》（上、下卷）分获
文学与辞书类图书奖，这两种书体现了我社在哲学社会科学领域的
出版特色和优势，也为即将到来的 30 周年社庆增光添彩。此次获奖
的两部作品各有特色，都是众多知名专家学者历时多年，精心打造
的跨世纪大型出版工程。

中国社会科学出版社于 20 世纪 80 年代启动《摩诃婆罗多》的
翻译工作，由于涉及领域众多，翻译难度很大，启动之初步履维艰，
时断时续。至 1996 年，这部大型史诗的翻译被列入中国社科院重点
项目，由北京大学金克木教授确定翻译体例，梵文专家、中国社会
科学院外国文学所研究员黄宝生先生主持，中国社会科学院和北京
大学的一批梵文学者合作翻译。经过 17 年孜孜不倦的辛勤劳动，这
部 500 多万字的大型史诗于 2006 年正式出版，而在前期参与翻译的
金克木和赵国华两位先生已在出版之前先后辞世。《摩诃婆罗多》的
翻译工作倾注了中国一代梵文学者的心血和生命，它的出版在中印
文化交流史上树立了一座丰碑。

此次获奖的《中国历史地名大辞典》（史为乐主编）则是一部大
型史地工具书，由国内众多专家学者历时 20 多年共同编纂完成，全书
收录词条近 8 万条，近 800 万字。20 世纪 20 年代出版的《中国古今
地名大辞典》，由于错漏甚多，规模有限，读者使用不便，中国社会
科学院历史研究所学者在 20 世纪 70 年代中期开始酝酿《中国历史地
名大辞典》的出版工作，1982 年正式启动，其间多次反复，数易其
稿，终于在 2005 年正式出版。该书从"八五"以来就列入了国家重
点出版规划，由中国社会科学院历史研究所历史地理研究室组织编
写，史为乐主编，许多专家为之付出大半生的心血。接到这部书的出
版任务后，中国社会科学出版社认真审读原稿，提出了修改意见，用
了近十年时间，终于付梓。许多学者认为，《中国历史地名大辞典》
体现了我国历史地名辞典的最高水平。该书出版后，温家宝总理还发
来亲笔信，称辞典编纂者"克服困难，做了很好的工作，于读者有

益，于研究历史也有价值"。

此次同时有两种图书获得首届中国出版政府奖，是我社坚持走"品牌立足、名社强社发展"之路的结果。既要以出版高质量的学术图书为己任，又要面对激烈竞争的市场求生存谋发展；既要面向市场，又要耐得住寂寞，这确是考量出版者的定力与创造力。

## 二　着力打造马克思主义理论成果出版的重要阵地

作为一家在全国具有重要影响的哲学社会科学出版社，我们不断发挥自身优势，努力策划、精心培植和挖掘哲学社会科学精品力作、传世经典和优秀人才，为丰富民族文化积淀，增强国家文化软实力做出贡献。同时，着力于特色，着力于普及，加强中国特色社会主义理论体系的宣传，加强马克思主义理论创新成果和优秀中华文化的大众化出版。

为深入学习宣传贯彻党的十七大精神，努力做好相关图书出版工作，我社高度重视，精心部署，积极策划有关图书选题，并已取得初步成效，展现了作为一家在全国具有重要影响的哲学社会科学出版社应尽的职责和风采。我们策划和组织了20个关于研究科学发展观、构建社会主义和谐社会等重大战略思想的优秀成果，并迅速列入出版选题。现在，这些成果有的已经出版，有的即将出版。党的十七大报告提出了许多新思想、新观点、新论断，需要哲学社会科学工作者予以科学深入的阐释，同时也给哲学社会科学研究提出了新的课题，对推动哲学社会科学的学科体系、学术观点以至科研方法的创新具有极为重要的指导意义。前不久，中宣部已列出16个需要理论界深入研究的重大课题。我社将密切关注相关的研究动态，积极组织促成有关成果的出版，以帮助人民群众深入地理解和把握党的十七大精神。

我社正在组织推出《中国哲学社会科学30年》大型丛书，共14卷，覆盖哲学社会科学各主要学科，各卷分别由我院和国内著名高校的学科带头人领衔撰写，具有相当高的专业性、学术性和权威性。如《中国化马克思主义理论创新30年——历史与逻辑》《中国哲学研究30年》《中国宗教学研究30年》《中国史学研究30年》《中国社会学研究30年》等。中国社会科学出版社还与中国社会科学院马克思主义研究院合作，推出一套《马克思主义理论创新成果大众化丛书》，该丛书具有相当的权威性、可读性和普及性。

### 三 走内涵式发展道路，牢牢占据学术出版这一细分市场

回顾建社以来的发展历程，伴随改革开放的脚步，我们坚持选择"传播学术经典，关注大众阅读"作为自己的出版定位，提出四个"走入"：一是要让人文类精品走入当代人的心灵；二是让社会科学精品走入学者书斋；三是让经管类畅销书走入职场；四是让精品教材走入课堂。出版社不仅要积极应对激烈的市场化竞争，还要引导市场，激发读者的阅读需求，不仅对产品进行分类，对读者也要进行分类引导。

在出版业面临大发展和激烈竞争的新形势下，需走"名社""强社"的内涵式发展道路，牢牢占据学术出版这一细分市场，除了巩固传统优势学科外，今后还将加强在经济、法律、公共管理等领域的出版力量，扩大在国内外的影响力和知名度，成为国家哲学社会科学领域的学术出版中心。我社各编辑室在去年下半年进行选题整理的基础上，应以认真负责和创新精神做好这项工作，选题整理成果将成为我们营销宣传的重要信息基础，也可借此发现我社在哪些学科的成果出版上还需要加强，哪些选题还需组织和补充，以进一步明确今后工作的着力点和努力方向。

哲学社会科学作为民族国家文化的重要组成部分，尤其是作为其意识形态的基础和核心，在增强国家软实力，推动文化大繁荣、大发展中有着不可替代的重要作用和责任。中国社会科学出版社作

为专业的哲学社会科学学术出版社，要立足中国社会科学院，面向全国学术界、理论界和文化界，努力策划、精心培植和挖掘哲学社会科学精品力作、传世经典和优秀人才，为丰富民族文化积淀，增强国家文化软实力做出贡献。

# 集思广益办好中国社会科学出版社<sup>*</sup>

2008 年 7 月 18 日，新时期中国哲学社会科学发展 30 年暨中国社会
科学出版社建社 30 周年专家座谈会（宗教学学科）专家学者合影

## 一　在宗教学学科专家座谈会上的讲话

今天很高兴请到这么多宗教学界的泰斗，都是大名鼎鼎、令人
景仰的专家学者。今年是我社建社 30 周年，也是我国改革开放 30
年。中国社会科学出版社 30 年来出版的图书，尤其是在人文学科、
宗教学等方面，有很多亮点。各位专家手上拿到的图书目录，就是

＊ 2008 年 7 月，主持召开"新时期中国哲学社会科学发展 30 年暨中国社会科学出版社建社 30
周年系列专家座谈会（宗教学学科和哲学学科）"并讲话。

我社出版的宗教学方面的书目整理。我们发现宗教学相关出版图书当中，从二级学科角度来讲比较有特色，另外无论是从世界宗教、中国宗教来讲，还是从门派、教派来讲都有所涉及，名家名作很多，新人佳作也不少，这些宗教学的研究成果对我社的学术积累、文化积累起到了很重要的基础性作用。

应该说，在座的各位专家给我们做出了很大的贡献，今天在座的各位专家大部分都是我们的老作者，有些学者甚至在我社出过两三本书。召开专家座谈会，首先，我们把宗教学放在第一个系列，因为我觉得宗教学在我们出版社占的分量很重。其次，今天邀请各位专家、各位老师来，想表达我们的一份感谢，感谢你们长期以来对我们出版事业的大力支持，把你们潜心研究的成果交由我社出版，为我社增添光彩。再次，我们要进一步办好中国社会科学出版社，想倾听各位专家的宝贵意见和建议。因为现在出版业竞争非常激烈。我们走过了 30 年的发展道路，今后我社怎么办得更好，说得"根本"一点，我社就是要出好书，用这种方式来推动学术事业传承、文化事业的发展积累，繁荣哲学社会科学。尤其在宗教学学科方面，包括更广义一点的人文学科、社会科学方面，有什么好的科研成果，希望各位继续推荐给我们。我们今天怀着非常期待的心情，希望各位在建社 30 周年之际为我社提出宝贵的意见和建议，特别是在选题等方面，我们将吸纳专家的意见，努力使中国社会科学出版社在繁荣学术方面做得更好。

中国社会科学出版社 1978 年 6 月成立的时候，当时国内出版社的数量还很少，学术界的很多优秀成果都是在我社出版的。虽然现在出版业竞争很激烈，但是中国社会科学出版社作为中国社会科学院的直属出版社，我们还是很有信心办好的。但这需要通过我们的努力，仰仗各位专家的支持，把中国社会科学出版社办成中国哲学社会科学优秀成果的出版重镇，这是我们的目标。今天天气非常炎热，但各位专家还是在百忙之中不辞辛劳来参加这个会议，我们非常感动。在此我代表我社全体员工对各位专家、老师的光临表示衷心的感谢！

## 附录　专家发言精选

**黄心川**[①]：非常高兴来参加这个会议，这个会议充分反映了宗教学科的繁荣发展，也可以据此看到在座各位的贡献，写了千百万字的书。我想介绍一下几十年来社会科学和宗教发展的关系。社会科学的研究，近年经过大量的工作取得非常大的成功，很多出版社竞相出版社会科学研究成果，反映了社会科学的繁荣发展，这是第一个理念。第二个理念是我们的书反映宗教发展情况，宗教方面的书籍和我国经济建设发展的联系，这些年也有所体现，堪称精品的书也很多，每一位中国社会科学院的工作人员都欢欣鼓舞。

但我也想到了一些宗教研究方面的问题。其一，我们谈历史问题较多，研究新的问题较少，西方宗教都是关注现状，而我们写的都是历史，希望今后大家能够多写一些和国家的经济生活现状相联系的内容，不要总写历史，因为历史相对来说比较好写。

其二，我们在研究当中发现一个问题：三教合一是中国文化或宗教的主要的线索，多年来我一直都很关注这个问题，但从来没有看到过像样的作品。当然，外国的宗教也存在这样的问题。在亚洲的一些国家里，三教合一也是它们文化当中的主线。三教合一充分反映了中国文化的改变，某一个阶段、某一个教、某一个派别是比较好写的，但要系统来写比较麻烦，需要花很大的精力。此外，我们应该把有成果、有价值的著作译成英文，这样虽然可能会花很多工夫，但是让我们的研究成果在国际交流中发挥重要作用是值得的。我们有关宗教方面的优秀的人文作品还是太少，希望大家在这方面

---

① 黄心川（1928年7月—2021年2月），中国社会科学院荣誉学部委员，曾任中国社会科学院亚洲太平洋研究所（现亚太与全球战略研究院）所长，研究员。

注意一下，我先抛砖引玉介绍这么多。

余敦康[①]：今天参加这个会很高兴，今天的主题，新时期中国哲学社会科学发展30年，这是一个大题目。这30年也是我们改革开放的30年，中国这个新时期出现了一个新的面貌，反映这个新面貌的就是中国社会科学出版社，新时期哲学社会科学发展的新气象，都在中国社会科学出版社30年来的发展中体现出来了，从中国社会科学出版社身上可以看得到发展的新面貌。

从中华人民共和国成立一直到"文化大革命"，出版社只有"商务""中华""人民"。"商务"的专业性很强，翻译外国的、世界学术名著一类的；"中华"主要是搞古籍，国内的经典；"人民"的政治性强。

当前我们应该关心什么问题呢？不是经济收入多高，我觉得应该是怎样做好一个将中华民族或者中华人民共和国的实力向世界展示的窗口。别人看中国的实力是看咱们的精神面貌，看的就是中国的"社会科学"。我们应当树立一个国际形象，而不是国内形象。就拿宗教学研究来说，我看了书目，确实成绩很不错，可是有一个问题，也许自己不觉得，缺乏一种综合的眼光。我们所研究世界各国宗教的几乎都有，但这些研究在国际上的学科地位在哪里呢？现在外国人之所以看上中国的宗教，就是想看看中国有一个什么样的眼光，这是最重要的一点。比如基督教，全世界传播，那么中国对基督教都有些什么看法？只有学术界的人才看得懂。刚才说到三教合一，在世界上其他地方没有这个概念，基督教和伊斯兰教、儒教能合一吗？不能。这种理念、观念、核心价值观在中国才有，我们就是要把这些向全世界传播。

所以国外学者来的时候不用买其他书，就买中国社会科学出版

---

① 余敦康（1930年5月—2019年7月），中国社会科学院荣誉学部委员，世界宗教研究所研究员。

社出版的图书，就买我们的看法和思想。中国哲学社会科学的研究成果应该是一个国际品牌，而这个国际品牌形象只有中国社会科学出版社才有能力来提供，这才是最重要的问题。

**杨曾文**①：今天来参加这次会议非常感慨，因为社科出版社刚刚成立时，我就与社里打交道。在1982年出版《中国佛教史》时，我每次交稿都是骑着自行车去送，那时候我眼睛不太好，排版用的四号字，属于破例，因此我印象深刻。我有一次到北大，有人问我书名那几个字是谁写的？他说是王羲之的字。这就说明我们的书出版以后引起了别人的注意。我1981年到日本去，回来的时候碰到了东京宗教局的一位同行，本来按照惯例见一次面就行了，结果恰好谈到了我们的《中国佛教史》八卷本。他正在做这方面的研究，所以约了第二次见面，短短三天见了好几面，互相交流。后来日本人一直很重视，有一些在中国学习过的、汉语比较好的年轻学者就把它翻译出来了，出了三卷，叫《定本中国佛教史》。我个人觉得"定本"有点僵化，毕竟我们在发展。但日本的学者对书的评价很高，认为这本书吸收了中国和日本的研究成果的精髓，认为这本书的写法很有特色。我们非常重思想，这点在日本是比较少的，包括哲学也是一样。

回顾这30年，社科出版社对人文社会科学的贡献是很大的，从无到有，一直到现在的发展。我们学者对这里也都是很有感情的。现中央已明确把中国社会科学院作为党和政府的思想库、智囊团，很自然地，社科出版社的地位也相应提高，再者由于你们的努力，出了很多好书，应该说现在也站稳了脚跟，无论国内、国外，在学术界都享有较高声誉。我们的《中国佛教史》《中国哲学大纲》《宗教学通论》都很好。这些书对中国的发展起到了很重要的作用。

---

① 杨曾文，中国社会科学院荣誉学部委员，世界宗教研究所研究员。

我想提几个建议：一是尽可能帮助一些有创新的新兴学科成果的出版。二是我考虑了出版版权的问题，社科院很多书，是由其他出版社出版的，如果是有价值的书，版权到期了你们不妨收回来，你们是优秀社科著作的荟萃之地，要有眼光，要集中，甚至新中国成立前的书，可能作者已不在了，但只要这书有价值，我们也应该出，出版社不一定要求新，要看有没有价值。

**何光沪**[1]：我觉得前面几位老师说得很好，让我想到了一个想说的话题，我觉得中国古人说立功、立言、立德，全世界出版社都在立言，印了很多字，而中国还要多讲讲立功、立德。我觉得可以不夸张地说，出版是可以对中国社会立大功、引起全社会共鸣的。原来吃不上肉，买油要油票、买布要布票，这几十年生活水平的日新月异不能不说跟一篇文章大有关系——《实践是检验真理的唯一标准》，这篇文章引起讨论，后来社会就有了大进步。

我有一个想法，中国五千年灿烂辉煌的历史文化，但是走到19世纪就走不下去了，而现在我们最大的进步是经济体制改革。我曾觉得中国社会科学各界最大贡献可能是经济学界，因为虽然改革开放是全方位的，但经济是起头的，侧重点在经济的改革，所以解放思想的经济学家对中国社会有莫大的贡献。但现在我有一点转变，顺着这个思路往下想，中国下一步还有一个大进步，就是走向法治社会。当然，我们的宗教学家对中国社会也是有巨大推动的，但从社会科学领域来说，推动最大的应该是法学家、新闻学者，说得更实一点应该是律师、新闻记者。法学、新闻学会起很大的作用、立大功，如果社科出版社推动这种进步也会立大功。

回到我们的话题，我觉得社科出版社也应该面对现实。以前出版的历史著作、思想史著作，水准不低，我相信也有传世之作。但是我

---

[1]　何光沪，中国人民大学哲学院教授，时为中国社会科学院世界宗教研究所研究员。

们现在最大的缺陷就是我们要立功，必须要面对社会现实，在宗教方面的社会现实。马西沙说得很好，要了解现实情况才能说话，现在我们对中国的宗教现状了解不多。杨凤岗教授虽然在美国做教师，但也是中国人民大学的老师，人大最早成立宗教教研室就只有两个人，一个是方立天老师，一个就是他，他的专业就是宗教社会学。我觉得中国的宗教学者很少有社会学的训练，所谓实事求是，并不是走走看看，要有一套方法，统计方法、调查方法、访谈方法，中国宗教学在这方面其实比较欠缺，包括我们自己在内，有些专业程度不够。反过来，中国的社会学家基本上没有宗教知识，所以杨凤岗老师是难得的，能把一本书写细，既懂得宗教知识，同时又有系统的社会学训练。

再谈谈要立功必须要立德。出版社这个行业是一个风险行业，出版社也有商业理念，还有国际品牌问题，商海总有风险。要有一种担当，所以这是立德的问题。我觉得主要在于出版家、领导的胆识，不能鲁莽，要有胆识、有智慧。

在出版方面，我们的学科也许是最能够出书、最有前途、最能够创品牌的，但也是最敏感的。我觉得中央比学者了解得更实际，我们在座的有这么多宗教学者，搞宗教社会学、搞全国调查的人却很少。面对现在的国情，中央必然要有全面的考虑，一定要建立法治社会，法治也是需要推动的。面对事实，把宗教的现状说出来，这样的出版物可以推动宗教的立法，或者是使宗教的形势更加和谐稳定。

**杜继文**[①]：我原来也是做出版发行的，在黄燕生[②]父亲的手下干过事。我有两个任务，文化工作者、发行工作者，现在增加了一重身份，是企业家了。所以出版有双重身份，一个是搞文化，一个是

---

① 杜继文，中国社会科学院荣誉学部委员，曾任中国社会科学院世界宗教研究所所长，研究员。

② 黄燕生，中国社会科学出版社退休编审。其父亲为黄洛峰先生，著名出版家，三联书店主要创始人。

要赚钱，这两个要平衡起来，我觉得比较困难。出版社非常多，竞争非常激烈。现在出版社要是不挣钱的话，经费是很困难的。我提醒一个问题，我们出版的东西除了有政治要求、社会要求，对文化的责任之外，还有一个规律在起作用，那就是价值规律在起作用。

关于无神论的著作，现在国外有3000多种，翻译过来的到现在为止除了过去的一些书以外，最近20多年，我一本都没有看到。《中国无神论史》这本书，实际上是我国台湾一个搞道教的人提的建议。我并不是反对研究宗教，我是研究宗教出身的，而且我觉得声音应该更多一点。换句话说，我们中国的文化、当前的文化到底是什么样的文化？我就讲这么多。谢谢。

**张志刚**①：首先我代表北大向社科出版社表示祝贺。今天这个会我很有感触，因为参加出版社的会议已经不少了，这个会比较有特色，我想是最有创意也是最好的一种纪念方式。

我讲三点对社里的建议：第一，品牌意识。我们这个社应该说已经是一个品牌了，因为2008年也正好是我进北大读书30年，所以2008年对我来说也非常有意义。当时我们读学术书非常少，我几乎看到社科出版社的书，不论什么专业的都买，这就是品牌效应。我做学生的时候，会想什么时候能在社科学界最高等级的出版社——社科出版社出一本书就好了，当然，这个愿望我到现在还没有实现。社科出版社是一个老品牌了，现在出版界越来越多元化，但是品牌还是最重要的。我对出版行业也比较关心，我觉得现在出版社受市场冲击非常大，大家都可以理解。而且各个专业，比如在宗教学的选题方面，尤其应该强调学术地位，不但要注重出书的数量，还要注重品牌。我一直待在学校里面，可能学者说话比较理想化。

① 张志刚，北京大学哲学系（宗教学系）宗教文化研究院教授。

　　第二，要长远。我在北大教书的时候特别向往一件事情。那还是在北大读书的时候，有一次，我看过很多老先生接商务印书馆的活儿，一套非常有名的《汉译世界名著》，就是商务定了很多书，做了一个多年规划，请最合适的先生来翻译，很多人一译就是很多年，所以书的质量也非常好。我当时想，什么时候我们也能做这种事情呢？像老先生们一样，可以踏踏实实做事情，不要为了什么版权、为了是否能够出版而担心。当然现在这种事情不好做了，因为出版社过于强调短期的行为，我想社科出版社应该有这样的经济能力，应该拿出一点钱来做这样的事。各个学科里面选一些课题，请一些学者踏踏实实来做。

　　第三，要有中国眼光。我去德国教了一年课，走之前我就拼命找资料，因为我去主要用英文讲，用英文介绍中国文化、哲学、宗教，几乎找不到什么资料，找到的也非常浅显，高质量的非常少。只找到了一本比较满意的，张岱年先生的《中国古典哲学范畴》，那还是请西方人翻译的，在耶鲁大学出版社出的，而我们国内出版社出版的就非常少。我同意前面几位先生的意见，哲学、西方学、宗教学比较多，从我们的传统资源上是比较值得发掘的。黄先生讲了三教合一，其实就是讲中国文化和哲学宗教的特点，这方面也需要有全面的介绍，目前这样的书还是非常欠缺的。要做这方面的事情，我们社应该是义不容辞的。

## 二　在哲学学科专家座谈会上的讲话

　　**[座谈会开场]** 今年是中国改革开放 30 周年，也是新时期哲学社会科学繁荣发展的 30 年，中国社会科学出版社非常幸运，与改革开放同步，成立于 1978 年 6 月，今年正值建社 30 年。今天我们召开这样一个座谈会，非常高兴来了这么多长期以来对我们出版社一直非常关心、支持、帮助的领导和各位专家、学者。在此我代表我们孟昭宇社长、代表中国社会科学出版社全体员工对各位领导和专

家、学者的光临表示热烈的欢迎和衷心的感谢!

中国社会科学出版社走过了30年的历程，走过了不平凡的道路。尤其是这几年文化体制改革的启动，出版业竞争的形势、出版格局变化都很大。比起一些教育类出版社，还有一些出版集团，中国社会科学出版社的规模不是很大，顶多算是一个中等的出版社，但我们是有自己出版特色的。这30年当中我们出了近8000种图书。从优秀成果来讲，我们在文史哲等人文学科方面推出了一系列优秀成果，包括名家名作，应该说这些成果已经成为中国社会科学出版社深厚的文化积累。这些成果从一定程度上也反映了新时期以来中国哲学社会科学发展的水平和状况。

我们每年有大量的国家社会科学基金成果，各个省、社科联、高校的成果也到我们这里来出版，从一定程度上讲，中国社会科学出版社是全国哲学社会科学成果发布的一个重要阵地，这也反映了当代、当前中国哲学社会科学的发展水平。这也是我们出版社的一个重要特色。当前文化体制改革正在深化，我们的思路也非常明确，中国社会科学出版社要牢牢坚持品牌化、专业化的学术出版道路，与大社在规模上相比虽然我们有一定的差距，但我们要做"名社""强社"，要做专业化的学术出版，走高精尖的发展道路。我们要扎根学术界，充分做足中国社会科学出版社这样一个内涵。

要实现这样的目标是需要学界的各位专家、学者的鼎力支持，我们一定会提供更优质的服务来推出更多、更好的优秀成果。我们领导班子的发展目标、思路现在是比较明确的，我们要力争在竞争非常激烈的环境当中成为国内外，起码是国内哲学社会科学成果的重要出版阵地，这是我们的一个努力目标。

长期以来，我们已经在哲学、宗教、文学、史学、考古、民族学、语言学等方面推出了很多优秀成果，这和学界，包括哲学界及在座的各位专家、学者的支持是分不开的。

今天召开座谈会有两个意思：一是代表出版社全体员工对各位领

导、各位专家学者对我们长期以来的关心、支持、厚爱表示衷心的感谢；二是请各位对我们下一步的发展提点意见，30 年也是一个重要契机，三十而立，中国社会科学出版社现在站还是站住了，主要目标是扎根学术，做高端的东西。下一步我们怎么把社科出版社办得更好，更好地服务于学界，为中国学术积累、文化传承、文化积累、繁荣哲学社会科学做出我们的贡献。我们有这样一份决心和信心，同时也更希望、期待各位专家、学者继续对我们大力支持，希望今天各位领导、专家、学者给我们留下宝贵的指导性意见。

[**座谈会结束**]　尊敬的各位专家、各位朋友，刚才各位专家的讲话，给了我们很多的鼓励、很好的建议，对以后中国社会科学出版社怎么办得更好帮助很大，包括鼓励性的话，包括一些尖锐的批评和意见，都透着对我们出版社这个品牌的珍惜，对出版社的厚爱，我特别感动。说实在的，我原来在二楼，从中国社会科学杂志社到中国社会科学出版社，刚好一年多了，我体会是不一样的。到了出版社工作压力很大，是两种工作感受。刚才有老师讲到，杂志社是公益性单位，出版社是自收自支的，同时既要出精品，又要有市场效益。所以办好出版社一个字就是"难"，社科出版社是一个纯粹的学术出版社，是很考量人的智慧的，所以我到出版社压力很大。我们觉得出版社创意、策划很重要，跟着就是发行。现在随着文化体制改革的加快，游戏规则都在变，有的出版社和出版集团资金实力雄厚，所以挑战更大。

我们已经开了一个宗教学的座谈会，余敦康老先生也来了，帮我们出主意，怎么办好我们的出版社。今天各位专家的意见我们也已经感受到了，很着急，我本人也很着急，每天晚上散步也在想这个问题，怎么把这个出版社办得更好。今天我非常感谢各位专家的鼓励和厚爱。还有一点时间，我给大家汇报一下我们出版社最近一年做的几件事情和即将要做的事情，我们正在做的事情有的和专家提的意见相契合。

首先是战略定位的问题，有一个大的定位我们是不变的，"当代中国学术出版、哲学社会科学学术出版的重要阵地"的地位，这个定位我们是不变的。我到出版社做了一件事情，就是对 30 年的选题进行了重新梳理，我的一项基本工作就是看书目，我现在有一点感觉和自信。全国 579 家出版社，从数量来看，出哲学社会科学产品的，数量上我们出版最多，从一定程度上反映了 30 年中国哲学社会科学成果的基本面貌，这可以从我们的图书折射出来。

另外一项是选题的整理，既有品牌的维护和新选题的重新整合与创新，通过这些系列化，很多专家讲到，可以凸显我们的品牌，凸显中国社会科学出版社和哲学社会科学之间的促进关系。今年我们加大了宣传的力度，都是对主题图书的宣传，还有新图书的宣传，主要是《新华文摘》，基本上每期都有广告，《光明日报》《中华读书报》《社会科学报》，乃至《文汇报》我们以后都要做广告，对广告的投入我们已经加大了力度。

我们的数量很多，不可能本本是精品，我到出版社来以后，我感觉到还有这份自信，这么多年还是在一些学科上，比如在宗教学，有各类门派，如世界宗教史系列、中国宗教史系列，没有哪个出版社在宗教学学科上像中国社会科学出版社这样门类齐全，在宗教学研究方面我们还是有不错的成果。在考古学、语言学、民族学、哲学上，尤其是文学和历史学上我们也还是有许多好的成果的。我们现在正在整理，今天没有把精品目录给大家，社科出版社出的书还是有很多好的作品。

我们准备推出《当代中国人文社会科学名著》这样的系列，这是带有评价性的。经过 30 年的时间以后，经过淘洗和学术界的检验，我们回过头来看，社科出版社到底出了哪些经得起时间考验的书。刚才有一位老师已经讲了，我们准备统一版式，用好的纸张，大气典雅地隆重推出《当代中国人文社会科学名著》，我们准备推出二三十本，包括季羡林、钱锺书等先生的，有博士学位论文，有名家名作，当然也包括新人佳作，能够反映当代在学科建设上、在学术基础上有代表性的佳作。这个系列是开放的，学者的使命是立德立言，要让他们的代表性作品能够留下来。

中国社会科学出版社成立 30 年来所出版的图书从一定程度上也反映了 30 年来当代中国社会科学发展的脉络，所以也肩负着中国学术"走出去"的责任。当代中国人文社科代表作品要精选翻译，要让国外的学者、国外学界能够看到中国人文学界最优秀的东西、代表的东西，要展示出去，但这项工作做起来很难，要有庞大的资金，而且还要有好的翻译队伍。万事开头难，不管怎么样要"走出去"。参与国际学术对话，展示我们哲学社会科学的状况，这是一个必要的举措。

今年我们推出了《中国哲学社会科学 30 年》系列，这基本上能够反映 30 年来中国哲学社会科学发展的脉络。我们还计划推出一套《当代中国哲学学术思想史》，也做了初步的部署。

从国外书的引进上，比较有名的是这几个系列：一个是《剑桥中国史》《新编剑桥世界近代史》，最近又引进了《剑桥古代史》。"国际学的前沿""西方学的前沿""知识分子图书馆"这几个系列我们还要继续维护好。

我们有一些好书，起码我来了以后，我们有一些书稿费也是比较高的，我们要充分利用社科院的资源。另外是我们的品牌要做好，品牌是最重要的经济资源。也不是说各位专家学者哪儿钱多就到哪儿出，只要我们服务好，只要质量把好关，品牌意识强，我觉得我们社还是有吸引力的。当然在经济效益各方面我们也会考虑。

现在做学术出版是难，对于我来讲也是一种挑战，我想更需要坚守一种出版理念，一种出版家的精神，推动中国出好书，出效益好的书。实践证明，长销的书就是学术价值高的书，经得起检验的东西，这是我们看家的东西。从这点来讲，我们要出好书，要有出版精神，作为出版社的领导，我们要有一种理念，就是要为中国学术的积累、文化的积累做贡献，做一些有益的事，当然这还要依赖学界的朋友。

由于时间关系，我就不多说了，再次感谢长期以来支持我们的专家学者，同时感谢各位专家学者给我们提出的金玉良言，我代表出版社全体员工对各位表示感谢，恳请各位专家、老师们继续多支持中国社会科学出版社的工作。平时我们要多请教、多沟通，我们有这份决心和信心，把我们出版社打造成中国学术出版的重要中心和学术重镇。

## 附录　专家发言精选

**汝信**[①]：中国社会科学出版社建社 30 周年大庆，我表示祝贺。刚才赵剑英同志也讲了，作为中国社会科学院和社会科学界的一个老人，我亲眼看到出版社的创立和成长过程，确实是在非常艰难的环境之下建设的，很不容易，能够取得今天的成绩是克服了重重困难的。回想 30 年前，那时候理论界一片萧条，"拨乱反正"也刚刚进行，中国社会科学院刚刚成立，从老学部成立变成社会科学院，可以说百废待兴，物质条件很差，房子没有，人员也不足。在这种情况下，那时候乔木同志坚持要有一个出版的阵地，要有一个理论阵地，需要有一个这方面的出版社。尽管困难重重，但还是下决心要创办中国社会科学出版社。

经过 30 年的建设，可以说是三十而立了，已经立起来了，是大展宏图的时候了，所以我一定要表示祝贺。现在的条件比 30 年前要好很多，各方面的条件都比那时候好很多。但现在也面临着激烈的竞争，所以我想，中国社会科学出版社要发挥出自己的特色，在学术方面这些年出版了很多有分量的著作。有一点我是感到很自豪的，

---

① 汝信，中国社会科学院原副院长、学部委员。

中国社会科学出版社并没有出一些离谱的、不好的书，在政治上始终和中央保持一致，这一条把握得比较好。在学术上，高标准、严要求，这一点是一贯如此，30 年来这个成绩在学术界大家是公认的，也是有目共睹的。

现在学术界竞争非常激烈，希望你们还是坚持自己的特点，把牢学术水平，首先是政治路线，这点中国社会科学出版社一直把握得很紧，其次就是学术水平，两方面都要发挥过去的优良传统，我想这方面是可以对学术界，无论是哲学还是社会科学方面，都会做出巨大的贡献。

在过去 30 年，出版社受表扬的次数也相当多，所以我感觉这是很了不起的一个事情，今后要在现有的基础上更上一层楼。刚才赵剑英也讲了，这些年来我自己编的一些书，其实不是我自己搞的，都是大家共同搞的，一些出版物也得到了出版社的大力支持，没有出版社的支持我们也不会这么顺利地完成，所以这次来也要表示对出版社的感谢之意。今天来了这么多学术界的朋友，我想大家一定会有很多高见，我在此表示祝贺和感谢。

**杨春贵**①：中国社会科学出版社在我的概念里，在中国出版界是一家有特点、有品位、有水平、有影响的出版社。应当说，30 年与我们国家改革开放同步，在哲学社会科学学术创新方面、学术积累方面、学术传播方面都做出很大成绩的一家出版社，这是一个总的概念。因为出版社很多，风格也各不相同，各有特点，有的以出时尚图书见长，有的以出辅导读物见长，挣钱都很多。我估计你们挣钱不会很多，大概也不可能挣很多钱，因为你们的定位就决定了这一点。你们靠的是中国社会科学院和中国哲学社会科学界，因为他们本身就没有钱，还希望你们能够给予帮助和资助。但是靠什么东

① 杨春贵，中央党校原副校长、教授。

西立社，我看就靠学术出版，对人民出版社就不会提这个任务，你们靠的是学术创新、学术积累、学术传播，谈到这三个学术特点，谁也比不了，在哲学社会科学界或者思想理论界都包括在内，靠这个特点立社就是有希望的。

我过去和出版社接触不是很多，因为社科社属于大雅之堂，是中国出版界的学术重镇，而党校的特点大家都知道，思想理论宣传普及方面做得比较多。但是我可以提一点希望，我们今年纪念改革开放30周年，明年就要纪念中华人民共和国成立60周年。这两个大的纪念活动，希望中国社会科学出版社能够出一些有较大影响的学术著作，在全国那么多出版社里面我希望你们能出这样的著作。至少我希望看到三本书，如果你们能够出来高水平的，我很愿意读的。

第一本我想读关于解放思想方面的书——《论当代中国思想解放》，改革开放30年的历史就是解放思想的历史，在这方面我们有丰富的历史经验，在当代中国的发展中，解放思想起了巨大的先导作用。当代思想解放，这个题目本身就可以作为一个学术研究的课题，比如说当代中国思想解放的历史背景、历史进程、重大成果、基本经验等，以及30年来我们在思想观念上的重大更新。把更新进行总结、提炼、系统阐述，那是宝贵财富，对于统一全党、全国人民的思想，对于推进我们事业的发展都有重要的意义。在历史上，将来对我们子孙后代都是很有意义的一笔财富。过了若干年很多人不懂这段历史，讲"两个凡是"、实践标准、生产力标准、三个有利于标准、三个解放等，对这些东西不一定熟悉，这也是一笔财富，要对我们的子孙后代进行解放思想的教育，中华民族伟大振兴靠的就是思想解放。只有思想解放，中国人才有希望。这个著作也不一定写三十万字、五十万字，写十万字、八万字都可以，加上一些有历史意义的插图、封面等，可以搞得很有影响。《中国共产党30年》也没有多少万字，我估计都不到50万字，但是很有影响。很多同志当时就从这儿学的，这些作品既有学术性也有政治性，在这个题目上可以做成经济效益和社会效益相统一的成果。

第二本我希望读的书是《新中国哲学60年》，这属于学术积累方面的。60年要回顾现在还来得及，包括哪些内容？比如可以包括学术名家的学术自传，可以搞100个哲学家的学术自传，自己最有心得的东西是什么？百人学术自传，这是一部分，一个人写上2000字，一百人就是20万字，这可以是一个部分。使国际国内知道我们中国是有人才的，我们搞了这么多东西都要知道珍惜。第二部分是百部著作评论，60年选出100本书作为学术著作，对这本书的学术价值进行评论，而不是简单介绍有多少章多少节，要介绍它有什么学术地位，有什么理论、影响、实践效果、社会效益，要做百部著作的哲学评论。写3000字评一本书，精华的一百部就是30万字，作为上册。再来一个下册，100个学术题目的综述，60年来在这个题目上我们有什么研究的过程和成果，比如60年中国文学思想的研究，把它梳理一下，开始怎么样、后来怎么样、现在怎么样、将来怎么样，把它大概梳理一下。价值理论研究60年，这些都可以做。马克思主义哲学科学体系60年演变，把新中国成立以后的体系怎么样、现在怎么样、将来怎么样梳理一下，人民内部矛盾学说60年，这是中国人独创的，外国人没有这样的概念。中国有这样的宝贵财富，我们不珍惜，不去梳理，这是非常可惜的。也搞100集，所以是百人简介、百书简介、百题简介，谁能搞出这本书来，我想写博士论文都要看这本书的，所以这是我希望读的第二本书。

第三本我希望看到的书，我不知道成熟不成熟，如果你们能够请哲学所的人写出来，那就是《中华人民共和国哲学史》，剑桥早就写出来了，咱们的哲学史就写不出来。所以能够写出来我也愿意看，当然这挺难的。这和《新中国哲学60年》不一样，介绍人物、著作、问题研究的来龙去脉，这相对容易一点，但要进一步做学术梳理，写出《中华人民共和国哲学史》的60年，这也很有学术价值。当然可

以写的东西是很多的，我是从我自己的角度谈以上三个建言，不到之
处请谅解。谢谢。

　　**王树人**①：我没有准备讲话，写了一首诗送给你们。诗是最真实
的，刚才两位都是领导，做了战略性的指示，我是小老百姓，只能谈
点野路子的东西。我认为中国学术界之所以出不来精品，或者有重大
历史意义、在世界上有影响的作品，不能怪别人，也不能怪领导，怪
我们做研究的人研究得不好、研究得不深、研究得不够，所以我在这
里首先向做研究的人开一刀。因为出版社肯定愿意出好的东西，出精
品，但是出不来的原因是什么？就是研究不行。跟现在的教育体制、
科研体制很有关系。这方面刚才杨春贵教授讲了，要解放思想，我
认为应该最先开一刀，而且这刀开得要重一点，就是教育、科研的
评价体制，这种体制使得人心浮动，使人安不下心来做研究，既然
安不下心来做研究，就只能应付，应付出来的东西就可能出垃圾，
不可能出精品。我们做研究的首先应该做一个检讨，同时我们对教
育和科研体制方面的弊端，影响社会出人才、出精品的弊端应该开
一刀。

　　解放思想这个问题应该写什么东西呢？应该从总结教训方面反
思我们这方面的问题，我想会更有价值，它使我们不至于只满足于
一种现象、一种表面的繁荣，出了多少书、有了多少博士论文，报
表上去有多少多少，那些东西有很多报完就完了，谁还看那些东西
呢？所以我感觉，在这个纪念会上，比如出什么书，如果真正有价
值的反思，除了肯定成绩以外，在教学这方面反思，这也许对中国
来说是更重要的。我们在学术、科研方面的危机感现在是否可以飘
飘然了，还是有大量问题需要我们去重视它、解决它。所以我在这
方面提一些建议，使中国有一个真正的改变，而不是在浮躁中大家

---

① 王树人，中国社会科学院哲学研究所研究员，中华外国哲学史学会名誉理事长。

都飘飘然，那是没有什么意思的。

我觉得我们的眼睛不仅仅要看到社会科学院、大学，也应该看到中国 13 亿人口中民间的一些人在奋斗，而且那种奋斗是真诚的，没有任何虚伪的追求，这也值得我们重视。

**吴元樑**[①]：感谢中国社会科学出版社，20 年前的今天，我到社 10 天。我是 7 月 15 号接到调令，到出版社上班的。回顾 30 年，我们见证了出版社的发展。出版社这 30 年很不容易，1978 年中国社会科学院成立的时候出版社起步了，我记得当时出版社在东单，后来搬到了西单 6 号，当时只有一间房子，后来来到这里。这 30 年出版社的选题、出版规模有了很大的发展，我当时在的时候，我们研究处出了 100 多种书，现在已经出了 700 多种书了。出书的品种增加了，并且队伍扩大了。出版社这 30 年的学术积累、学术声望，我非常同意刚才赵剑英同志讲的，形成了自己独特的品牌。所以我们今天应该有理由好好庆祝建社 30 年，而立之年不容易，应该说中国社会科学出版社在中国出版界，在中国的学术界是立起来了。这一点就值得祝贺。

听刚才赵剑英说的题目和我当年来的时候是一样的，我们当初提出的问题都是在市场经济条件下学术出版社究竟如何搞？当时就有这么一个难题。我记得我上任一个月以后，北京人民广播电台来采访我，差不多采访了一个小时，分两次播出，说学术出版社在市场经济条件下究竟怎么走？当时我们总的想法是坚持学术价值、社会价值，同时借助经济价值，要把出版社搞活。去年参加中国外国文学座谈会，介绍我们的经验，当时还有人说我们出版社的经验很好，别人学不来。我当时说过一句话：我们中国社会科学出版社出的书是上不着天，下不着地。困难就在这里，既不能靠天吃饭，也

---

① 吴元樑（1938 年 3 月—2020 年 1 月），中国社会科学院哲学研究所研究员，曾任中国社会科学出版社副总编辑。

不能靠地生存，所以路只能靠自己走。这30年来我觉得总的是成功的。回过头看这30年，我们一直在探索在市场经济条件下怎么搞学术出版。这个路走得很不容易，曾经也有过很多争论，有过很多偏差，总的来说走出来了，但现在又面临新的挑战，探索依然还要进行。我非常同意刚才赵剑英讲的，中国社会科学出版社的发展方向和战略定位，还是定位在学术品牌上。

我们要加强前沿意识，学术出版社如果不能够站到学术前沿，不能做到这点就很难在市场经济条件下有生存和发展的机遇。我想有几个前沿：一是现实的前沿；二是国外学术的前沿；三是国内学术的前沿；四是历史研究的前沿。前沿的问题我们必须得抓住。还有一点，课题的经济效益，单出一本书可能不会有大的效益，我们把一系列课题捆绑起来，肯定就会有比较大的效益。

**韩震**①：刚才提到学术和市场，现在都面临着挑战，但是也别忘了，30年改革开放，出版繁荣和市场经济也是联系在一起的，所以不能把学术和市场完全对立起来，尽管有矛盾之处，但是二者是相辅相成的。市场打开以后，可以做很多事，过去有些事情是不能做的，包括出版也是不能出的，所以我觉得出版社不能完全和市场经济对立，应该适应它。如果我们过分强调学术性，也可能失去群众。刚才谈到了民间，如果失去了群众，如果没有文化基础，一个民族的学术积累或者提升、凝练也会成为问题。

从出版社来说，没有一定的经济收入就无法保证有雄厚的资金出学术精品，我觉得这两个是完全可以做好的。

我想提一点，我们可以做一些专题，比如有一些部门哲学，可以选一些最基本的、最经典的文章作为大学生阅读的"课本"，另外，我现在特别愿意读学术自述，一些老先生的学术发展历程，这

---

① 韩震，时任北京师范大学副校长。

非常具有个性，他的挫折、困惑，这些读了以后对我们年轻人非常有启发，不仅是学术，还可以知道老先生的人格魅力，这从可读性、启发性来说比纯粹的书阅读面更广一些。

陈来①：今天是社科出版社建社 30 周年纪念，首先表示祝贺。三十而立，经过 30 年我们现在立起来了。社科出版社不是走了 30 年才而立，应该说起点就比较高，当时建社的时候，在中国学术界就已经是一个名牌出版社了，在改革开放 30 年来的中国学术发展中发挥了很重要的作用。

我自己 20 年前在社科出版社出了第一本书，所以一直非常感谢。今天主要不是讲感谢，我就不说这个了，我说一下对书的建议。一个是品牌，这是很重要的。我自己书架上摆的书，社科出版社我买得最多的就是外国伦理学名著，而且也是成系列的。从这个角度来说，我们要不断维护它。比如作者的版权、著作权到什么时候，一定要想这个事，不要说出了之后不管它了，过几年之后这些书都到别的出版社去出版了，这对我们的品牌是不太好的。在中国台湾等很多地方，都是专架，每一个出版社有自己的专架。如果这些书不是自己出版社的书了，就摆不到自己的书架上了，如果永远能摆到自己的书架上面，这对你的影响力是很大的。所以这些名著的书我们要不断保持它的著作权，但必须还要有新书出版。

第二个建议，第二套我买的比较多的书是《剑桥中国史》，那套书还在出，但没有出全。十几年以前我已经听说组稿翻译这个，这些名著要尽快把它出全，因为你不抓紧别人就给抓走了，单出一本，版权在他那里，而且你还拿不回来，这就麻烦了，有时候图书出版就有这样的问题，所以我建议系列的图书一定要抓紧，把整个系统完全做好。

---

① 陈来，时为北京大学哲学系教授。

第三个建议，刚才许多先生讲名家学术传记，我想补充一个想法。今天哲学界的专家比较多，我以前看一些老先生的自传，我现在主要讲的不是出老先生的自传，而是那些使老先生之所以成为名家的、影响他们成长的那些传记，比如说冯友兰先生，别看他是哲学家，他年轻的时候受什么传记影响大？是富兰克林的传记。比如邓广铭先生，他受裴多菲的传记影响大。我还看讲政治思想史的萧公权的传记，这些老一辈的专家学者在年轻时受到什么传记的影响，我们现在要做这方面的工作，要摸摸底，不仅要出这些老先生的传记，而且要看这些老先生之所以成为名家，他当时受了哪些传记的影响，这个问题以前大家不是很注意。不管是近代史还是近代学术史研究来讲，还是出版来讲，这些方面不仅是一个新的名人传记的出版思路，而且从效益上来讲，确实在中国百年学术史、百年名家成长史中发挥了重要作用，而且很可能有现成的翻译本就可以拿来用的，这方面可以提供一个思路进行考虑。

**万俊人**[①]：我没有在社科出版社出过专著，但是读咱们出版社出的书比较多，我今天主要是来捧场。我看邀请名单中清华只有一个人，所以我就来了。我主要讲两点：

第一，就我个人学术成长经历来说，社科出版社在我心中的位置是很高的，因为我看的很多书都是从这儿出版的，所以我对这个出版社30周年表示祝贺，也表示感激。

第二，刚才说要建言献策，我觉得现在办出版社比较难，跟我们国家其他的方面有类似情形，到了一定程度再往上面延伸很难，办大学也是一样。当然也有部分成功的，比如我现在所在的清华大学出版社，从利润上来说肯定成功了，因为它赚的钱多，但走的只是一条路，形而下的路，出很多技术方面的书。现在要保证一个出

---

① 万俊人，时任清华大学教授，曾任清华大学哲学系主任。

版社既能够生存还要发展，还要有品位，实际要有两条路：一是尽量出学术经典。二是要走形而下的路，无论是科普还是大众读物，要活下去，两条路都要走。

**李存山**①：今天很高兴参加中国社会科学出版社 30 周年的纪念会，我有很长一段时间是伴随着出版社的成长而且受惠很多，我曾在中国社会科学杂志社工作，和出版社是楼上楼下，所以那时候和出版社联系很多，尤其是和哲学编辑室。无论是杂志社还是出版社，那时候院里的定位是很明确的，就是要走高端的、前沿的学术精品路子。后来因为体制有所变化，杂志社还是事业单位，出版社体制却变了。

但是我觉得，回顾这 30 年，出版社还是立在学术上，这是社科出版社生存立足的一个本，如果立不住的话，社科出版社就失去它的意义了。现在出版社、杂志社都很多，有时候杂志越来越不好保存，因为现在杂志很多，也不是很好利用。在图书馆里面，过期的杂志越来越不好去借，图书馆保存也很不方便。所以真正积累下来的成果，应该说出版社出的书更有长期的学术价值。

但是最终我认为出版社的贡献应该是在于为我们五千年的学术文化增加积累，为将来中国文化的继续发展增加一些新的因素。所以我认为，还是要看它学术的含金量。

**吴国盛**②：首先表示祝贺和感谢，因为我也是社里的作者。我说一些建议，现在做出版社非常困难，我感觉跟以前不一样，社科出版社最大的任务目前是要重振雄风，利益格局、品牌格局重新大洗牌。过去能够在社科出版社出一本书那是至高无上的荣誉，当时在

---

① 李存山，中国社会科学院哲学研究所研究员，曾任中国社会科学杂志社副总编，《中国哲学史》杂志主编。
② 吴国盛，时为北京大学哲学系教授。

社科出版社出一本书就可以当研究员，现在大学出版社蜂拥而起，比如广西师范大学出版社，所以这是非常艰巨的任务。

至于要出什么书？第一要搞好发行。现代市场上出版体制是逆着来的。过去顺着来，先是找作者，组稿，选题，然后慢慢往上走。现在倒过来，要摸市场、摸行情，或者说摸读书界的动态，这很重要。当然我们怎么定位是一个问题，是维护一个纯粹学术出版社的定位？我看维护不下去，社科院也危险。社科院在财政上如果能全力支持，把社科出版社打造成社科杂志社那样的，完全不用你掏钱，而且你赔多少掏多少，那可以，就不用搞市场了，就可以按照传统做，只找有名的作者。现在不一样了，如果走市场化道路，或者两个结合的话，就得两个方面都考虑，甚至还得以市场养学术，更得先从发行做起。我认为发行在今天要占成功率的一半以上。或者结合手头的作者资源来策划，这是很重要的，当然这和我们的定位有关系。这个肯定是两手都要抓，两手都要硬，单纯的学术如果院里不支持，最后根本不行，市场也没有，学术也没有。近一二十年来，品牌不硬的原因和我们对市场经济体制没有适应好有关系。20世纪80年代我们的定位比较高，市场化之后，因为不适应，还是主打学术品牌。问题是学者也是人，稿费那么低，版税那么少，谁在你这儿出？这是一个现实问题。

所以要用市场养学术，院里大的政策没变之前，还是要走市场养学术的道路。如果院里有一天改了，像中国社会科学杂志社那样的话，院里全管就不用管市场了，一门心思做高端学术就可以了。

另外，在市场化体制下，我们不是没有深入做，咱们的困难也是别人的困难，大家都一样，而且我们社还有一点优势，特别是社科院这么多优质的学者资源，我们近水楼台可以先得月，所以还是有优势的。所以我觉得，在原创作品的最早抓到手方面我们是有优势的，或者一个编辑室有几十个作者，经常和他们联系，了解他们做些什么事。原创部分要及时了解学者在做些什么，及时根据我们的选定方针来组稿。

另外引进版也很重要，现在好出版社都要靠引进打品牌，这是事实。目前中国本土的学术原创性作品质量还是需要提高的，每年就出那么几本好书，咱们经济实力不够，争不过别人，所以引进可以做得"投机取巧"一点。引进版所谓版权的买卖很重要，我感觉咱们的版权比较弱，特别是怎么样把版权谈下来这个事，所以我觉得引进版也要大力加强。咱们加入版权组织之后，其实对发展中国家是很不利的，过去随便翻译，挺好的，现在实际对我们是不利的，但长远看是有利的。我的第二个建议就是要加强版权引进。

第三个建议，封面。社科出版社的封面没有给人一种整体的感觉，每个企业都有一个 LOGO 企业标识，一个出版社也要有标识。企业形象的好处是品牌可以像滚雪球一样积累起来，一本好书可以带动一个社，就靠封面视觉形象建立起来。80 年代的时候封面风格比较统一，后来就乱了，所以要加强封面设计，使风格基本统一，两三年之内社科出版社封面上的视觉形象要建立起来。

关于原创作品，编辑必须有几十个作者队伍经常联系。一些名家他们往往创作很多，后面跟了很多人，我们往往抢不过别人。还有一些年轻的队伍，暂时没有人抢，但我们可以先下手为强，把他抢过来。

**景跃进**①：我补充一两点，出版社 30 周年和改革开放是同步的，我们 30 年里已经出了近 8000 种图书了，有一个工作可以先做，先梳理一下，这近 8000 种里面你们认为经典的有多少，满意的是多少，认为过得去的有多少，如果不满意的话主要问题在哪里。我们做学术曾经受到市场经济冲击，90 年代，当时人们纷纷下海。接下来的时间国家富裕了，国家给资助。国家给资助大多数是自己申请基金，当然不

---

① 景跃进，时为中国人民大学国际关系学院教授。

是全部，但这样的现象很普遍了。

从这个意义来讲，出口的把关，在既有资源下出口怎么把关，这也是一个很重要的问题。对我们已经做过的书做一个梳理，去发现问题，发挥自己的长处，避免自己的缺陷。

另外做品牌精品意识，刚才前面讲的买书的两大类，结果都是翻译。一个是伦理学，一个是剑桥史系列的。最近这几年，也和几家出版社联系过，我发现都是选编翻译的东西，我觉得现在这真的是一个很有趣的现象，我们能不能扭转这个局面目前还不知道。如果你认为这套书是好的，推动它的版权特别重要，因为现在海外翻译一版、两版、三版太快了，一不小心人家就拿走了。我们要不断追踪，我就说这么多。

**江怡**①：刚才几位老师都说得非常好，我觉得出版社的定位非常重要。包括刚才吴国盛说的重振雄风的问题，还有三十而立的概念。定位到底定在什么位置上？刚才我看了一下咱们的出版定位，实际你们是很明确的。但是在我看来，我觉得这个定位还不够精、不够准确。以服务哲学社会科学研究为宗旨、以具有大专以上文化程度的读者为主要目标读者，这种话不仅是社科出版社可以这么说，很多大学出版社都可以这么说，换句话说，你们的定位并没有自己的特色。

中国社会科学出版社定位是什么样的？正如刚才几位老师提到的，现在国内的大出版社、小出版社，都在争抢市场，在这种竞争相对比较激烈的情况下，社科出版社怎么有明确的定位，让它在所有出版社中鹤立鸡群，真的能够凸显出自己的特点来，这很难做到。

说句不客气的话，你们目前的定位没有特点，现在有一个问题，商务印书馆为什么能够在国内读者群中有这么高的地位，持续了一

---

① 江怡，时为中国社会科学院哲学研究所研究员。

百多年了，很重要的一点是推介国外的经典名著，这点上他们做得非常得力，而且持续不断，我们都是受惠者。现在有一个重要的问题，社科出版社最近几年真正有代表性的著作，或者是大家提起社科出版社，比较熟知的几个品牌，恰恰是刚刚几个老师提到的，都是翻译类的著作，剑桥哲学史，不管是中国史还是世界史，或者说伦理学的丛书，都还是翻译著作，翻译著作成为你们出版社很重要的、大家口口相传的品牌了，但在翻译著作出版上与商务印书馆竞争，你们还是比较吃力的。

现在有一个问题，出版社怎么重新确认自己的位置？我个人觉得，在 21 世纪都说是中国人的世纪这样的大环境下，怎么把中国人的经典名作推向世界，这是你们出版社可以考虑的一个重要方面。所以我觉得，社科出版社应该以向世界范围内推介中国经典名作为你们的核心定位，这有两部分内容：第一，你们可以把中国从古至今，特别是近代以来的中国重要的学术名作，大家看作经典的学术名作组织翻译。刚才几位老师也提到怎么组织翻译的问题，这是一个难做的事，但如果你们要选择做的话，我相信不是做不成的。你们一旦做好了，这的确是功德无量的事。第二，要推介国内现当代的，包括一部分近代的中国学者已经被公认是这个领域里的经典作品，一定要推介这样的东西。否则出版社就没有特点了，别的出版社也都可以出，这样就没有特点了。所以我觉得应该以推介经典为你们出版社的主攻方向。

中国社会科学出版社的书一定要以质量为生命。我说这个话是有所指的，说句不客气的话，这几年社科出版社的图书质量在下滑，不是指你们的选题，而是编辑质量。

我们总说质量是生命，质量不仅包括选题，更重要的还是编辑。如果想把中国社会科学出版社打造成一个跟咱们国内社会地位相匹配的品牌的话，质量一刻都不能放松。

**张学智**[①]：我觉得一个出版社要建立自己的品牌，成为一个大品牌的出版社，应该各方面的书都有。中国社会科学出版社，早已经立起来了，现在是如何保持这个品牌，如何重振雄风的问题。现在翻译书出了不少，各方面研究著作也出了不少，但我觉得还缺一块。中国古代典籍里面有影响的东西出得不多，比如中华书局在出版古籍方面是最擅长的，二十四史、《中国古典文学基本丛书》，那些书对中国那么庞大的古籍群来说只是其中一部分。这几年上海古籍出版社做得非常不错，但出的书也有限，有很多都是重复过去出版的东西。中国社会科学出版社是专业的社会科学出版社，有责任把中国社会科学从古到今的东西保存发扬下去。但是我看了已经出的书目，古籍方面的东西太少。可能是这方面注意不够，编辑力量不足，有作者联系书稿的时候可能婉言谢绝了。要建立一个大出版社，这方面应该加强，就是要配备相应的编辑力量。因为我觉得现在古籍读者群比较大，过去认为古籍不赚钱，万圣书院出了很多古籍，很多是供不应求，现在古代文化的从业者，不管是文学、历史、哲学还是政经法等，从业者很多，对基本典籍的需求量比较大。可能有人说，四库里面不是都有了吗？如果定位在基本研究队伍来说，我们基本的研究者并不一定喜欢用已经出的光盘或者是其他一些书。现在有几大类书，比如儒藏等这些书定位太大，只适合于图书馆收藏，一般读者不适合收藏。一般的从业者研究所需要的书我们恰恰还没有出很多，包括中华和上海古籍，包括地方古籍，没有出的书很多，我们能不能在这方面动动脑子，比如选择四库，或者是四库存目，那里面有很多有影响的著作，其实里面没有正式出版的有很多，能否有选择地做一些，出版社是否能够拿出一笔钱专门做这个事。这对于扩大中国社会科学出版社的影响力还是有一些作用的。

还有一点，我希望中国社会科学出版社能够从利润中拿出一部

---

① 张学智，北京大学哲学系教授。

分来，作为中国社会科学出版社的出版基金，那些确实有学术水平的著作，出不了的可以免收出版费。这样的话，一些好的著作就可能会投到我们出版社的旗下。

**吴潜涛**①：各位老师都讲得很好，我补充几点，也算是对赵剑英的支持。如何办好出版社，我觉得现在都面临很大的挑战。从这几年出版社的发展状况来看，高校出版社也崛起了，高校出版社有很多资源。我们如何适应市场经济的发展，还是要借助外力的资源把这个事做起来，这对保持哲学社会科学界应有的地位是非常重要的。

我提几点具体意见：第一点，是适应社会现实发展需要，搞好策划。这个非常重要，刚才提到《现代外国伦理学》，这套书的策划实际是改革开放以后中国伦理学的发展如何吸取外来的伦理思想营养，所以特别急需，这个选题选得比较好，策划比较好，另外当时一批编辑也抓得比较紧。《伦理学概论》催得也很紧，最早起步也做得比较好。根据现在社会的发展需要，如果有好的题目，编辑可以去策划。这几年杂志社办得比较好的都是编辑主动出击的，主动与作者加强联系。出版社也有这样的问题，要想在竞争中占有优势，编辑不能光坐在编辑室，让别人来找你，你应该主动找别人，搞好策划。因为这可以在一定程度上组织一些好作者、好课题，实际是培养了一批队伍。若干年之后，你有一批队伍，不仅保持你在竞争中具有强大竞争力，而且还能在未来保持优势，我觉得这是非常重要的。

不仅要做好策划，我还有一个想法，现在很注意成果的评奖和影响。这几年评奖很多，刚才一些同志谈到出版社的宣传问题，实际成果的评奖也是一个很好的宣传。

第二点，还要考虑到借助一些外来的资源发展出版社。刚才说到社科出版社上不沾天下不沾地。比如高教出版社，这几年发展比

---

① 吴潜涛，时为中国人民大学教授。

较快是由于借助了教育部出版教材的资源，人民出版社借助政治地位和优势，社科出版社能不能借助全国哲学社会科学规划办，他们有很多课题，这些课题我们不一定全部争过来，把部分成果拿过来，这是非常重要的问题。将来全国哲学社会科学规划办招标的课题、成果有一部分放在中国社会科学出版社出版的话，我觉得影响力就会很大。这两年大学在搞"985"工程、"211"工程，这些工程也有很多钱，有些钱组织一些系列的丛书还是可以变通的，不能都让每一个大学出版社把这块阵地占领了，这样容易被边缘化。

第三点，要注重一些退休的老同志，他们都很有实力的，他们没有课题经费，把选题能够拉过来不要向他们要钱，他们的成果在将来也有可能作为传世之作，而不是应时之作。

**廖申白**[①]：最初和社科出版社合作是在 1986 年，编辑《外国文学译丛》，说来已经 20 多年了，我很感谢。有几本译著，不论是我独译还是和其他专家合译的。20 世纪 70 年代末、80 年代初，当时的社领导确定的宗旨是非常好的，我个人感到非常钦佩。有一段时间我认为社科出版社做得很不错，所以赢得了它的声誉，但是在最近十几年，我认为声誉有了极大的折扣。如果我们要讲实话，这就是我的实话。

我认为有几个问题，你说它立了吗？我认为立了，但是根没有扎深。这个根是什么？当初是有判断的，后来你们变得没有判断了。所以它还能扎吗？没有办法扎了。这个根最近十几年迷失了，这是一个原因。附带的另外一个原因是社风变了，我就不展开说了，确实有一些事情是我们了解或者耳闻的。我个人认为，这个根应该是文史哲精粹，这 30 年出了多少种，现在捋一捋，中国人自己做的应该说屈指可数，这就是一个问题。按照我的看法：一类是文史哲精

---

① 廖申白，北京师范大学哲学学院教授。

粹里面的思想，思想的精粹，这个非常少。另一类是文史典籍和阐释的精粹，这可能还有一些，但也非常少。再就是一般社会科学，如管理学等。最后是流行的作品。我觉得起码应该分出四级来。现在看来，分出四级列为第一级、第二级的非常之少。

我觉得这个根要扎深的话，必须要看尖怎么样，有没有往上长，我觉得应该是二比一。就是说底下可以出版量大一点，流行的上头要争取占到1/3，这样作为一个出版社，经营上可以争取不亏本，还是做得到的。因为底下这部分还是有商业利润的。要做到这一点，我直接提出我的建议，在前面这两个部分要实行进阶制。最初可以出，到再版，尤其是经过修订版之后要让它进阶，作为社科出版社有一个统一标志的，叫学术精粹也好，或者是20世纪学术精粹也好，不论文史哲可以出到一起，如果有单列的序列可以给单列的序列。真正有学术价值的，应该统一地装潢，用最好的封面、最好的装帧来出这套书。这样我社的标志也就有了，也可以立起来了，将来说哪些最好，看样子就可以看出来了，这些书应该立在那儿就是奖，当然有项目支持一下更好，钱拿过来一点用于出版。

不要太看重哪个书给了你多少钱这个事情，这几年社风的变化跟这个是有关的。第一个建议是进阶制，因为这是一个学术的沉淀，要保证1/3的书出好。第二个是不要盲目贪求规模扩大。这些年确实变得是比较大了，倒宁愿有一个适度的规模就可以了。我觉得应该实行分别核算制，社的管理，编辑人员工作量的计算，四级书应该有四级不同的工作量计算的办法。编辑和我们要争论很长时间，就拿着原文看，没有讨论清楚就不出，而现在都没有了。这10万字，顶下面四级的40万字才行，否则的话谁还好好编书？

再一个建议，分级里面，要特别注意思想著作。简单地说，赔钱也出，最多是稿费低一点。还有最重要的一个建议，我觉得一定要和作者友善沟通，我觉得这几年社科社在这方面做得是比较差的。第一，对作者不够尊重，合同到了时间，他根本看都不看，版权到了看都不看。而且重印的时候，通知都不通知。还有就是谁知道你印了多少？没有人知道。像这些事情是对作者尊重不尊重的问题。

最后一个具体的小意见，进阶制的书，书皮应该有一些扉页，这些都应该做好一点。不要太看重赔钱这个事，用底下 2/3 养 1/3，包括编辑工作量的核算、编辑的工作报酬，四级书都要分开一点，这样可能社科出版社会做得更好，这是我的希望。

**周晓亮**[①]：我说两点：第一，中国社会科学出版社实际上是背靠着社科院的，我的看法是这些年社科院的资源没好好利用，和社科院学者的联系越来越淡薄，这样很多好的选题，包括社科院一些重要的作者，包括中青年作者，对社科出版社有一些远离倾向，很多书转到外面去了。如果要改进这一点，重要一点是要加强社科出版社和社科院研究人员之间的联系。根据我的理解，这里面也不是很复杂的工作，有几个环节抓住了会有帮助的：（1）社科院现在靠课题引导，所以在各个所相关的单位进行课题立项时希望社科出版社的同志们能够出席旁听，在源头上抓住重要的课题。（2）在最后要出版的时候，因为所有著作出版都需要社科院出一定的补贴，这时候文稿已经成形了，出版社的人来"摘桃子"的时候，在很多重要环节上我们看不到社科出版社编辑人员的影子，如果在源头上，在科研著作的创作过程中能够抓住一些重要的选题，观察到它的发展，最后得到它的果实，我觉得这是事半功倍的办法。

第二，在出版社经营的体制程序上，有一条要注意：抓大放小，抓好基础，人心不散。抓大放小，就是对于重大的选题、有影响力的选题，我们经过慎重的考虑，预见到会有重要发展的选题，应该是举全社之体制去抓，社长、总编辑，包括各个室的负责同志，应该亲自操刀做这件事情。放小是为了搞活，调动每一位编辑人员的

---

① 周晓亮（1949 年 10 月—2020 年 10 月），中国社会科学院哲学研究所研究员，原《哲学动态》《世界哲学》主编。

积极性，对社里创收起到一定积极作用，但是一定要把这两个协调起来，所以要抓大放小，不能颠倒。抓好基础，这个基础是全方位的。科研的基础是什么？学问要上去，人才要培养，出版社的基础是编辑业务要精，这个地方是不能够马马虎虎的，因为这个东西最伤研究人员和作者的心，如果对方第一次不满意，也许他永远不会来你这个社。再就是人心不散，如果平心而论，多多少少有些感觉，中国社会科学出版社在全社大家团结一致、提高质量、搞好出版、为中国社会科学服务这一点上，可能有时候心还不太统一。也许上面社长、总编辑有积极性，但下面具体做编辑的人员当中，我觉得很多地方，包括对工作的敬业精神上，包括严肃认真的程度上，与作者的联系、尊重，乃至到最后成果的宣传、发布，这些方面应该特别引起社里领导的注意和关注。

**张曙光**①：作为读者，我谈一点自己的想法，我本人对三类书比较看重。一是中外的经典。二是真实地反映中外历史现实，往往可能是依据某种调查并在这个基础上做出分析的。西方像剑桥的国别史、文明史，还有国内费孝通先生的乡村经济，以及研究中国人的心理，有一些数据的书，这些书对学者研究学问来说是非常重要的，但可能这类书出得不是太多。第三类书是研究型著作。

**韩庆祥**②：刚才很多专家提了很好的意见，我觉得对我本人有启发。如果坐在赵剑英的位置上，操作起来有些比较容易，有些比较难，当总编辑说话有时候要换换角度，但千抓万抓要抓人才，品牌的背后是人才，产品的质量说到底是人的质量。我的主要建议是：把出版社的编辑队伍好好抓一抓，其他的问题有时候就比较好解决了。

---

① 张曙光，时任北京师范大学哲学与社会学院院长。
② 韩庆祥，时任中央党校哲学教研部主任、教授。

# 改革开放三十年来中国哲学社会科学繁荣发展成果的集中呈现<sup>*</sup>

在全党全国上下喜迎改革开放 30 年之际，在中宣部和新闻出版总署的指导与中国社会科学院党组的领导下，经批准立项，由中国社会科学出版社组织并落实出版的优秀科研成果《中国哲学社会科学 30 年丛书》现已出版面世，我们特别高兴地将这套展示 30 年来中国哲学社会科学繁荣发展历程的著作呈献给大家。

改革开放 30 年来，中国共产党把马克思主义基本原理和时代特征紧密结合起来，创造性地形成了马克思主义中国化的三大理论形态——邓小平理论和"三个代表"重要思想以及科学发展观，形成中国特色社会主义理论体系，走出一条中国特色社会主义道路。中国的综合国力和国际地位迅速提升，一个充满生机和欣欣向荣的社会主义大国屹立于世界东方。改革开放以来的 30 年是中华民族历史上发生深刻广泛变化的 30 年，是中华民族迈向伟大复兴的 30 年。30 年的巨大社会变迁发展及其伟大成就，首先是中国共产党推动马克思主义中国化理论创新的结果，其中哲学社会科学研究在参与和推动新时期马克思主义中国化理论创新中做出了突出贡献，同时改革开放和中国特色社会主义伟大实践也催生和推动中国社会科学的大繁荣大发展，近 30 年也是中国哲学社会科学大繁荣大发展的30 年。

* 2008 年 11 月 19 日，在"中国社会科学院科研成果发布暨《中国哲学社会科学 30 年丛书》出版座谈会"上的讲话。

本丛书旨在比较全面地反映改革开放 30 年来中国哲学社会科学的成长、繁荣、发展历程，比较系统地展示 30 年来中国哲学社会科学领域所取得的学术创新成就，可以说是一部视角独特，比较全面、系统的当代中国学术史。

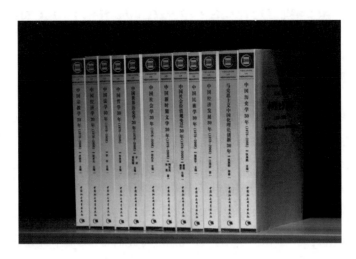

《中国哲学社会科学 30 年丛书》

丛书包括 14 卷，第一卷是《马克思主义中国化理论创新 30 年》，组织撰写的是侯惠勤教授。第二卷是《中国哲学 30 年》，组织撰写的是李景源先生。第三卷是《中国宗教学 30 年》，主编是卓新平教授。第四卷是《中国经济学 30 年》，主编是张卓元先生。第五卷是《中国经济发展 30 年》，作者是汪海波教授。第六卷是《中国法学 30 年》，主编是李林教授。第七卷是《中国社会学 30 年》，主编是郑杭生教授。第八卷是《中国社会价值观变迁 30 年》，组织撰写的是北京大学潘维教授。第九卷是《中国民族学 30 年》，主编是揣振宇先生。第十卷是《中国历史学 30 年》，组织撰写的是著名历史学家张海鹏先生。第十一卷是《中国世界历史学 30 年》，主编是于沛教授等。第十二卷是《中国新时期文学 30 年》，作者是陶东风教授等。另外《中国新闻传媒 30 年》《中美关系 30 年》这两卷现在正在撰写之中。

丛书基本上覆盖了哲学社会科学领域的主要学科，概括起来讲，这套丛书有三个突出特点：一是深刻反映了中国特色社会主义理论体系的创新与发展，与中国哲学社会科学繁荣发展之间的相互推进的变迁关系，从这套丛书中可以看到这样关系的存在。二是全面展示30年来中国哲学社会科学发展的基本脉络和丰富内容，主要包括学科体系、学术观点、研究方法创新和重要文献、重要学术活动、学术人物和重大学术争论情况等。三是作者、编者均为当前中国哲学社会科学各学科的学术带头人。各卷分别由中国社会科学院和国内高校的学科带头人撰写，其中不少是中国社会科学院的学部委员，具有较高的专业性、学术性、权威性，使丛书具有比较高的学术质量。

《中国哲学社会科学30年丛书》是中国社会科学院根据中宣部和新闻出版总署关于纪念改革开放30周年的有关精神，为系统总结我国改革开放30年来哲学社会科学繁荣发展的伟大成就和历史经验组织撰写，丛书经过批准立项给予资助出版，具体组织和出版工作由中国社会科学出版社承担。中国社会科学院常务副院长王伟光同志充分肯定这一课题的重要意义，应邀担任丛书的总主编，对学科研究和丛书写作给予了许多重要和具体指导，并为丛书撰写总序，科研局王正副局长等也为丛书的出版做了大量工作，在此请允许我代表全体作者和中国社会科学出版社对各位领导的大力支持和帮助表示衷心的感谢。最后我们要特别感谢参与丛书写作的各位作者，正是你们辛勤的创造性劳动，才使丛书得以问世。

## 附录　专家发言精选

**王伟光**[①]：在我国改革开放和新时期中国哲学社会科学繁荣发展30年之际，经中国社会科学院科研局批准立项，由中国社会科学出版社策划组织并落实出版的《中国哲学社会科学30年丛书》现在已

---

① 王伟光，时任中国社会科学院党组副书记、常务副院长。中国社会科学院原院长、党组书记。

经正式出版面世，今天在这里举行成果发布和出版座谈会，我代表中国社会科学院向参加科学研究和丛书写作的专家学者们致以亲切的问候和衷心的感谢。

这一重大成果的出版问世，我认为还是有很重要的理论和现实价值。首先，这套丛书深刻反映了中国特色社会主义理论体系不断创新、丰富、发展与中国哲学社会科学繁荣发展之间的辩证关系，对哲学社会科学研究、坚持马克思主义指导、坚持理论与实践相结合、坚持和发展社会主义理论体系都有一定的意义。

当代中国改革开放伟大事业至今已经走过了 30 年不平凡的历程，从经济领域到其他各个领域，在当代中国大地上发生翻天覆地的变化，成绩是举世瞩目的，正像胡锦涛总书记在党的十七大上讲的，改革开放是决定当代中国命运的关键选择，是发展中国特色社会主义、实现中华民族伟大复兴的必由之路，而改革开放伟大事业取得的辉煌成绩是同坚持马克思主义与中国化理论创新的指导分不开的。改革开放新时期以来，中国共产党把马克思主义基本原理与当代中国实际相结合，高举中国特色社会主义伟大旗帜，创造性地形成了中国特色社会主义理论体系，走出了一条符合中国国情的独特的中国特色社会主义道路。我们的综合国力和国际地位不断提升，人民生活水平不断提高。

中国的改革开放具有中国特色，具有中国风格，具有中国经验，日益吸引着世界的目光。改革开放 30 年既是中国特色社会主义理论体系形成、丰富和发展的 30 年，同时又是中国哲学社会科学进一步繁荣和发展的 30 年。改革开放新时期 30 年，我们进一步推进了中国的哲学社会科学体系的创新，这 30 年是具有中国特色、中国风格和中国气派的新时期的哲学社会科学大繁荣、大发展 30 年，这套丛书正展示了现实与理论的互动互助，时代与学术的互动互助，历史与逻辑的互动互助，马克思主义中国化的理论创新与哲学社会科学创新体系的建设互动互助。

　　这套丛书具有重要的学术史价值。其认真梳理了 30 年来中国哲学社会科学各学科学术创新的成果，深入反思、科学总结 30 年来哲学社会科学发展的宝贵经验，对于引导和推动中国哲学社会科学的进一步创新发展，对于哲学社会科学的人才成长，特别是中青年人才的成长，使他们了解我国哲学社会科学创新的历程具有很强的参考价值。改革开放 30 年，伴随着经济发展的巨大成果，我国的哲学社会科学研究取得了迅猛发展，取得了历史性的进步。在 30 年改革开放的伟大实践舞台上，中国哲学社会科学立足于当代中国丰富的社会生活，放眼世界学术研究呈现出来的新发展，在学科建设、基础理论研究、问题研究、学科创新、学术创新、观点创新、学术方法创新等各方面都取得长足进步。因此《中国哲学社会科学 30 年丛书》，对中国哲学社会科学 30 年来的学术创新历程和主要成就做出了梳理，概括了各学科研究的基础理论、学术热点、前沿问题、重大理论突破和学术争论，同时也深入反思各学科研究中所存在的问题，站在学科最高点上展望今后中国哲学社会科学的发展，具有很重要的学术价值。这套丛书没有严格按照一级学科、二级学科的学科区分撰写，而是突出问题意识，不仅包括中国化的马克思主义理论创新，还包括中国的哲学、宗教学、经济学、社会学、民族学、历史学、世界史研究、新闻传媒等重要学科，反映了改革开放 30 年来我国的经济发展、社会发展和社会价值观的变迁，对中美关系 30 年也做了一些问题的研究。总之，这套丛书所涉及的研究填补了国内相关研究领域的空白。

　　这套丛书展示了改革开放以来中国哲学社会科学学术创新成就，对推动优秀哲学社会科学研究成果，扩大中国哲学社会科学的国际话语权和影响力，增强中国的文化实力，具有一定的促进力。党的十七大提出社会主义文化大发展大繁荣，同时提出推动中国哲学社会科学优秀成果、优秀人才走向世界，提高中华文化软实力战略。这套丛书可以说是社科院专家学者贯彻落实党的十七大精神、学习实践科学发展观的重要举措，当然这套丛书我们会采取一些措施，让它"走出去"，起码要参加国际书展，把版权输出去，以进一步扩大中国哲学社会科学的国际影响和话语权。

在此我也向为此套丛书的策划、立项、组织和出版的中国社会科学出版社的领导和编辑、校对和印制人员表示衷心的感谢。

**侯惠勤**①：各位领导、各位老师、同志们，在举国上下隆重纪念改革开放30年的热潮中，由王伟光同志总主编，中国社会科学出版社出版了以新时期哲学社会科学学科建设为主要内容的系列研究丛书，这套丛书策划早、选题好、投入力度大、质量也比较高，为改革开放的活动增添了亮色，我有幸参与了这一工作，领衔撰写了《马克思主义中国化理论创新30年》，深受锻炼，感受很多。最根本的一点感受是，我们大家都知道，作为重大纪念活动的主题，可以是精品也可以是平庸之作，甚至可能是废品，结果如何关键在于指导思想，最根本的是要有实事求是之心，无哗众取宠之意。马克思主义许多经典名篇，如列宁为纪念马克思主义30周年而作的，毛泽东的《为人民服务》《纪念白求恩》等都是纪念活动中问世的伟大思想成果，这些作品不是为谋生、为出名、为交差而作，而是长期创作、不懈追求真理的心得。相反如果平时毫无积累和思考，把纪念活动纯粹作为出风头、捞民意的机会，当然会贻笑大方，因此我们的体会是写作纪念活动的作品一定要坚持实事求是，不搞花架子。所谓实事求是就是要真有研究，下真功夫，获得真理性的认识，还要说真话，表达真理。我们撰写《马克思主义中国化理论创新30年》，可能失之于疏浅和片面，肯定有种种不足，但是可以肯定的是没有违心的话，没有照搬照套，因为这一课题是我们近年来主要的研究领域，已经有了一定的基础积累，可能通过集中的努力提炼加

---

① 侯惠勤，时任中国社会科学院马克思主义研究院党委书记、副院长，《马克思主义中国化理论创新30年（1978—2008）》主编。

工形成一个比较好的作品。实事求是对于我们从事马克思主义理论研究，意味着必须讲党性，服务大局，承担责任，为此可能要做出必要的牺牲。我们都熟知马克思主义创始人，往往根据大局的需要而经常中断自己原有的研究计划，承担起形势所要求的任务。

纪念改革开放30年不是通常意义上的庆典活动，而是要通过这一活动深入贯彻落实党的十七大精神，进一步把全党、全国人民的思想统一到中国特色社会主义这面旗帜、这条道路和这个理论体系上来，继续解放思想，坚持改革开放，落实科学发展观，促进社会和谐。所以，改革开放30年的纪念著作必须吃透党的十七大精神和中国特色社会主义。进一步深化对党的十七大关于改革开放决定是当代中国命运的关键抉择，是实现中华民族伟大复兴的必由之路，只有社会主义才能救中国，只有改革开放才能发展中国、发展社会主义、发展马克思主义这些精辟论断的理解。这是一个十分艰巨的任务，即便以前在这方面有基础的人，对于党的十七大一系列新论断、新概括、新思想也有一个再学习的过程，正如党的十七大指出的思想理论建设是党的根本建设，思想理论创新引领各方面创新。写马克思主义中国化理论创新的书来不得半点马虎，所以我们必须中断其他的工作和研究，集中精力攻关。

从根本上说，改革开放以来马克思主义中国化的理论创新过程就是中国特色社会主义道路的成功、开拓和胜利发展，就是中国特色社会主义理论体系的形成和不断发展，也是不断地应对历史条件的变化，始终高举中国特色社会主义这面当代中国发展进步的旗帜的过程。概括起来说，我们党能够在新时期开创出中国特色社会主义道路，其理论基础是对马列主义、毛泽东思想的科学继承，其时代背景是对国际形势和时代特征的科学把握，其历史根据是国内外建设社会主义正反两方面经验的科学总结，其现实依据是对我国改革开放和社会主义现代化建设的生动实践，对最广大人民共同愿望的科学认识。这四个"科学"即科学继承、科学把握、科学总结和科学认识，在这个基础上形成的四大根据，即理论基础、时代背景、历史根据和现实根据，深刻揭示了中国特色社会主义道路的坚实基础和光明前景，是改革开放 30 年以来马克思主义中国化理论创新的不竭源泉，这也是我们所写的书力图完整阐述的大思路。

从大的理论界限来说，首先摆在我们面前的一个尖锐问题是，"文化大革命"结束以后中国存不存在一个"向何处去"的道路选择问题，如果存在，从什么意义上加以界定。无论在当时还是在今天，都存在着两种偏向，一是根本否定"文化大革命"前的十七年，把改革开放视为另起炉灶，实际上是向资本主义文明回归。二是满足于十七年的成就，把拨乱反正视为简单地回到十七年，看不到必须探索一条没有任何现成答案的新路。这里的关键是科学地评价十七年，从历史的观点看，十七年的成就是主要的，它所奠定的政治前提和制度基础是我们一切探索的出发点，从发展的观点看，十七年的探索并没有真正解决"走自己的路"这样一个在中国发展社会主义道路问题。如果孤立地抓住后者就割断历史走上邪路。因此不承认改革开放对于当代中国的决定性、革命性意义就会走已经被实践证明走不通的僵化封闭的老路，而不承认十七年探索所奠定的社会主义基础，就会走已被历史证明走不通的资本主义化的邪路，两者都是在根本道路问题上迷失，这就是说对于中国特色社会主义原创性和继承性的辩证把握，是考察改革开放以来马克思主义中国化理论创新的出发点，这种坚持和发展的辩证法，表现为结合这一马克思主义理论创新的基本方法上。

马克思主义的理论创新具有一般学科创新的特点，尤其在原创性方面，但是又具有一般学科创新所不具备的特点。一般的科学创新主要是一种工具性的更新，是一种解释框架的变化，因而可以锻炼甚至可能某些时候需要深刻的片面性。然而作为工人阶级解放的理论形态，不仅是工具也是理想信念，不仅有认识论意义，更有处理各种意义观点的历史观和实践意义。因此在理论形态上，既有反映具体历史条件和时代特征变化的相对独立的理论体系，同时又是表达无产阶级解放时代要求的统一思想体系。因此全部马克思主义理论创新的核心问题就是马克思主义的基本原理和具体实践相结合的问题，是理论应实践的需要而产生，并发挥指导作用，又被实践所不断突破，而不断创新的过程。如果说创新是马克思主义的基本精神和生命源泉的话，那么结合就是这一精神的实践方式。结合不仅是马克思主义理论创新的基本方法，而且是马克思主义最重要的基本原理，我们必须改变两个习以为常的思维：一是一说创新就是根本的否定和彻底的破除，二是一说基本原理就是指现成的、简单的结论，实际上正如邓小平指出的，马克思列宁主义的普遍真理与本国的具体实际相结合，这句话本身就是普遍真理。它包含两个方面，一方面叫普遍真理，另一方面叫结合本国实际。我们历来认为丢开任何一面都不行，把结合视为基本原理就是强调马克思主义的基本原理是建立在对于社会基本矛盾关系的动态把握上，而不是一切现成的结论，把结合视为马克思主义理论创新的基本方式，就是强调这一创新是在实践基础上的理论辩证综合过程，而不是单纯的知识更新和逻辑推广。

这就是我们撰写这本书的方法论原则，尽管我们为丛书的顺利出版做了些工作，但是对于马克思主义理论工作者来说，我们深感形势逼人，松懈不得，自满不得。在当今世界一方面再意识形态化有所表现，另一方面意识形态非意识形态化的方式发生改变，西方借此向我国渗透文化的图谋没有改变。和全国面临的形势一样，思想文化发展所面临的新的历史起点和新的阶段性特征也日渐清晰。如果说改革开放以来我国的综合国力有了迅速提升，人民生活水平总体上有了较大的提高的话，那么在如何使这种成就及时有效地转化为对于中国特色社会主义的认同上，我们还面临着挑战，国家文化软实力的建设显得任务繁重。如果说以中国特色社会主义为标志的党的理论创新生气勃勃、硕果累累的话，如何使这一理论创新成果大众化、普及化以及国际化，我们还面临着严峻的挑战，增强主流文化传播力的压力很大。如果说改革开放以来，我国文化建设有了很大的发展，取得了长足进步的话，那么在人民群众文化需求的增长更为迅速，文化供给，尤其是社会主义先进文化的供给上，我们还面临着挑战，社会主义核心价值体系的建设任重道远，因此我们没有任何理由沾沾自喜，而必须倍加努力，争取为我国马克思主义理论研究和繁荣不断地贡献自己绵薄之力。

**张卓元**[①]：尊敬的王伟光副院长、各位专家、各位嘉宾，我很高兴参加今天社科院科研成果发布会。我简单讲三点：

第一，今年是改革开放 30 周年，改革开放以来在党的解放思想、实事求是的思想路线指引下，在经济大发展、社会全面进步的同时，我们人文社会科学也得到了很好的发展和繁荣。像我所研究的经济学，无论是研究也好，还是讨论也好，都比较活跃。在这期间，一系列马克思主义中国化的创新成果以及很多应用经济学都涌现和发展起来。30 年来，像社会主义商品经济理论、市场经济理论、社会主义初级阶段理论、经济增长理论，包括出现中国的奇迹怎么来解释，对外开放的理论、收入分配理论以及农村改革、所有制改革、经济运行机制改革、金融、财政、投资体制改革等理论，都在不断地丰富和发展。在改革开放 30 周年之际，把这些马克思主义中国化的创新成果以及其他经济理论研究成果进行系统的梳理，而且对今后这些学科的发展进行展望，把这些成果综合起来公开出版发行，无论对中国的改革开放和社会主义的现代化建设，还是人文社会科学的发展，包括经济科学的发展，都有重要意义。所以我认为出版这一套丛书是很有意义的。

第二，出版这套丛书非常符合中国社会科学出版社的定位。中

---

① 张卓元，中国社会科学院学部委员，经济研究所研究员。曾任中国社会科学院财贸经济研究所所长，工业经济研究所所长，经济研究所所长。

国社会科学出版社依靠中国社会科学院，依靠在北京的很多著名的大学、著名的专家教授，把改革开放 30 年的理论创新和研究成果加以系统化，公开出版发行。这套丛书首先具有权威性，因为这套丛书是由中国社会科学院常务副院长王伟光同志任总主编，在人文社会科学界具有代表性。丛书的作者都是相应领域的专家，而且绝大多数是比较公认的这方面的专家，是长期从事本专业、本学科的研究者和做出过比较高质量成果的作者，所以容易得到社会的认同和肯定。其次，这套丛书还具有全面性，这可能是中国社会科学出版社具有的优势。虽然这套丛书不能说涵盖了人文社会科学的所有领域，但是应该说是涵盖了人文社会科学的主要领域，所以比较全面、系统。我主编的《中国经济学 30 年（1978—2008）》也是这样，不能说这本书涵盖了 30 年来中国经济学理论研讨和创新的全部内容，但是我们还是力求把最主要的内容涵盖进去。这样的话能够比较好地集中反映 30 年中国人文社会科学大发展、大繁荣景象。最后还有一定的实效性，因为经过 30 年，30 年的经验非常之多，理论的创新成果也很多，需要做系统的总结，是为了今后更好地前进，使得这些学科的发展更加好、更加繁荣。

第三，出版这套丛书，像我们成立了课题组，集体来创作，而且有比较充裕的时间进行反复修改，非常必要。因为要归纳学科研究进展，没有比较长时间的投入是不行的，而且从我们经济学角度来说，因为学科太多，我作为主编，我个人的知识也是有限的，很多也是很不熟悉，所以需要找相关的专家集体进行创作。这里就要找好人，要找到有时间投入这项工作的人，而且是要这方面的行家，要有必要的时间，还要有讨论、修改、补充的时间。慢工出细活，这样的话使得研究成果成为精品，成为相关学科的人必须看和参考的文献。这是重要的经验。

　　**张海鹏**①：很高兴有机会出席今天社科院的科研成果发布会暨《中国哲学社会科学30年丛书》出版座谈会。我自己主持了一本书——《中国历史学30年》，也是这套丛书里的一部分。

　　《中国哲学社会科学30年丛书》的出版非常重要，在学术发展史上是非常重要的出版行为。我们组织的《中国历史学30年》是以中国史学为主组织的，从2005年开始组织，当时的组织主要为了向国外的学者介绍中国的历史学。2007年9月，我们由中国史学会承办了一次国际历史学会的代表大会，差不多有四五十个国家历史学会的负责人出席国际学术代表大会。国际学术代表大会的成立，由承办国的中国史学会组织学术讨论会，我们的学术讨论会反复征询国际历史学会主席、秘书长的意见，后来我们决定向有机会到中国来出席会议的各国专家学者介绍中国的历史学。那次我们反复讨论，从国内各个高等学校、各个研究机构挑出一些学者，组织了20多个专家，对中国的考古学、中国近代史、中华人民共和国史，以及这些大学科底下的专门学科，请各方面的重要学者来回顾、总结30年甚至是50年以来的学科研究成就。9月份开会的时候有10位学者做了报告，国际历史学会组织的15个国家的历史学者对这次学术报告非常感兴趣，他们在会上提了很多问题，对中国历史学的发展、对中国历史学的现状提了很多他们感兴趣的问题。在这个基础上，我们把它们发展到了《中国历史学30年》里面。《中国历史学30年》对中国历史学的各个学科做了一定的贡献，对于30年来中国历史学的发展，中国历史学在拨乱反正以后，怎么样对待西方的各种史学理论，怎么样对待和发扬马克思主义在中国历史学的重要指导作用，这些方面都做了很多工作。我们也要求这些作者非常严肃认真地总结历史学每个学科的发展。《中国历史学30年》以及这套丛书的其他的各卷书，

---

　　① 张海鹏，中国社会科学院学部委员，近代史研究所研究员，《中国历史学30年（1978—2008）》主编。曾任中国社会科学院近代史研究所所长。

都是在这样的状态下认真组织编写的。

这套丛书从学术史的角度总结了 30 年的发展，这 30 年恰恰是探索社会主义，形成有中国特色社会主义理论体系的过程当中学术的发展，哲学社会科学学术事业的研究和发展过程实际上是适应了我们国家对于中国特色社会主义理论形成过程。从这套丛书中可以看出来这一点，这是非常重要的一套丛书。如果说过去 30 年的研究是在中国特色社会主义理论指导下做，是在适应中国特色社会主义理论，我觉得我们今后更应该非常明确地认识到用马克思主义理论指导我们。

**郑杭生**[①]：各位领导、各位同行，今天非常高兴出席这样一个座谈会，在这个会上我想简单表达几个意思。

第一，中国社会学 30 年来的发展历经两个春天、两个阶段，并且面临两个阶段不同的任务。第一个阶段是邓小平同志在 1979 年说的有名的话，"这个社会需要赶快补课"，开启了第一个春天。在这个春天里面中国社会学得到了恢复、重建，并且逐步形成了有中国特色的、有自己价值和方法论的一门学科。第二个春天，在我们党的十三大、十四大、十五大一直到现在，胡锦涛总书记关于社会学发表了很多意见。在这个阶段，社会学面临一个新的任务，就是中国社会建设的问题被着重提出来。所以现在研究等各方面为中国和谐社会的建设，贯彻科学发展观，围绕这些方面来做。所以《中国社会学 30 年》就是要反映这两个春天、两个阶段所取得的学术成果以及为它存在的问题做一点反思。这是我们给自己主要的定位。

第二，感谢社科院和中国社会科学出版社给了我们这样一个机会，组织编写《中国哲学社会科学 30 年丛书》的重要任务，使我

---

① 郑杭生（1936—2014 年），中国人民大学原副校长、教授，《中国社会学 30 年（1978—2008）》主编。

们本来想做的事情也变成了一个现实。由王伟光院长做我们的总主编，我们感到非常荣幸，这种学术的参与也是非常重要的，因为这套丛书随着时间的推移会越来越反映它的学术价值。

第三，我汇报一下这本书我们在写作过程当中把握的几点。一是像30年的总结可以有两种思路，一种是学术史的视野，从这个角度来反映各个二级学科所取得的一些进展，同时又把一些热点问题、争论的问题、焦点问题放在这里面。还有一种是专题学术研究的视野，我们自己定位还是应该从学术史的视野来做，这样能够把我们30年的成果以及问题梳理在里面，作为一个过程，中国社会学是怎么逐步在这30年中成熟起来的，把这个过程能够反映出来。二是接到这个任务之后，组织谁来写。我们觉得应该把全国在社会学各个领域以及分支学科里面最有研究的作者挑选出来，在北京一些主要的学术机构，其中包括北大、清华、中央党校、人大，外地的南开大学、南京大学、吉林大学、中山大学等著名的学者请来，非常荣幸得到他们积极响应，接到这个任务之后都进行了认真的写作，现在看来还是比较好地完成了任务。三是我们实事求是的精神主要体现在这30年，不是说谁说、谁认为，而是以文献为依据。也就是说，从头到尾这30年中发表了什么，都是以文献为根据的。所以这本书大家在以文献为依据这点上下了很多功夫，这样有事实的根据，有权威，如果没有事实根据也成不了权威，我们也纠正了过去一些不正确的传说。

第四，总结社会学这30年成熟的过程。我们想了一下大概有几方面，一是社会学必须有建设性的反思批判精神，对我们这30年以及前30年都是这样。二是从这30年来看，社会学必须要处理好各种关系，否则会有一些问题。这些关系有科学性与价值性的关系、理论性与经验性的关系、传统性与现代性的关系，以及反思性和建设性的关系、国际性和本土性的关系。三是必须有国际的前沿意识，了解世界上我们学科前沿的问题、最新的理论方法以及趋向。同时在国内变化激烈而且重心日益往下移，必须有一种深入基层的草根精神，把国际前沿与我们本土的草根精神相结合，这样才能够培育自己与国际社会学界平等对话的实力和能力，并且在改变一直被西方垄断的学术话语权方面做出中国社会学家自己的贡献。最后中国社会学的目标要明确，要以缩小社会转型的代价为目的，为社会的进步做出自己的贡献。

**杨春贵：**各位专家、同志们，首先请允许我对这套丛书的出版表示热烈的祝贺。我认为这套丛书的出版是中国社会科学院，也是中国哲学社会科学界对改革开放 30 年一个厚重的献礼。这套丛书我没有来得及看，一个礼拜前给了我一套，但是我出差在外，前天回来，没有细看。但是翻了一下，给我的感觉是，厚厚的十几本，集合国内那么多专家学者写成的书应该很有分量。也表明中国社会科学院的领导、中国社会科学出版社的领导，在这个问题上有很高的政治眼光、学术眼光、历史眼光和世界眼光。全国都在纪念改革开放 30 周年，哲学社会科学界怎么纪念？我看这套书的出版就是一个很好的纪念。它告诉我们一个道理或者说是一个真理，就是中国哲学社会科学的发展，中国 30 年哲学社会科学的发展，同中国改革开放的伟大实践紧密相连，它们二者之间是共命运的。只有改革开放才能繁荣发展中国社会科学，我看这套书的出版就证明了这一点。

改革开放的伟大实践，向中国哲学社会科学的繁荣和发展提出了强烈的呼唤，同时也为中国哲学社会科学的发展提供了丰富的实践经验和良好的社会环境。所以也可以说没有改革开放就没有今天中国哲学社会科学繁荣发展的新局面。当然反过来说，中国哲学社会科学的发展又极大地推动了改革开放的伟大实践，所以二者是紧密相连，共命运的。

这套书的出版益处是很大的，或者说意义是很大的，是多方面的。首先是为哲学社会科学工作者的研究工作提供了一个在新的历史起点上继续研究的很好的工具书。因为这里面回顾了 30 年中国哲学社会科学发展的基本历程、基本经验、重要理论进展以及可能的新的学术生长点等。所以哲学社会科学工作者读这本书是有益的。对于热爱哲学社会科学的人们，包括一些青年人来说，他们要大体入门，读这些书也是必要的，他们可以通过读这套书知道中国哲学社会科学正在研究的是什么问题，研究过程中有哪些经验，当前应该注意什么问题，所以也是有益的。对于国外的政界、学界来说，他们要是想了解中国的政治走向、理论走向也是一个很好的窗口。方才赵剑英总编辑说到准备这套丛书要出口，我非常赞成，这套书应该走向世界，它代表当代中国哲学社会科学研究的最新成果和最高水平。所以这套书的出版无论对于理论工作者，对于哲学社会科学的爱好者，还是对于国外的学界政界都是一套有用的书。所以我对它表示祝贺是有这么多根据的。

我也感到这套书有很多的特点，其中一个特点，或者说一个显著的特点，也是赵总编辑刚才讲话当中说到的"突出问题、凸显创新"。我觉得突出问题这一点很鲜明，凸显创新做得也很努力。突出问题非常重要，以问题为中心研究马克思主义，研究哲学社会科学，这是中国共产党的一个好传统。从毛泽东开始就强调这一点，延安时期就是以中国革命的实际问题来研究。江泽民强调以正在做的事情为中心研究马克思，胡锦涛强调研究重大问题、全局问题、前瞻性问题，都是强调问题。正如马克思所说，问题是时代的声音，抓准了问题就是抓住了时代精神。因此，咱们这 14 本书抓住了那么多问题，就是从各个方面抓住了我们今天这个时代的精神，所以这套书也是一套富有时代精神的书。凸显创新这一点，我也注意到作者们是很努力地做，当然做好也不容易，究竟哪些是创新，怎么概括得更准确也不容易，但是看得出来大家在创新上，特别是发掘 30 年来各个学科在理论创新上、学术创新上有哪些新的东西做了一番筛选的工作，总的来说比较准确。这些特点对于哲学社会科学工作者学习和研究来说都是有益的。

当然在这么短的时间内写出这么一套书是很不容易的，我看大家是按照精品书的要求在写作，当然任何精品都是相对的，精品当中也不平衡，各本书之间是不平衡的，各种原因决定不平衡，不仅是主观方面，比如作者水平，也有客观方面，学科本身的发育程度也有关系，所以不平衡。一本书里面的各章也不平衡，像哲学，马克思主义哲学、马克思主义哲学史、中国哲学、外国哲学等也是不平衡的。如果说需要今后加强改进的话，别的学科我不知道，哲学这本书在目前比较好的基础上，有一点是不是再强调一下，就是要更加重视马克思主义哲学基本理论的研究，更加重视反映马克思主义哲学基本理论研究的成果。因为哲学所都是大家，都是在某一方面很深入的，现在的情况也不错，但是还可以再强调一下。有些重要的东西不能遗漏，比如说关于解放思想这个问题的阐述，当然侯惠勤那里可能做得比较多，但是对于哲学著作来说，解放思想理论应当有相当的分量。

因为解放思想这个问题太重要了，改革开放的30年，快速发展的30年，说到底是解放思想的30年，有了思想的大解放才有社会的大变革和社会的大发展，所以要重视思想路线的理论，重视解放思想的理论，这是当代中国共产党人的一个重大创造。而我们现在分量不足，比如说用了一页多的纸写了一个真理标准讨论，好像分量还可以再重些。再比如说生产力标准理论，30年解放思想，说到底就是解放生产力，最后解放人。那么生产力理论里面也可以再加强，解放思想、解放生产力这是邓小平强调的两个要点，像这个分量都应当有一定的反映。再比如以人为本的思想，也应当有足够的篇幅来阐述，这是以胡锦涛为总书记的党中央在理论上的重大进展，即以人为本的科学发展观，也就是科学发展观是以人为本。实际上扩大来说，整个建设中国特色社会主义理论体系就是一个以人为本的理论体系，我想这话不会错到哪去。所以在这方面应该给它较多的分量。再比如说构建社会主义和谐社会理论，包括人民内部矛盾学说等，这是中国共产党人的新创造，而且现在我们已经在这方面理论上有重大进展，而现实生活中这方面又有众多的需要解决的迫切问题。所以如何充分反映它的理论价值都是大有发展的空间。

**徐维凡**[①]：尊敬的王院长，尊敬的各位领导、各位专家，非常高兴有机会参加《中国哲学社会科学30年丛书》出版座谈会以及科研成果发布会。首先对重大研究成果的公布和这套丛书的推出表示衷心的祝贺。今年是改革开放30周年，根据中央的安排，现在各个领域、各条战线都在考虑结合本领域、本战线的实际纪念改革开放30年。中国社会科学院在这样一个重要时刻推出了这样一个重大的研究成果和这套丛书，我想这确实是对纪念改革开放30周年最好的献礼。这套丛书非常宏大，内容非常丰富，刚刚看到这套丛书，也没有来得及仔细地拜读，在今天会上听了王院长的讲话，听了赵总编介绍这套书的情况，以及听了各位专家发表的看法，我感到非常受启发，也想结合自己工作当中接触到的实际问题谈一点粗浅的想法。

我在教育部社科司工作，社科司工作当中有三方面和我们这部丛书有联系，关于科学研究方面，教育部的哲学社会科学研究，还有一个是教育系统的出版单位，出版社、期刊的有关管理工作在社科司。还有对大学生进行普遍的马克思主义理论教育，就是公共的思想政治理论课，这个管理工作也在社科司。因此我想借这个机会谈三点感想和体会。

首先，我感到这套丛书具有科研上、学术上的价值。这套书正像专家所说，中国社会科学出版社的领导在改革开放30周年的重要时刻，决定编撰这套丛书的考虑反映了中国社会科学出版社的政治眼光、理论眼光和学术视野。这套书的确是有这样的特点，

---

① 徐维凡，时任教育部社科司副司长。

它的立意非常高，在改革开放30年的重大时刻，我们大家都谈我们站在一个新的起点上。站在这样的起点上，我们回顾30年哲学社会科学走过的道路，我们认真地分析我们面临的现实，而且展望哲学社会科学发展的未来，推出这样一部书正当其时，立意非常高。再有涉及的领域宽，人文科学、社会科学，特别是马克思主义研究等，这些重要的理论，在这套书当中每个领域都有非常重要的专著。而且跨度很大，整个对30年哲学社会科学发展历史做一个系统总体的回顾，这个比平时我们看到的年鉴类的哲学社会科学发展报告的书，在整体性、概括性的跨度上显得更大。还有这套书的作者力量非常强，都是哲学社会科学界著名专家、权威学者。基于这些特点，这套书在学术上的价值是非常高的，当然作为我来讲，一个普通机关的公务员，也没有资格对它学术上的价值做很多的评论，但是尽管作为公务员，毕竟从事的工作岗位和理论工作有关系，从这部书的内容来看，它的学术价值、理论价值是非常高的。

第二，在出版上的价值。因为出版界大家比较认同的是三大类出版，第一类是教育出版，第二类是大众出版，第三类是学术出版。这三类出版当中，学术出版是属于出版的高端，学术出版的价值非常之大，也是出版界的重点和难点。因为学术出版比起教育出版和大众出版来讲，要求出版者要非常有眼光、有魄力，因为要下决心出版这样的书，这样的书首先要着眼于它的社会价值、理论价值，并不是要求在经济上马上像大众图书、教育图书那样有经济回报，而是要作为长线产品陆续发挥作用。但是首先在社会价值方面，我们的出版者是下了非常大的决心，它需要很高的投入，而且在编辑质量方面要求也非常高，比起大众出版、教育出版来讲，编辑出版要求非常高。能够在学术出版上下这么大决心出这个大著作，对出版界是非常大的贡献。现在大家对中国出版界的整体状况都有很多深入的分析，我们的出版方面是比较多的侧重在教育出版，特别是教材和教辅的出版物太多，学术出版是整个出版界当中的弱项，也是应该发展的重要方面。我们这部书的推出，确实从方向上，对于整个出版物的结构改善做了非常重要的工作。这套书还可以发挥一个重要的职能，就是可以"走出去"，这种反映中国当代学术成果大部头的系列专著，它可以担当起中国文化"走出去"的重任。

第三，在教育方面的价值。大家现在越来越有一个共识，建设以马克思主义为指导的，具有中国特色、中国风格、中国气派的哲学社会科学学科体系和教材体系，这是中央马克思主义理论研究和建设工程所确定的任务，也是哲学社会科学界，包括高校的哲学社会科学领域专家老师们共同努力的目标。有中国特色、中国风格、中国气派的哲学社会科学要开展多方面的工作，这套丛书的推出在这方面的意义非常之大。因为对于高校的教学来讲，首先是系统地回顾哲学社会科学发展的30年历史，教师手中就需要一套非常翔实的、集成性、系统性、全面性的工具书，这套书具有这样的特点。特别对于学生来讲，学生对于整个30年哲学社会科学所走过的道路，理论是怎样发展过来的，需要了解，这套丛书做了非常全面的、准确的描述。我是在1978年上的大学，也是伴随改革开放30年的步伐一起走过来，无论是学习哲学社会科学，还是后来在工作岗位当中运用哲学社会科学，从和哲学社会科学一直保持联系的经历来看，我感觉读这套书非常的亲切，因为当年有很多重要的理论观点，一步步是在什么背景下提出来的，观点的主要分歧点在哪里，观点后来经历什么样的发展、演化、变化，这套书都给我们非常重要的提示，它很有系统性、很全面。对哲学社会科学的学生来说，在从事自己的学习过程中，有这么一套非常重要的参考书，真是非常实用。现在特别是哲学社会科学的学生不能单单读几本教材，还要读专著类的带有参考书形式的教材，不仅要读一些学术文章，而且还要熟悉哲学社会科学发展的历史。所以这套书在教育上的价值也是非常明显的。

# 浓缩学术创新精华
# 呈现思想发展历程<sup>*</sup>

一套旨在展示梳理中国改革开放30年来哲学社会科学繁荣发展历程、浓缩新时期中国哲学社会科学学术创新精华的丛书——《中国哲学社会科学30年丛书》（共14卷，已出12卷）日前由中国社会科学出版社出版。该丛书以改革开放30年的历史轨迹为背景，以哲学社会科学学科体系、学术观点、科研方法30年来的发展历程为考察基点，对马克思主义理论、中国哲学、宗教学、经济学、法学、民族学、文学、历史学等学科的发展进行了总结和前瞻，对重大理论问题进行了清晰梳理和深刻评述，展现了哲学社会科学艰难创新的步履，展望了中国哲学社会科学的发展前景。丛书脉络清晰、重点突出、材料翔实，是一部比较全面、系统的当代中国学术史。日前，本报记者采访了这套丛书的总策划、中国社会科学出版社总编辑赵剑英。

## 探析伟大发展成就背后的思想创新奥秘

**《中国新闻出版报》**：请您简要介绍一下这套丛书出版的背景和意义。

**赵剑英**：这套丛书是为纪念中国改革开放30周年暨新时期哲学

---

* 2008 年 12 月 18 日，接受《中国新闻出版报》记者孙海悦的专访。

社会科学繁荣发展 30 年特别策划推出的。主要出于两个方面的考虑，第一，改革开放 30 年来中国发生了巨大的社会变迁，中华民族发生了前所未有的深刻而广泛的变化，成就举世瞩目，这是中华民族走向伟大复兴的 30 年，是中国人民的理论思维水平和民族智慧不断迸发喷薄的 30 年，也是具有中国特色、中国风格和中国气派的哲学社会科学成长创新的 30 年。在这 30 年中，我们产生了许多重大理论成果：邓小平理论、"三个代表"重要思想、科学发展观，形成了中国特色社会主义理论体系。在这些重大发展和重要理论成果的形成中，哲学社会科学工作者做出了非常重要的贡献，同时，学术研究创新、理论创新作为文化基础性的内容，推动了新时期中国思想的成长，文化的进步，体现为日益强盛的综合国力。作为国家哲学社会科学重要出版机构，我们有责任梳理一下伟大物质成就的背后思想成长、思想创新的足迹。这套书从一定意义上表征和展示了当代中国哲学社会科学工作者学术研究、学术创新的历程和成果，从学科建制、学术观点、学术流派、重要著作、研究方法等方面都展示了学科的重大进展，盘点和清理了学术研究和学术创新的成绩。总起来讲，这套书展现了新时期中国哲学社会科学创新发展的历程，浓缩了新时期中国哲学社会科学的学术创新的精华。

第二，我们有这样一个深层的思考，在全球化深入发展的时代背景下，我们与世界的文化接触和交流更加广泛深入，与西方发达资本主义国家相比，我们哲学社会科学的影响在总体上还处于弱势，在国际的学术舞台的交流当中，我们的声音、话语、观点影响还不够，外国对中国的文化、学术还不是很了解，这是与我国正在崛起的经济政治大国地位不相称的。这套书覆盖了中国哲学社会科学领域中的主要学科，有利于在国际学术舞台上展示当代中国特别是改革开放 30 年以来中国学术、中国哲学社会科学的面貌和成就，推动中国学术走向国际舞台，与国际文化对话，发出我们的声音，让世界更多地了解中国，推动中国优秀的哲学社会科学成果走向世界，增强中华文化的国际影响力和文化软实力，这也是我们落实党的十七大精神的一项重要举措。

## 四大特色勾勒当代中国学术史

**《中国新闻出版报》**：这部反映当代中国哲学社会科学研究最新成果和最高水平的丛书有哪些突出特色？

**赵剑英**：总的来看，丛书具有以下四个鲜明特征。

第一，这套丛书深刻地反映了中国特色社会主义理论体系的不断创新、丰富、发展与中国哲学社会科学繁荣发展之间的辩证关系。30 年伟大的事业及其辉煌成就，首先是马克思主义中国化理论创新的结果。任何科学理论，总是深深地凝结着哲学社会科学工作者的学术创新成果。改革开放新时期的 30 年，对于中国哲学社会科学来讲具有特别重要的意义。改革开放新时期的 30 年，也是具有中国特色、中国风格和中国气派的哲学社会科学大繁荣大发展的 30 年，哲学社会科学研究为新时期马克思主义中国化理论创新做出了突出的贡献。这套书试图展现在思想解放运动和中国特色社会主义实践波澜壮阔的伟大进程背景下缤纷绚丽的思想画卷，展现哲学社会科学领域的"时代精神"和学术发展的成就，这与以往的学科学术史是不同的。**丛书体现了时代与学术的相互映照、现实与理论的互动互促、历史与逻辑的辩证统一。**

第二，这套丛书具有重要的学术史价值。这套丛书认真梳理了 30 年来中国哲学社会科学学术创新的成果，深入反思、科学总结 30 年来哲学社会科学发展的宝贵经验，对于引导和推动中国哲学社会科学研究进一步创新发展，对于青年学生和哲学社会科学工作者了解 30 年中国哲学社会科学创新的历程和思想的成长具有重要意义。丛书对中国哲学社会科学 30 年来的学术创新历程和主要成就做出梳理，分疏概括各学科的基础研究、学术热点、前沿问题、重大理论突破、学术争论等，深入反思各学科研究中存在的问题，站在学科制高点上展望今后中国哲学社会科学的发展路向，无疑具有重要的学术史价值。同时，这套丛书没有严格地依据一级学科、二级学科的学科区分撰写，而是注重突出问题意识，不仅包括中国化马克思主义理论创新、中国哲学、中国宗教学、经济学、法学、社会学、民族学、历史学、世界史研究、文学、新闻传媒等重要学科，而且还包括改革开放30年之经济发展、中国社会价值观变迁、中美关系30年等重要问题研究。总之，可以说，丛书所涉及的研究填补了国内相关研究领域的空白。

第三，这套丛书对于展示改革开放以来中国哲学社会科学的学术创新成就，推动优秀哲学社会科学成果和优秀人才走向世界，扩大中国哲学社会科学的国际话语权和影响力，增强中国文化软实力，具有重要的促进作用。党的十七大提出了社会主义文化要大发展大繁荣，积极推动中国哲学社会科学优秀成果和优秀人才走向世界，提高中华文化的软实力的战略。陈奎元[1]院长最近为中国社会科学出版社建社30周年题词中，也要求中国社会科学出版社以改革促发展，做大做强社科出版事业，为巩固马克思主义阵地，扩大中国哲学社会科学话语权做贡献。《中国哲学社会科学30年丛书》正是中国社会科学院科研和出版工作贯彻落实党的十七大精神和学习实践科学发展观的一项重要举措。

第四，丛书的作者编者均为当前中国哲学社会科学各学科的学术带头人，使丛书能够达到较高的学术质量和学术水准。很多是中国社会科学院的学部委员，他们对国内外的学术动态都很了解，研究很深入，站在学科的制高点对学科的发展进行回顾和展望，高屋建瓴，高瞻远瞩，使得该丛书具有较强的专业性、学术性和权威性。他们从各个不同领域、不同学术主题，展现了30年来中国哲学社会科学研究的宏伟历程和思想景观。可以说，丛书承载的是一部精粹的当代中国学术思想史。

---

[1] 陈奎元，时任中国社会科学院院长、党组书记。

## 各方关注 30 年哲学社会科学创新历程

**《中国新闻出版报》**：丛书的出版引起了各界专家广泛关注，请谈谈相关情况。

**赵剑英**：中宣部出版局对该丛书予以高度评价："该社组织编辑出版此书，是为了深入反思、科学总结 30 年来哲学社会科学发展创新的宝贵经验，认真研究新的历史条件下哲学社会科学研究的内在逻辑与规律，努力提炼、概括哲学社会科学中具有普遍性、规律性、指导性的重要教益和启示，引导和推动中国哲学社会科学研究进一步创新发展，从而更好更快地繁荣哲学社会科学，为中华民族伟大复兴提供源源不绝的智力支持、精神动力和文化支撑。"

中国社会科学院常务副院长、丛书总主编王伟光认为，丛书的出版问世具有很重要的理论和现实价值。丛书展示了改革开放以来中国哲学社会科学学术创新成就，对推动优秀哲学社会科学研究成果、扩大中国哲学社会科学的国际话语权和影响力、增强中国的文化实力，具有一定的促进力。社科院要将这套书推出去，以进一步扩大中国哲学社会科学的国际影响和话语权。

中央党校原副校长杨春贵表示，这套丛书体现了很高的政治眼光、学术眼光、历史眼光和世界眼光。全国都在纪念改革开放 30 周年，哲学社会科学界怎么纪念？这套书的出版就是一个很好的纪念。这套书告诉我们一个道理或者说是一个真理，就是中国 30 年哲学社会科学的发展，同中国改革开放的伟大实践紧密相连，它们二者之间是共命运的。改革开放的伟大实践，对中国哲学社会科学的繁荣和发展提出了强烈的呼唤，同时也为中国哲学社会科学的发展提供了丰富的实践经验和良好的社会环境。所以，可以说没有改革开放就没有今天中国哲学社会科学繁荣发展的新局面。而中国哲学社会科学的发展又极大地推动了改革开放的伟大实践。这套丛书就证明了这一点。

丛书的另一个显著特点是"突出问题、凸显创新"，它从各个方面抓住了我们这个时代的精神，特别是发掘并筛选了30年来各个学科在理论和学术方面的创新，为哲学社会科学工作者在新的历史起点上深入研究提供了很好的工具书。

很多专家学者认为，《中国哲学社会科学30年丛书》填补了国内研究的空白，以其宏大的学术视野、深邃的历史反思意识和深入的学术梳理以及强烈的现实关切，站在了中国哲学社会科学承前启后、继往开来的关节点上。

2009

# 《中国马克思主义研究前沿》
# 出版前言

把坚持马克思主义基本原理同中国具体实际相结合，是中国革命与建设、改革与发展取得伟大成功的根本经验。党的十七大提出，要大力推进理论创新，不断赋予当代中国马克思主义鲜明的实践特色、民族特色、时代特色。党的十七大以来，当代中国马克思主义理论工作者以高度的责任感和神圣的使命感，直面一系列中国特色社会主义重大理论和现实问题，深入思考，开拓创新，取得了一系列丰硕的理论成果。当代中国马克思

义放射出更加灿烂的真理光芒，中国特色社会主义道路越走越宽广。

为及时、集中地反映我国马克思主义理论研究的代表性、前沿性成果，展示我国马克思主义研究动态和学术进展，深化中国化马克思主义研究，促进马克思主义研究成果的交流与创新，中国社会科学出版社决定组织出版年度学术报告《中国马克思主义研究前沿》（以下简称《前沿》）。该报告坚持马克思主义的立场、观点和方法，以宽广的理论视野，密切关注当今世界的发展趋势，高度关注中国特色社会主义重大理论和实践问题，选题紧扣本年度马克思主义研究领域的热

点和前沿问题。报告注重学术性，鼓励理论创新和大胆探索，弘扬优良学风和文风。报告设有"特别推荐""高端对话""学术前沿""热点聚焦""学术动态""理论人物"等栏目，并根据需要不断调整和充实新栏目。让我们携起手来，共同努力，把《中国马克思主义研究前沿》办成展示马克思主义中国化理论创新成果的重要窗口！

《前沿》以及时、集中反映我国马克思主义理论研究的代表性、前沿性成果，展示中国马克思主义研究动态和学术进展为根本宗旨。2009年3月，《前沿》2008年卷正式出版，现将其基本内容介绍如下。

针对"中国特色社会主义理论体系研究"这一重大课题，《前沿》2008年卷"特别推荐"栏目转发了习近平同志的《关于中国特色社会主义理论体系的几点学习体会和认识》一文，该文对关于中国特色社会主义理论体系若干重大问题做出了明确的回答，为深化中国特色社会主义理论体系的研究提供了重要指导。"高端访谈"一栏中，中国社会科学院常务副院长王伟光和中国社会科学出版社总编辑赵剑英就"科学发展观为什么、是什么、怎么办"一题展开对话，对科学发展观提出的时代背景、实践基础、历史地位和重大意义进行了深入思考。中国社会科学院李慎明研究员在《以人为本的科学内涵和精神实质》一文中指出，必须澄清在"以人为本"这个问题上的模糊认识，要正确认识"以人为本"在马克思主义理论体系中的应有地位，不能把马克思主义简单地归结为"以人为本"，要正确认识"以人为本"与中国古代民本思想的区别以及"以人为本"与西方人本主义特别是资产阶级个人主义的原则界限。中央编译局俞可平教授的《中国特色社会主义的世界历史意义》、中国人民大学秦宣教授的《关于中国特色社会主义理论体系研究的几个问题》和中国人民大学梁树发教授的《深化中国特色社会主义理论体系研究路径的思考》等文章从不同视角对中国特色社会主义理论体系进行了深度解读，具有较高的学术价值。

2008 年是改革开放 30 周年。围绕这一重大选题,《前沿》2008年卷选编了四篇相关理论文章。其中,中央文献研究室主任冷溶研究员在《关键在于坚持马克思主义中国化的根本方向》一文中指出,在新的机遇和挑战面前,继续把中国特色社会主义事业向前推进,关键在于坚持马克思主义中国化这个根本方向,坚持中国特色社会主义理论体系,坚持具有当代中国共产党人特色的马克思主义立场观点方法,在新的思想高度上继续推进马克思主义中国化。只要始终坚持这样去做,不管遇到什么样的风险和挑战,我们都能够战胜它们。中国社会科学院马克思主义研究院侯惠勤研究员在《我国意识形态建设的第二次战略性飞跃》一文中认为,构建社会主义核心价值体系,可以视为我们在新的历史条件下,对于意识形态基本矛盾关系认识的一个重大飞跃,同时又提出了需要面对的新课题。这主要包括:意识形态的排他性与包容性关系上的突破与挑战;意识形态的理性认知和情感认同关系上的突破与挑战;意识形态的集团性话语与个体性、普适性话语关系上的突破与挑战;意识形态的先进性和大众性关系上的突破与挑战。

高度关注马克思主义理论学术前沿性问题是《前沿》的基本宗旨所在。在《前沿》2008 年卷中,北京大学哲学系黄楠森教授在《马克思主义哲学基本问题与重大现实问题》一文中就马克思主义哲学究竟是不是一门科学、关于马克思主义哲学的对象问题、马克思主义哲学是不是马克思的哲学等当前马克思主义哲学领域争论颇多的三个问题进行了深入论述,并就科学发展观、构建社会主义和谐社会理论以及科学发展观与和谐社会理论的关系展开探讨。中国人民大学哲学院陈先达教授的《论马克思主义基本原理及其当代价值》一文提出要正确理解当代中国马克思主义的本质。该文指出,中国特色社会主义理论是当代中国马克思主义形态,但不能由此推论出应该把马克思恩格斯思想归为所谓经典马克思主义、传统马克思主义,甚至是什么原生态的马克思主义。更不能以它产生于 19 世纪上半叶为由而否定它在中国共产党指导思想中的地位，割断它与中国当代马克思主义一脉相承的理论关系。党的十七大提出了推进社会主义先进文化大发展大繁荣的重要任务，《前沿》为此集中刊发了中国社会科学出版社赵剑英编审的《论中国特色社会主义文化发展观》、武汉大学骆郁廷教授的《我国文化软实力的发展战略》和浙江师范大学郑祥福教授的《文化批判是当代马克思主义的一项重要任务》三篇论文，就这一论题从不同角度进行了深入思考，不乏真知灼见。

在"热点聚焦"栏目中，《前沿》紧扣2008年一年中马克思主义理论界讨论的重大理论和实践课题，选编了一批具有代表性的研究成果。其中包括中国社会科学院马克思主义研究院靳辉明研究员的《〈共产党宣言〉与现时代——纪念〈共产党宣言〉诞生160周年》、中央文献研究室副主任李捷研究员的《毛泽东思想与中共十一届三中全会以来党的指导思想上的理论创新》、中国宏观经济研究会王建研究员的《对当代资本主义全新形态的初步探索——美国金融危机与虚拟资本主义运动规律》以及中国社会科学院马克思主义研究院侯惠勤研究员的《"普世价值"的理论误区和实践陷阱》等论文。这些专题文章在"《共产党宣言》的当代意义""毛泽东思想与中国特色社会主义理论体系的关系""马克思主义与当代西方金融危机"和"如何正确认识'普世价值'"等当前马克思主义理论领域热点问题上，坚持运用马克思主义立场、观点和方法，澄清了一系列错误观点，是研究和讨论这些问题的必读之作。

刊发高质量的年度学科和专题研究综述是《前沿》的基本立意之一。在《前沿》2008年卷中，中国社会科学院世界历史所吴恩远研究员的《近年来国内外学界对苏联解体原因研究综述》、中国人民大学哲学学院郝立新教授等人的《近年马克思主义哲学研究前沿述评》、武汉大学梅荣政教授等人的《社会主义核心价值体系研究的新进展》和中国人民大学卫兴华教授的《2008年理论经济学研究的若干热点问题》等学术综述集体亮相，这些学术综述材料丰富，梳理清晰，有较高的参考价值。《前沿》2008 年卷在"理论人物"栏目中刊发了武汉大学校长顾海良教授的学术小传和南京大学张一兵教授的学术访谈，并配发了相关照片，颇具特色。

## 附录一　第一届全国马克思主义创新论坛暨《中国马克思主义研究前沿》新书首发式举行<sup>*</sup>

　　由中国社会科学出版社和浙江师范大学联合主办的第一届马克思主义创新论坛暨《中国马克思主义研究前沿》新书首发式 2009 年 3 月 28 日在浙江师范大学举行。中国社会科学院常务副院长王伟光，中共浙江省委常委、宣传部长黄坤明，浙江省政协副主席王永昌出席会议并讲话，陶德麟、李景源、孙正聿、吴晓明、陈学明、李德顺、丰子义、赵剑英、房宁、郝立新、骆郁廷、祝黄河等 50 多名马克思主义理论专家学者参加了本届论坛。

　　王伟光在论坛开幕式的讲话中指出，过去的 2008 年，是《共产党宣言》发表 160 周年，也是我国改革开放 30 周年。30 年来改革开放之所以取得伟大成功的原因，正如胡锦涛总书记在纪念改革开放 30 周年大会讲话中明确指出的，关键是我们既坚持马克思主义基本原理，又根据当代中国实践和时代发展不断推进马克思主义中国化，形成和发展了包括邓小平理论、"三个代表"重要思想以及科学发展观等重大战略思想在内的中国特色社会主义理论体系，赋予了当代中国马克思主义勃勃生机。

　　王伟光指出，党的十七大报告中胡锦涛总书记关于"大力推进理论创新，要不断赋予当代中国马克思主义鲜明的实践特色、民族特色、时代特色"的论述为马克思主义理论工作者提出了总体要求，为推进马克思主义的理论创新指明了发展方向。马克思主义理论工

---

　　* 原载《光明日报》2009 年 4 月 21 日，收入本书时有修改。

作者要深入了解马克思主义与中国革命、改革和建设实践相结合的历史与现实；要坚持与时俱进，不断适应急剧变化的国内外经济、政治、文化新形势；要深入实际，注重解答我国社会发展中的重大理论和实际问题，推进马克思主义的理论创新。

王伟光强调，在当今国际国内形势下，广大马克思主义理论工作者要进一步确立忧患意识和使命意识，坚持运用马克思主义立场、观点和方法，探索和回答发展中国特色社会主义的一系列重大理论和实际问题。当前一个重要任务就是要深入分析国际金融危机产生的原因及其对中国的影响，深刻思考科学发展观提出的重大意义和实践价值。

"马克思主义创新论坛"旨在深化马克思主义理论研究，在关涉马克思主义若干重大前沿问题的研究上取得新的进展，推进马克思主义中国化。本次论坛围绕"马克思主义中国化与'中国模式'"主题，重点就马克思主义中国化理论创新六十年的历史进程与基本经验、中国特色社会主义理论体系对毛泽东思想的继承与创新、唯物史观与中国特色社会主义道路、全球化与资本主义和社会主义的历史命运、马克思主义经济学视野中的国际金融危机、世界发展的不确定性与中国特色社会主义的未来发展6个方面的前沿问题展开深入探讨。

在开幕式上，王伟光和黄坤明共同为年度学术报告《中国马克思主义研究前沿（2008年卷）》（中国社会科学出版社出版）新书首发揭幕。

## 附录二　举办第二届全国马克思主义创新论坛——研讨 "在实践中全面认识和把握社会主义本质"*

2011年11月1日，由中国社会科学出版社和浙江师范大学联合主办的"第二届全国马克思主义创新论坛"在浙江师范大学（浙江

---

\* 原载《学术动态（北京）》2011年第3期，原标题为《在实践中全面认识和把握社会主义本质　全国第二届马克思主义理论创新论坛召开》，收入本书时有修改。

金华）正式开幕。本次论坛以"在实践中全面认识和把握社会主义本质"为主题，全国各高校及省级社科院 50 多名著名的马克思主义理论研究专家出席。中国社会科学院党组成员、秘书长黄浩涛，浙江省社科联党组书记、副主席陈荣，浙江工业大学党委书记、浙江师范大学原党委书记梅新林，中国社会科学出版社社长兼总编辑赵剑英，浙江师范大学校长吴锋民等出席论坛开幕式。黄浩涛、陈荣、梅新林、赵剑英作重要讲话，吴锋民致欢迎词。

黄浩涛秘书长在讲话中指出，适逢党的十七届六中全会胜利闭幕，论坛以"在实践中全面认识和把握社会主义本质"为主题，有十分重要的现实与理论意义。社会主义本质问题是社会主义理论与实践发展中一个关键问题，能否正确全面理解社会主义本质问题，事关改革开放的正确方向，事关中国特色社会主义兴衰成败。邓小平在 1992 年年初的"南方谈话"中对社会主义的本质做出了新的阐发："社会主义的本质，是解放生产力，发展生产力，消灭剥削，消除两极分化，最终达到共同富裕。"① 黄浩涛认为，这一重要论述，既是关于改革开放以来中国特色社会主义道路探索经验的概括和总结，也是关于中国特色社会主义道路未来发展方向的明确昭示。体现了坚持生产力与生产关系的统一、坚持发展生产与共同致富的统一、坚持生产力的发展与人的自由而全面发展的统一、坚持价值与制度体制政策的统一和坚持过程与目标的统一，是我们正确认识和把握社会主义本质所必须遵循的辩证法，需要在中国特色社会主义未来实践中进一步深入领会和贯彻。黄浩涛说，当今世界发生一系列深刻的变化，面临一系列新情况、新问题，广大马克思主义理论工作者应进一步增强忧患意识和责任意识，准确把握当前世界发展大势，准确把握社会主义初级阶段基本国情和阶段性特征，准确把握改革发展实际，及时总结党领导人民创造的新鲜经验，不断做出

① 《邓小平文选》第 3 卷，人民出版社 1993 年版，第 373 页。

新的理论概括，用发展着的马克思主义指导新的实践。黄浩涛强调，理论工作者要以六中全会提出的要求为指南，以重大现实问题为主攻方向，为繁荣发展哲学社会科学事业，为社会主义核心价值体系建设，推进我国社会主义文化的大发展大繁荣做出应有的贡献。

黄浩涛秘书长在讲话中还特别肯定了中国社会科学出版社为中国特色社会主义理论创新、对马克思主义研究事业的繁荣做出的积极努力。他讲道："中国社会科学出版社依托自身的特殊优势，创办马克思主义创新论坛，将马克思主义哲学、政治经济学、科学社会主义等马克思主义诸学科的知名学者邀请在一起，集中研讨中国特色社会主义的前沿性问题，并出版年度中国马克思主义研究前沿报告，及时、集中地反映我国马克思主义理论研究的代表性、前沿性成果，展示我国马克思主义研究动态和学术进展，这是中国社会科学出版社领导具有独特的敏锐眼光和责任意识的具体体现，对于中国特色社会主义理论体系的创新，对于马克思主义研究事业的繁荣，无疑是一个积极的努力。我希望马克思主义创新论坛持续办下去，越办越好，也希望各位学者继续高度关注和热心支持这个论坛，共同努力，把它打造成一个有影响的品牌论坛。"

"全国马克思主义理论创新论坛"是2009年3月由中国社会科学出版社发起的，它是我国马克思主义理论研究专家定期齐聚一堂的高峰论坛。作为发起者及主办方之一的中国社会科学出版社精心筹划了这次论坛。社长兼总编辑赵剑英就这次论坛的主旨作了精彩的报告。他强调，对于社会主义本质的理解和探讨需要不断深化，更要在实践中努力实现。赵剑英认为，需要从价值理念形态、制度形态和公共政策形态三个层面的统一来把握社会主义本质，在实践中展示社会主义本质。赵剑英还简单回顾了论坛的举办情况，着重介绍了中国社会科学出版社关于马克思主义理论研究成果的出版情况。他号召，广大理论工作者应担负起党的十七届六中全会对哲学社会科学工作提出的任务和要求，加强马克思主义理论创新研究，充分发挥哲学社会科学在中国特色社会主义建设中的重要功能。在开幕式上，国内著名马克思主义学者李德顺、梅荣政、陈学明、汪玉奇等分别做了有深度、有批判力的学术报告。此次论坛将围绕主题，进行两天的深入讨论，将于 11 月 2 日闭幕。

# 关于启动《当代中国学术思想史》写作的方案<sup>*</sup>

2009 年 4 月 11 日，由中国社会科学出版社联合中国社会科学院文史哲学部、浙江师范大学主办的"第一届中国社会科学论坛暨《当代中国学术思想史》研讨会"在浙江金华举行。研讨会上，与会专家学者就《当代中国学术思想史》丛书的写作纲要进行了深入讨论，对《当代中国学术思想史》的写作思路、难点问题的处理及写作体例等问题达成以下共识。

## 一 关于编纂出版《当代中国学术思想史》大型丛书的重大意义和学术价值

与会学者充分肯定了编纂出版《当代中国学术思想史》大型丛书的重大意义和学术价值。一致认为，今年是中华人民共和国成立 60 周年，也是中国特色哲学社会科学体系形成和发展的 60 年。特别是改革开放以来，随着中国经济社会的发展，哲学社会科学各个学科取得了长足的进步。回顾与总结当代中国社会科学各学科的学术思想发展轨迹，重要学术观点的提出和影响，重要学术流派的形成与演变，重要学术著作与文献的撰著和出版，重要学术代表人物的涌现与成长历程等，具有重要的现实意义。中国社会科学出版社作为中国哲学社会科学的重要出版机构，在全国率先提出编纂出版

---

* 2009 年 4 月 20 日。

《当代中国学术思想史》大型丛书，是努力填补国内相关领域的研究空白，推动中国哲学社会科学优秀成果和优秀人才走向世界，加强中华文化国际影响力的一个很有意义的举措，可以说是为学术界做了一件好事、实事。

与会学者强调，写出一套真正站得住、反映中国学术真实面貌、体现中国学术特点、能参与国际学术对话的学术信史，是当代学者的使命，是中国社会科学院的责任，也是中国社会科学出版社的责任。这对于中国特色、中国风格、中国气派的哲学社会科学体系、观念和方法的形成，参与国际学术对话，扩大中国哲学社会科学话语权，增强我国文化软实力，将具有重大的现实意义。

## 二　主题思路

以马克思主义世界观和方法论为基础，全面系统、综合地梳理和总结当代中国哲学社会科学各学科（侧重二级学科）主要学术思想理论体系发生、发展和演变的历史过程，认真总结所取得的巨大成绩、存在问题及主要经验教训，并对发展前景作必要的展望，努力打造一套充分代表当代中国哲学社会科学研究水平的系统性学术史专著。

## 三　写作方法

第一，尊重历史的原则，尊重学术发展的轨迹和内在逻辑。

第二，在充分占有资料的基础上写作，"史"是主干，是基础，以史带论。

第三，史论结合。坚持实事求是的学风，在认真梳理总结主要成就和经验的同时，发现、分析学术研究和学科发展中的问题，深入分析不足和教训，客观、公允地分析和评论不同学派、不同学术观点和学术人物，不囿于一隅一见。采用纵横结合和史论结合的方法，在纵向叙述学术发展历程的同时，在横向上要分析主要代表学派、代表人物以及主要成就与成果。要有思想性、思辨性和大视野。学术是时代中的思想。首先要努力反映学术与时代、与实践的关系；其次要反映当代中国学术与世界、国际学术文化的互动关系。

第四，忌写成政策史、理论争鸣概述、观点综述、学术流派简单介绍、学者传记汇编等。

第五，可根据学科性质和历史分期的不同，按时间顺序、不同分期撰写，亦可根据不同主题、不同专题、不同侧面按照事实发展逻辑撰写。搁置一些争议大的观点，尽量在统一标准、统一认识的基础上撰写。

第六，高质量意识和学术规范意识。资料要全面准确，评论要客观公允，注释要讲求规范，写作要精益求精。出版方面要精编精校。

总体上说，撰写过程要反映本学科发展的实际，着重体现本学科发展的特点、规律。

## 四　字数与时间要求

各卷约 40 万字；首批图书将于 2009 年 9 月底出版。

## 五　队伍组织

写作过程中，撰写班子要注意培养新人，要充分尊重老专家、老学者的意见，还要注意开展必要的讨论与商榷；要注意分工明确，保时保质地完成既定分担任务。

## 六　几个重要问题处理

1. "文化大革命"时期问题

撰写者要根据《关于建国以来党的若干历史问题的决议》等文件精神，认真把握和领会党和国家有关方针政策，在全面占有和掌握客观史料基础上，深入总结这一时期的学术研究情况。撰写中注意避免"一刀切"，不能主观臆断，要根据学科发展的实际，实事求是地做出评价。有的学科受冲击较大（如文学、哲学、历史学、经济学等），有的则受冲击较小（如考古、文物等），有的学科研究甚至被迫中断。这些都要得到较为客观实际的反映。对于那些在艰难环境中坚持学术研究的学者，在掌握真实材料的前提下，亦应得到适当的反映。

总体上说，对这一时期的学术情况，要在遵守党和国家政策和纪律的前提下，努力做到有叙述、有分析、有评判、有总结。

2. 时间延伸问题（当代学术的溯源）

《当代中国学术思想史》主题是中华人民共和国成立以来60年的学术思想史，但很多学科的起源不仅限于60年，而可能是70年、80年，如文史哲学科中构成当代学术史元素的学术思想，无论主流还是一些支流，其根源都可上溯至20世纪三四十年代的延安时期，这就有必要进行追述和延伸。各学科可根据具体情况，灵活处理。

3. 台港澳问题

台港澳的当代学术史作为当代中国学术史的一部分，也要得到充分反映。写作过程中，可根据历史事实和具体内容，单独设立编、章、节等；也可对部分内容较少的情况作附论、附章处理。写作中注意把握对台港澳政策及概念、术语、称呼、名词等方面的表述，注意对重要历史著述、文献、人物的评析，特别是有关政治人物的评价。在概念、术语、称呼、名词等表述方面应以党和国家的立场观点、诠释和用法作为评析和适用原则及出发点。

以上意见望各位作者在写作中参考。

## 附录　第一届中国社会科学论坛暨《当代中国学术思想史》研讨会在金华举办　三十余卷本《当代中国学术思想史》丛书编纂启动*

2009 年 4 月 11 日，由中国社会科学院文史哲学部、中国社会科学出版社、浙江师范大学联合主办的"第一届中国社会科学论坛暨《当代中国学术思想史》研讨会"在浙江金华隆重举行。中国社会科学院副院长武寅、浙江省政协副主席徐辉与会并致辞，会议由中国社会科学出版社总编辑赵剑英主持。

武寅在致辞中对会议的召开表示热烈祝贺。她说，21 世纪以来，随着经济全球化迅猛发展，各种全球性挑战日益突出，人类社会面临诸多新的问题，并日益呈现出多样性的、复杂的时代特点，这就要求以人类社会作为基本研究对象的哲学社会科学，在分门别类的专业化研究的基础上，向着更高层面的跨学科、多视角、全面系统深入的研究方向大胆探索，需要采用更为综合性的、全面创新的研究手段和方法。同时，哲学社会科学又是涵养民族素质的精神源头，是一个民族的文化与智慧的基础和核心，也是国家软实力的重要组成部分。改革开放 30 年来，中国经济社会的发展以其辉煌的成就震惊了世界，同样，具有中国特色的哲学社会科学也应该有屹立世界之林，占有一席之地的决心和勇气，应该并且有资格、有条件在构筑人类精神文明中发挥应有的作用。为中国哲学社会科学各学科建立一个多角度综合性研究的交流平台，创新研究手段与方法，提高中国哲学社会科学研究的整体水平与实力，进而提升国家文化软实力，是时代赋予我们的历史重任，也是我们责无旁贷的神圣职责。创设这样一个中国社会科学论坛并长期坚持下去，对中国哲学社会科学的发展与繁荣，将产生积极的促进作用。

---

* 原载《中国社会科学报》2009 年 4 月 11 日。

武寅强调，今年是中华人民共和国成立 60 周年，也是中国特色哲学社会科学体系形成和发展的 60 年。特别是改革开放以来，随着中国经济社会的发展，哲学社会科学各个学科得到了长足的进步。回顾与总结当代中国社会科学各学科的学术思想发展轨迹，重要学术观点的提出和影响，重要学术流派的形成与演变，重要学术著作与文献的撰著和出版，重要学术代表人物的涌现与成长历程等，具有重要的现实意义。中国社会科学出版社作为哲学社会科学的重要出版机构，应该成为哲学社会科学学术成果出版的主力军、主阵地。出版社率先提出编撰和出版《当代中国学术思想史》大型丛书，设立《当代中国学术思想史》论坛，是努力填补国内相关领域的研究空白，推动中国哲学社会科学优秀成果和优秀人才走向世界，加强中华文化国际影响力的一个很有意义的举措，可以说是为学术界做了一件好事、实事。

浙江省政协副主席徐辉在会上指出，浙江省是经济大省，同样有着悠久的历史文化。但是，当前浙江省经济发展、文化发展包括社会科学的发展显露出诸多问题，集中体现在人文社会科学的总体水平与历史文化积淀、经济社会发展的总体水平还不相称。此次高规格、高层次论坛的举办，是浙江省高校加强相关学科建设、提升学术水平的良好契机。

中国社会科学出版社总编辑赵剑英指出，当今社会是一个交往普遍化和紧密化的"全球化社会"，是一个由信息化网络化数字化为构造机制的"技术化社会"，是一个充满不确定性和风险的"风险社会"，是一个民族国家主权正在削弱、"世界公共社会空间"日益增长的"跨国社会"。在这样的历史条件下，一系列全球性问题或现代性问题丛生。面对这些综合性和交叉性很强的经济政治社会文化等问题，依赖一个学科一种视野显然不能有效解决问题。这就给我们的人文社会科学研究提出了迫切的要求：这就是知识的整合和视界的融合。我们应当打破学科壁垒和狭隘浅薄的门户之见，加强论辩和对话，积极倡导和推动哲学各学科间的交流对话，实现方法、视野的互补和相互激荡，从而实现思想的提升和创造，推动实践难题的解决。针对此次编撰的《当代中国学术思想史》，他说，学术研究是人类特有的思维和精神创造性活动。学术研究史是人类实践活动及其历史的重要组成部分。写出一套真正站得住、反映中国学术真实面貌、体现中国学术特点、能参与国际学术对话的学术信史，是当代学者的使命，是我们中国社会科学院的责任，也是我们中国社会科学出版社的责任。这对于中国特色、中国风格、中国气派的哲学社会科学体系、观念和方法的形成，参与国际学术对话，扩大中国哲学社会科学话语权，增强我国文化软实力，将具有重大的现实意义。

研讨会上，与会专家学者就《当代中国学术思想史》丛书的写作纲要进行了深入讨论。据悉，这套丛书由中国社会科学出版社联合多家单位共同编纂，主要涉及中国古代史、中国近代史、甲骨学、敦煌学、中国哲学等多个二级学科的选题。丛书出版后，将成为继中国社会科学出版社2008年推出的《中国哲学社会科学30年丛书》（共14卷，已出版12卷）之后的重大学术成果，为相关学术领域提供重要的史料文献或教辅教材。

中国社会科学院学部委员杨义、周叔莲、张蕴岭，科研局副局长王正，中国社会科学出版社社长孟昭宇、副总编辑曹宏举，浙江省社科联副主席邵清，浙江师范大学党委书记梅新林出席此次论坛。另外有来自中国社会科学院、浙江大学、首都师范大学、武汉大学、中山大学，以及《学术月刊》《文史哲》《全国高校文科学术文摘》《学术界》杂志社等单位的40余位专家学者与会。

# 《当代中国学者代表作文库》
# 策划设想和总序

## 策划设想

为贯彻落实党的十七大关于社会主义文化大发展与大繁荣指示精神，推动中国哲学社会科学优秀人才和优秀成果走向世界，提升中华文化的软实力，扩大中国哲学社会科学的国际话语权，展示中华人民共和国成立 60 年来中国哲学社会科学领域的学术创新成就，我社拟立项编辑出版《当代中国学者代表作文库》（100 种），遴选中华人民共和国成立以来哲学社会科学主要学科的代表性著作 100 种，这一文库应代表当代中国哲学社会科学的最高学术水平。

今年是中华人民共和国成立 60 周年。中华人民共和国的成立开启了当代中国历史发展的新进程。中华人民共和国的历史是社会主义革命、建设和发展的历史，是社会主义现代化的"中国道路"的探索、形成的历史，特别是改革开放以来中国特色社会主义道路的开辟和中国特色社会主义理论体系的逐渐成熟，全球化的不断发展以及中西文化的碰撞交融，使中国的哲学社会科学也得到了显著的发展，体现了时代特色、民族特色和实践特色的统一，涌现了一大批优秀的人文社会科学作品。这些作品具有中国特色、中国气派、中国风格，可以充分彰显中国哲学社会科学 60 年发展的辉煌成就，展示当代中国哲学社会科学理论体系的形成过程。

我们认为，编辑出版《当代中国学者代表作文库》是一件具有重大战略意义的国家学术文化工程，它的立项、出版和面向世界的发行，对推动和促进中国当代哲学社会科学繁荣与发展，弘扬中华民族优秀文化、加强中外学术文化交流，让世界从更深层次了解中国文化，扩大中国文化的国际影响力等，必将产生十分重要和深远的影响。

1. 规模设想

初步设想《当代中国学者代表作文库》以100种为宜，每种30万—40万字，总字数控制在4000万字以内。

2. 落实步骤

第一，成立《当代中国学者代表作文库》编委会，编委会将广邀国内外、院内外著名学者专家组成，负责制定百种涵盖自中华人民共和国成立以来哲学社会科学各学科的当代中国学术名家代表作文库入选标准、遴选程序、推荐办法并审定入选著作。在这方面，中国社会科学院有独特优势，一是我院拥有众多的享誉国内外的著名学者专家，二是我院的优秀成果丰富，如郭沫若院长的《李白与杜甫》、胡绳院长的《从鸦片战争到五四运动》、钱锺书副院长的《管锥编》等，相信我院的优秀成果将占相当分量。

第二，组成编辑队伍资格专家审核委员会，在全国范围内负责遴选、推荐、审核谙熟哲学社会科学各学科专业知识的资深编辑的资格认定，以确保图书编校质量。

第三，成立《当代中国学者代表作文库》出版项目工作组，分别由院主管部门领导与我社领导任正副组长，成员由年富力强、经验丰富的管理与技术人员组成，负责挑选印厂及纸张材料等工作，确保图书印装质量，控制成本。

第四，成立《当代中国学者代表作文库》宣传、发行项目组，分别由院有关部门领导与我社领导任正副组长，成员由院内有关专家和对外合作室、宣传策划室、发行部等精明强干、业务熟练的人员组成，负责文库图书营销工作。

第五，完成时间要求。计划用半年时间组成文库各专家委员会并开展工作，完成100种优秀名著的推荐、选定，相关人员资格认证等准备工作，一年半时间为优秀名著编辑、校订、印装等工作，历时两年完成全部文库图书出版任务。

3. 《当代中国学者代表作文库》成本预算（略）

4. 我社首批推荐书目

（1）张岱年：《中国哲学大纲》

（2）杨适：《哲学的童年》

（3）刘笑敢：《庄子哲学及其演变》

（4）任继愈：《中国道教史》（增订本）

（5）王明：《道家和道教思想研究》

（6）吕大吉：《宗教学通论》

（7）吕大吉：《西方宗教学说史》

（8）牙含章：《中国无神论史》

（9）汝信：《美的找寻》

（10）冯时：《中国天文考古学》

（11）王宇信：《甲骨学通论》

（12）顾准：《希腊城邦制度——读希腊史笔记》

（13）翁独健：《中国民族关系史纲要》

（14）王锺翰：《中国民族史》

（15）胡绳：《从鸦片战争到五四运动》

（16）丁伟志：《中西体用之间》

（17）冯天瑜：《"封建"考论》

（18）黄硕风：《综合国力论》

（19）黄绍湘：《美国通史简编》

（20）罗荣渠：《美洲史论》

（21）万峰：《日本近代史》

（22）陈之骅等：《苏联兴亡史纲》

（23）郭沫若：《李白与杜甫》

# 总　序

中华人民共和国的成立开启了当代中国历史发展的新进程。伴随社会主义革命、建设和发展的历史，特别是改革开放以来中国特色社会主义道路的探索、开辟和中国特色社会主义理论体系的形成，全球化的深入发展以及中西文化的碰撞交汇，中国的哲学社会科学研究事业得到了显著的发展，涌现了一大批优秀的人文哲学社会科学学者及著作。这些著作体现了时代特色、民族特色和实践特色的统一，在其相应学科中具有开创性、奠基性和代表性。正是这些具有中国特色、中国气派、中国风格的作品，铸就了当代中国哲学社会科学发展的辉煌成就，形成了中国哲学社会科学理论和方法的创新体系。

作为中国社会科学院直属的专门致力于推出哲学社会科学成果的学术出版社，中国社会科学出版社三十多年来，一直秉持传播学术经典的出版理念，把追求高质量、高品位的哲学社会科学学术著作作为自己的主要出版任务。为展示当代中国哲学社会科学研究的成就，积极推动中国哲学社会科学优秀人才和优秀成果走向世界，提高中华文化的软实力，扩大中国哲学社会科学的国际话语权，增强在全球化、信息化背景下中国和平崛起所必需的文化自觉和文化自信，我社决定编辑出版《当代中国学者代表作文库》。《当代中国学者代表作文库》收录中华人民共和国成立以来我国哲学社会科学各学科的优秀代表作，即在当代哲学社会科学学科体系中具有开创性、奠基性和代表性意义的著作。入选这一文库的著作应当是当代中国哲学社会科学的精品和珍品。因此，这一文库也应当代表当代中国

哲学社会科学的最高学术水平。本文库出版的目的还在于抢救部分绝版的经典佳作。有些耄耋之年的老学者，不顾年迈体弱，对作品进行了大幅的修订。他们这种对学术孜孜以求的精神，值得后辈敬仰。

编辑出版《当代中国学者代表作文库》是一项具有重大战略意义的国家学术文化工程，对于构建中国特色哲学社会科学学科体系、学术体系、话语体系，推动中国当代学术的创新发展，加强中外学术文化交流，扩大中国文化的国际影响力，必将产生十分重要和深远的影响。我们愿与学者一道，合心勠力，共襄这一学术盛举。

# 在《中央苏区研究丛书》
# 首发式上的致辞*

在举国上下喜迎中华人民共和国成立 60 周年之际，一套全面而深入研究中央苏区历史的十卷本《中央苏区研究丛书》隆重出版了！这是江西人民和学术界为新中国 60 华诞献上的一份厚礼！作为这套丛书的出版者，我们感到十分的荣幸和高兴！首先请允许我代表中国社会科学出版社，对《中央苏区研究丛书》的出版表示热烈的祝贺！对各位作者、对亲自为该丛书作序并对丛书的撰写和出版给予巨大鼓励和支持的著名党史专家石仲泉同志以及组织和帮助这套丛书立项与研究的江西各有关单位的领导表示崇高的敬意和衷心的感谢！

今天我们在江西这片红色的土地和南昌这座英雄之城举行这套丛书的发布座谈会，以这样的方式纪念新中国 60 华诞，真可谓适逢其时、适逢其地，内涵特殊，意义非凡。

抚今追昔，饮水思源。江西是现代中国革命的重要发祥地，是人民军队成长壮大的摇篮，是人民共和国成长的摇篮！此时此地，我们对为中国革命和中华人民共和国的成立做出不朽功勋和巨大牺牲的老一辈无产阶级革命家和无数革命先烈以及革命老区人民的敬意和感情油然而生。让我们对他们致以最崇高的敬礼！

《中央苏区研究丛书》的出版，是理论学术界的一件大事。首

* 原载《赣南师范学院学报》2009 年第 5 期。

先，它对于我们进一步了解中央苏区的历史，弘扬包括苏区精神在内的革命传统精神，具有重要意义。这套丛书是进行爱国主义教育的优秀读物。

《中央苏区研究丛书》坚持马克思主义世界观和方法论的指导，以丰富翔实的历史资料为基础，对中央苏区包括军事斗争、土地革命、政权建设、经济建设、廉政建设、新闻出版、文艺活动和妇女运动等在内的整个社会状况，以及中央苏区为代表所体现出的苏区精神，作了全景式的研究和学术探讨。这些研究，促使我们永远铭记中央苏区以至苏区时期中国共产党领导中国工农红军和广大苏区人民所进行的艰苦卓绝的革命斗争和所建树的丰功伟绩；这些研究，让我们真切领略了以毛泽东同志为代表的老一辈无产阶级革命家为中国革命道路的探索做出的卓越贡献和在革命事业中体现出的坚定的革命信念、为民理念和艰苦奋斗作风；这些研究，让我们深刻认识到中国工农红军是苏区土地革命、根据地建设和军事斗争的中坚力量，是苏区各项革命事业和人民当家作主的根本保障，是他们的热血铸就了中国革命的钢铁长城；这些研究，让我们深深感受到广大苏区人民是革命斗争的主体和动力，是中国共产党的坚决拥护者，没有广大苏区人民的倾力奉献和主动参与，苏区革命斗争就失去了根基和归宿；这些研究，让我们充分理解了20世纪二三十年代的中国革命斗争，不仅仅是军事斗争、土地斗争，更是一场社会各个阶级和阶层、团体广泛参与，涉及政治、经济、军事、文化诸多方面的社会动员和社会运动……

中央苏区历史的经验告诉我们，始终坚持马克思主义的中国化、时代化和大众化，始终坚持中国共产党的正确领导，始终坚持一切为民的执政理念，始终坚持共产主义的坚定信念，始终坚持艰苦奋斗的优良作风，是中国革命和建设成功的根本保证，是我们不断前进的不竭的精神动力和宝贵财富！在这方面，这套丛书做了很好的提炼和探讨，给我们以很好的启迪。

其次，《中央苏区研究丛书》的选题多样、丰富、全面，在继承已有研究成果的基础上，在学术观点、研究方法和材料运用上均有创新，因而具有重要的学术价值。

据我所知，像《中央苏区研究丛书》这样对中央苏区历史作如此多视角的、深入的学术探讨的系列著作，尽管有但不多见。这套丛书在中央苏区研究方面，既是对先前研究成果的汲取、总结和提炼，更是一种学术创新，代表了中央苏区研究的最新进展，无论在历史描述上，还是学术探讨上，这套丛书都在很多方面作了开拓性的尝试。当然，这种探索难免是初步的，但其开创意义显而易见，不容忽视。这套丛书搜集、整理或者收录了中央苏区时期许多珍贵的历史资料，这些历史文献以及对它们的引用和阐发，必将为以后的研究打下坚实的基础。

最后，这套丛书还具有重要的社会价值。这套丛书作为对中央苏区历史的记述和研讨，同时也适合一般读者的阅读，能让读者更全面、更深入地了解中国现当代历史，特别是中国共产党历史，让所有的人都能"饮水思源"，真心拥护我们党的领导，珍惜今天的幸福生活，体现了红色学术经典与大众阅读的内在结合。

各位领导、各位专家！赣南师院在中央苏区研究等领域形成了显著的研究特色，代表了该领域研究的前沿水平，在国内外产生了较大影响。我们相信，《中央苏区研究丛书》的出版必定会成为相关领域研究的新起点，赣南师院中央苏区研究中心将为推进和引领该领域的学术研究和学科建设的新发展做出新贡献！

中国社会科学出版社是中国社会科学院主管主办的一家专事人文社会科学成果和思想文化作品出版的国家级出版社。我社始终坚持正确的出版导向，坚持"传播学术经典、关注大众阅读"的出版理念，我社先后两次荣获中宣部、新闻出版总署授予的"优秀出版社"称号；多种图书先后荣获中国新闻出版行业最高荣誉的"首届中国出版政府奖"以及"国家图书奖""中国图书奖"等国家级奖项。目前我社已发展成为具有重要影响力、出版特色鲜明的全国人文社会科学成果出版重镇。在此，我要对长期以来支持我社发展的各位领导、各位专家学者和广大读者表示衷心的感谢！在文化体制改革深入推进的今天，中国社会科学出版社将一如既往地坚持自己的出版理念和发展目标，愿意继续与各位领导、学者和读者一道，为进一步弘扬革命红色资源，促进中国哲学社会科学的繁荣发展，推进社会主义文化的大发展大繁荣，做出更大的贡献！

**2010**

# 《马克思主义学术文丛》出版前言

马克思主义的诞生是人类思想史上一件划时代的大事。一百六十多年来，马克思主义的真理性，业已通过对人类历史影响的深度和广度得到充分的检验和证明。在当今纷繁复杂的各种思想体系中，只有马克思主义才能对全球化条件下当代资本主义社会的内在矛盾从理论和方法上给予深刻的揭示和说明，只有当代中国的马克思主义才能给中国的发展道路从理论和方法上提供科学的论证和指引。近代以来的中国历史和发展实践表明，当代中国发展问题的关键在于必须坚持和发展马克思主义，坚持中国特色社会主义理论体系。这是中华民族走向伟大复兴的光明之路。

---

* 2010 年 1 月 28 日。

马克思主义是发展的科学。当今世界格局和经济政治秩序正在发生前所未有的深刻变化，诸多全球性问题纷至沓来。当代中国改革发展也正处于关键阶段，社会利益结构正在发生深刻调整，资源生态环境承载的压力巨大并付出了沉重代价，主流价值观念和意识形态面临重大冲击，党的执政方式与能力面临复杂而严峻的考验。这些重大的现实课题，迫切需要我们大力推进理论创新，不断赋予当代中国马克思主义鲜明的实践特色、民族特色、时代特色。对于广大马克思主义理论工作者而言，坚持马克思主义基本原理与把握中国国情和时代特征紧密结合起来，加快推进马克思主义中国化的步伐，为中国特色社会主义事业的健康发展提供正确的理论支持，无疑是一项光荣而重大的历史使命。

马克思主义研究事业的繁荣和发展，绝不仅仅体现为马克思主义研究成果数量的增加和研究队伍以及机构规模的扩大，而更应体现在关于马克思主义基础理论研究和重大现实课题研究所取得的重大进展上。本文丛旨在推出高质量、高水平的马克思主义理论研究创新成果。在选稿标准上，坚持基础研究和现实研究的统一，坚持思想性、学术性与实践性的统一，坚持马克思主义中国化、时代化、大众化的统一，倡导求真、创新、严谨、平实的学风和文风。希望《马克思主义学术文丛）成为我国马克思主义理论研究与创新成果的展示平台，期盼广大读者对该文丛予以积极关心、支持与指导！

# 重点推进选题与管理体制机制创新*

首先给同志们道一声：大家辛苦了！过去一年，同志们辛勤工作，为社里的稳步发展做出了重要贡献！我对大家表示感谢！

大家对我有一个意见，就是编辑部抓得这么紧、这么严，发行跟不上、不平衡，抓了也没有用。我认为，话不能这么说，编辑部有自身的问题、选题的问题、个人责任心的问题、学术素养的问题、疏离学术界的问题等，作为总编辑，这些问题应当抓。

其实这次会议也是应编辑部各位室主任的要求召开的。在前不久一次非正式工作聚会上，同志们提出，在目前形势下应该好好讨论研究一下我社今后发展的方向和目标，特别是选题管理和考核机制等问题。大家也有不少想法与建议。我为主任们关心我社建设、发展的责任心所感动，所鼓舞。因此，我和总编办公会其他成员认真研究了同志们的建议，认为应当召开这样一次会议，社领导班子也一致同意召开这次会议，所以就有了今天的会议。

出版社是图书生产单位。其中，选题决定图书的结构与方向。现在每个企业都高度重视产品的研发创新。选题是出版社的核心业务，新年伊始，我们应当对选题的结构、重点、方向谋篇布局；应当对编辑部门的管理考核方案做出明确规定。这样可以使我们图书生产的主体——编辑心中有数，使他们的工作有明确的努力方向。这种管理对于一个单位，对于编辑部门是一件十分重要的事情。

---

* 2010年3月9日，在中国社会科学出版社"选题与管理体制机制创新"工作会议上的讲话。

这次会议主要想讨论和研究三个问题。

## 一　在目前院内外学术出版面临新的竞争的形势下，我社如何在坚持学术出版方向、保持已有出版传统优势的前提下，进一步优化选题结构？是否需要和如何寻找、开辟新的选题方向，进行选题创新

这几年，除了总署、国家社科规划办要求策划的一些重大选题，社领导组织策划了一些重大选题（这些选题基本上是社领导策划的），来自编辑部门的甚少。这些年，国家对出版资助的投入越来越大，如果不认真追踪并投入这些项目的准备工作，根本拿不到资助。这是一个新的形势。现在我社的选题来源基本上是"来料加工作业"。散、乱，有的选题质量不高，总体上显不出图书出版的重点思路、大方向，出版的重点与特色不明显、不突出。哪些学科是我们的主攻方向，有哪些主题丛书在跟进和表现？这些都不自觉、不成系统。

选题上我社现在是两个都缺乏：高质量的学术图书与市场类畅销图书，这直接关系到我社的影响力和品牌。在选题结构上如何优化，既加强学术质量相对较高、选题较新较前沿的选题比重，又加强市场类、畅销类图书的比重，如何做出特色，做出影响，为我社的品牌增添新的内涵，进一步扩大我社品牌的社会影响。这些问题我们要重点思考，好好讨论。

## 二　要认真讨论和研究我社编辑部的管理体制和激励机制

刚才说到我社选题上存在的散、乱，学科和学术主题都不突出的问题，不是我们不想改变，而是做起来实在是太难！自己的思路很难得到较好的有效率的贯彻实施。对于这一点，我这两年深有体会！不瞒大家说，这也是我工作经历中遇到的一个感到工作很费劲的地方。后来我发现：这是体制和激励机制在作怪，不改变体制和

激励机制，就无法从根本上改变这一局面。

这两年我一直在思考和探索，也是今天会议的主要任务之一就是：如何建立一套把对个人的激励、个人的考核与社里整体的、长远的发展结合起来，把对数量的考核与质量的考核结合起来，把编辑工作的经济效益的考核与社会效益的考核统一起来的体制机制。我认为这是保证出版社可持续长远发展的根本大计。

这两年，我们在这个问题的探索上迈出了可喜的步伐。同志们埋怨我们每年政策都有变化。我听到一些意见，说年终推出的一些政策与年初不一致，推出太晚。我虚心接受大家的批评意见，这是我们工作中应改进的地方。我相信大家是从全社未来发展，实际上也是最终涉及大家根本利益的角度和高度，来看待我们的政策。改革正处于一个探索的过程，所以每年的政策有些调整是必要的，希望同志们站在全局的、未来发展的角度上予以理解，但是我认为改革的总方向是正确的。

当然，我们的政策有待完善、合理，大家就此可以讨论。但没有细看下发的文件，就在那儿无的放矢地乱提意见，这样最要不得！还有，我想我们定的 A 类范围是否过严，这点大家也可以充分讨论。但是有一点我担心，失之过宽等于没有要求，起不到应有的导向作用。毋庸讳言，有的同志有意见，是因为有了这些指标考核，就有了压力，不习惯。我请这些同志平静地考虑一下，任何一个单位能够没有管理和考核吗？一管就叫，一改就骂也不是正确的态度。我希望大家对于以后下发的文件，包括以前下发的两个补充规定，都要认真看。这些文件都会认真执行的，以免到时又推说不知道。我想说，这些政策不是要跟大家过不去，而是着眼全社的未来，与大家的切身利益也紧密相关。这样严格的管理，才是真正关心大家的表现，也是我们管理者的职责！

我们是在原有的体制机制内逐步深化改革的。但是今年我们在制订编辑部考核方案过程中，感觉到有的事情很难做。比如，年底考核谁，室主任还是普通编辑；重点选题考核问题（出版资源与学者落实中的冲突与障碍）。有不公平的问题，也就是说在深化体制改革的过程中，我们深深感觉到现有编辑部设置和个人考核激励机制的障碍与掣肘！

一是各室学科方向不明确；二是学科人员严重缺失、不到位。各室完全是一个小出版社，完全是非学术化、非学科化的。即使现有室的几个学科方向可以不变，但问题是有的室根本没有相应学科的编辑。有的室则是根本没学科方向的，反正我是不知道在哪里。这里我不得不说形成这种状况真是荒唐！我们的学者或许不能想象我们这样一个国家级学术出版社是这样一种机构设置。恐怕不免会被学界嘲笑轻视，我认为这是一种起码的学术尊严的缺失！

现有编辑部体制的最大优点，是激发了每个人的积极性和主动性。编辑都有选题权，我们的编辑的权利和自由度是比较大的。我们的编辑现在直接分享了出版社的品牌资源，或者说让出版社的品牌资源通过你的能力和勤奋直接转化为你的收益。这一点很好！但是，这种个人经济提成制也有其重大的缺陷：一方面，是各自为战，社里的整体目标消解了，或者有目标没法实现。这种个体考核机制增加了社里整合的难度，或者说根本没法整合。我们的选题十分散乱就是一个表现。所以编辑在享有权利的同时，应承担一种责任与义务，即对社的品牌负责，要做好书。这方面就要有考核制度，原来是缺乏的。另一方面，这种以个体为考核单位，而且主要侧重于经济效益的考核的机制，忽视了编辑工作社会效益的考核，即重数量、轻质量。虽然编辑方案也有所谓 A 类指标的要求，但是年终从来没有进行对照、严格考核，大家也没有认真对待过。当然，原有方案的措施也有不切实际的地方。首先最容易做到的奖惩措施都没有真正实行。这是我们管理缺失、管理松弛、管理不到位的地方。如果这种体制机制不改变，长此以往，我社的品牌就会被消解掉。

每个人都愿多做图书，但是由于没有形成对书稿学术质量的刚性要求，没有形成对做好书的激励导向机制，所以中国社会科学出版社这个学术权威品牌会逐渐销蚀掉，学术权威度、认可度、吸引力就会日渐稀薄，日趋下降。最后有一天，大家都不认这个品牌了，出版社就无法生存，哪里还谈得上长远目标可持续发展？这叫竭泽而渔。这是非常可怕、非常严重的问题，是关乎出版社命运及能否可持续发展的问题。

当然，我们的改革不是休克式的，不搞断裂，而是要汲取传统体制机制的优点，保证大家的积极性的同时，又确保我社品牌和学术影响力不受损害，甚至增值。否定之否定是扬弃。所以，我主张，在明确各室学科方向和配备（包括重组学科编辑）的前提下，继续可以策划学科外的选题，也就是说现有提成制和每个编辑的选题策划权不变，即照样可以接学科之外的书稿。这就不会影响选题量，不会影响大家的收入，但是所规定学科选题的追踪和组织则要有明确的责任考核，与利益挂钩！简单说，新的体制机制既要求编辑做多，又要做好。就是把对数量的考核与质量的考核结合起来，把编辑工作的经济效益的考核与社会效益的考核统一起来，把对个人的激励、个人的考核与社里整体的、长远的发展结合起来，这样的体制机制，才能实现个人与社里双赢的局面。

基于上述分析，解决我们选题开发策划中的突出问题，总的原则应该是：第一，改革体制，创新机制，完善社会效益与经济效益并重的激励机制。拟建立以学科为中心的管理体制并实行相应管理机制，以学科为中心重组现有各编辑室人员。包括：哲学与宗教出版中心（含心理学），历史与考古出版中心，文学、艺术与语言出版中心（含传媒），经济与管理出版中心，政治、法律与社会出版中心，国际关系与国际问题出版中心（国外学术名著与学术前沿编译中心），马克思主义理论出版中心，编审中心。第二，选题开发要坚持我社出版的基本宗旨，坚持学术出版特色，走学科专业化的道路。具体讲就是采取加强学科专业化的强有力措施，重点解决选题多而散乱的问题。第三，集中力量、重点突破，形成和巩固传统学科优势，把有限资源用到刀刃上，以此巩固加强品牌建设。第四，加强新兴学科品种与数量建设，创新新学科出版优势，为形成我社新的品牌打好基础。第五，制定我社中长期选题规划，铸造品牌，突出特点，彰显学术出版的特色与优势。

## 三　要认真研究和解决各部门的协作问题

今天请了职能部门的领导，对话交流很有必要。职能部门要进一步转变观念，一定要树立为编辑工作服务的思想。编辑是生产的主体。职能部门的工作内容和价值就是提供服务。编辑也要尊重职能部门的同志。大家多沟通，少埋怨；多补台，不拆台。相互协作，精诚团结，使得各个图书出版工作流程都很顺畅。这样，我们的工作才有效率，大家也心气舒畅。

我社总的发展战略还是我在2008年讲的，稳定补贴，提升品牌，开拓市场，创新业态。品牌是最重要的资源，我们现在就是靠品牌吃饭。品牌创造的收入占2/3，市场占1/3。将来还是要靠品牌生存发展。不断给品牌增光添彩，不能竭泽而渔。

最后，我对这次会议提出一些要求。大家都很忙，今天大家放下案头的工作，专门抽出时间来研究讨论上述这些重要问题，很不容易。一年之计在于春。希望同志们着眼于我社未来发展，本着关心社的发展就是关心自己的理念，既要考虑眼前的个人利益，也要顾及社的长远可持续发展，解放思想，开动脑筋，认真讨论，献计献策，少发点牢骚，多提些建设性的意见。以进一步统一思想，达成发展共识，为我社在转制以后的发展奠定良好的思想基础和体制机制基础。使得我们既能活好当下，又能赢得未来，实现永续发展，立于不败之地。

# 发挥哲学社会科学出版优势

## ——关于 2009 年工作与 2010 年工作思路

### 一 关于 2009 年工作总结

**牢牢把握正确的出版导向**。坚持以马克思主义为指导，严守政治纪律和宣传出版纪律，努力做到忠于职守，守土有责。加强教育，及时传达上级主管部门的指示和要求；及时提炼和通报终审工作中存在的问题，增强编校队伍的责任意识、阵地意识、质量意识。细化和强化三审的职责。全年所出书稿没有出现政治质量问题。

**严抓书稿的学术质量和编校质量**。针对书稿量激增，近期图书编校质量有所下滑的问题，主持制定《关于进一步加强编辑工作管理的规定》，消除可能存在的质量隐患，为我社书稿的编校质量提供保障。同时加大制度执行的力度，严格管理，奖罚并举。创办《编辑工作通讯》，加强编校业务交流，着力提高编校水平。

**下大力气抓品牌建设**。一是亲自抓图书选题的整理，加大对系列化、主题化图书的宣传力度（在《新华文摘》《读书》等学术传媒宣传），以进一步彰显我社图书的特色、品牌和学术实力。我社学术形象和权威性进一步增强。二是亲自策划和抓重大选题及图书出版。创设体现国内一流水平的《马克思主义学术文库》、《当代中国学术思想史》（30 卷）、《当代中国学者代表作文库》、《当代新媒体发展研究丛书》等大型丛书。策划的张卓元主编《当代中国经济学理论研究（1949—2009）》、王逸舟等主编《中国外交六十年（1949—2009）》等 3 种图书入选中宣部和总署组织的《辉煌 60 年丛书》。努力提升我社的学术层次和影响力。三是策划和举办首届"全国马克思主义创新论坛"和"中国社会科学论坛",旨在进一步提升我社作为人文社会科学专业出版社的学术形象和影响力,积累和开拓更多的学术资源。王伟光和武寅同志分别出席上述论坛。四是推出重点学术项目的奖励政策,进一步完善已有的奖励体系,准确反映学界的学术评价等级体系。

**下大力气抓学术资源的维护、开拓和建设**。一是高水平的作者资源、书稿资源、学术信息资源等是出版社生存发展的重要条件。今年我社加大了与我院各研究所的联系,沟通信息和感情,建立战略合作关系。同时眼睛向外,主动到全国著名高校宣传推广我社的品牌,积极争取优质学术资源,取得了很好的效果。二是积极拓展学科覆盖面,重点抓了马克思主义学科、公共管理学科,使原来这两个学科弱项得到了加强。三是认真准备,积极努力,《马克思主义学术文库》《剑桥西方哲学史》获首届国家出版基金资助。

**着力抓队伍建设**。招考和录用了一批编校人员,重组现有编辑资源,成立编审中心,为应对不断增长的书稿工作量提供编辑力量支撑。同时启动了编校队伍的素质培训计划,着力提高队伍的思想政治素质、学术素质和编校业务水平,切实把好政治质量关、学术质量关和编校质量关。

**高度重视和抓好出版社的改革工作**。积极贯彻中央和院党组的部署,周密研究,起草和修改改革方案,将中央精神与我社的历史与实际结合起来,多次积极与院领导和有关部门沟通;同时多次召开会议,加强干部职工的思想政治工作,最后使我社改革方案为全社员工接受,使这项工作进展得积极而平稳,为我社的进一步发展奠定良好基础。

另外,为出版社面临的现状和激烈竞争的形势深感忧虑,积极调研,思考出版社的定位以及今后的发展目标和思路,探索出版社深层次的激励导向机制的改革问题。

## 二　2010 年工作总思路

在继续推进、完成转制工作的前提下：第一，稳定补贴款规模。第二，大力开发市场选题。第三，继续做好做精学术品牌。第四，图书发行销售要出实招、要有新突破。

## 三　工作重点

把工作思路转化为工作实绩。抓机制、抓导向。

第一，要根据我社特点，实施科学管理，强化管理。要贯彻落实院里关于管理强院要求，重点是继续完善考核管理机制，2009 年管理方案总方向正确——"三个统一"，即激励经济效益与社会效益的统一、鼓励数量与提高质量的统一、继续发挥室主任带头作用与鼓励一线责任编辑劳动积极性的统一。

第二，成立大众图书分社，积极开发优秀社科大众读物选题及市场。分社在选题管理、业务管理、人事管理和薪酬管理上实行新的工作机制与办法。在目前以补贴款图书为主的图书结构背景下，努力改善品种结构，带动学术图书销售，提高市场占有率。

第三，在完成改制转企后，要进行必要的机构调整，实现和激活新的功能。成立编译室，组织新生力量，发挥专业和外语优势。两大任务：一是引进外国学术前沿成果、权威学者的最新作品，同时可能有市场潜力；二是维护、更新外版书品牌。使之成为我社学术影响力、品牌建设和市场效益的新支点。还要成立马克思主义理论编辑室和数字出版部。着眼未来图书出版业态转型和市场需求的新趋势，着手数字出版工作。同时改善和加强工作网络和门户网站建设。今年要有新变化，新成效。

第四，实行学科负责制。按专业分工要求，对现有编辑室学科要重新明确和划定。人员配置进行适当调整。要联系 5 个以上知名专家和畅销类读物作者。要强化经济、法学、社会学、政治学、公共管理等学科的联系、图书策划和出版。

第五，继续加强学术品牌建设，加大力度策划、出版学术精品。提高选题学术质量，继续加强重大重点选题立项。一是策划落实重大选题。做好"十二五"规划项目；同时2011年是辛亥革命100周年、建党90周年，要提前做好相关图书项目策划。二是组织好政府出版奖。三是更加主动、更加积极、更加及时落实院重大、重点（院文库）项目，要提前介入。四是已有重点项目以及必须维护、更新、补充的社重点品牌书系，要确定责任人。如现代西方思想丛书、外国伦理学名著、经济与管理、知识分子图书馆、国际学术前沿、剑桥史、近代史译丛等。

第六，继续加强品牌与营销宣传。一是好书、主题图书的宣传。二是营销宣传，除了媒体广告外要加大直销与营销、卖场相关的资金投入。三是办好两个论坛。

第七，加强队伍建设，提高工作能力与自身素质。一是扩大培训力度，提高把"三关"①能力。二是再招聘一批编辑人员。三是外校人员集中到我社工作。四是鼓励出差参加学术会议。

第八，要加强对选题的研究，综合归类，加强对图书产品的分类管理与方法，确立不同的营销宣传方案、营销思路（总编室、宣传室、发行部）。

第九，营造好的工作氛围与企业文化。

## 附录一　中国社会科学出版社关于加强选题和书稿政治与学术质量管理的若干规定（试行）②

为进一步规范和细化我社图书选题报批及书稿三审程序，加强图书选题及书稿三审的管理，切实提高图书选题的政治及学术质量，根

---

① 指政治质量关、学术质量关和编校质量关。

② 2008年1月24日，针对出版社工作中存在的问题，作者牵头完善了有关选题立项和图书审稿的规定，制定了若干个管理制度，详见附录。

据国务院《出版管理条例》、新闻出版总署关于《图书、期刊、音像制品、电子出版物重大选题备案办法》《关于严格执行期刊"三审制"和"三校一读"制度保证出版质量的通知》和我社《编辑部门目标管理责任制方案》，经社长办公会讨论决定，特制定本规定。

## 一　加强选题和书稿的政治把关

凡在我社报批列选的选题和书稿内容必须符合党和国家关于新闻出版的方针政策和法律法规，必须严格执行新闻出版总署重大选题备案制度（为便于编辑和室主任把握选题和书稿的政治把关标准，特将新闻出版总署关于《图书、期刊、音像制品、电子出版物重大选题备案办法》及相关补充修订和实施细则一并下发，内部文件需注意保密）。

（一）责任编辑必须熟悉并掌握党和国家关于新闻出版的方针政策及法律法规，并以此作为选题列选和书稿审读政治把关的标准。责任编辑应发现并独立处理书稿存在的一般性政治问题，对整体上存在严重政治问题、核心观点明显错误的书稿，编辑应予拒绝或退稿；对比较复杂的政治问题把握不准的，须提交室主任（复审）审读处理，并将有关意见建议见诸审读报告。

（二）室主任（复审）必须全面了解所申报选题的内容，并通读书稿。对责任编辑所申报的选题和初审审读报告所提出的问题，必须给予明确的处理意见，并见诸复审报告；对选题和书稿中把握不准、难以裁定的问题，须提交三审并与之协商解决。

（三）三审必须对所申报的选题和书稿复审中所提出的问题，做出最终的处理和决定。三审对复审提出的问题没予审读和正确处理，从而导致图书出版后存在严重政治问题，造成重大不良影响的，按国家有关规定进行处理。

## 二　加强选题和书稿的学术质量把关

我社全体编辑人员应遵循我社的宗旨与定位，牢固树立质量意识和精品观念。凡在我社报批的学术类选题和所审读的书稿，无论是否有出版资助，均应严把学术质量关。对学术质量低下、粗制滥造、有抄袭现象、不符合学术规范的书稿，应予拒绝和退稿。

（一）责任编辑在申报选题和书稿审读加工时应尽量选择与自己专业相关相近的学术著作，以便对该学术著作的质量做出评估；对非本专业的学术选题，可咨询本社相关学科的资深编辑、室主任或社外专家，对书稿做出相应评价；选择社外编辑人员加工书稿，亦应尽量选择与书稿内容相关相近的专业人员，对于政治敏锐性较强的书稿，原则上不交由社外人员编辑加工。责任编辑应对书稿的学术质量和市场前景做出分析；对编辑加工中的问题提出修改建议并附加工记录，认真撰写审读报告，篇幅字数不能过少。对于编辑加工中不能解决的问题应提交复审解决，并见诸审读报告。

（二）室主任（复审）在选题申报和书稿复审中，应切实把住选题入选关口，特别注意学术图书的质量，树立门槛意识，对质量低下且难以修改的书稿，应予以拒绝和退稿。对初审提出的未能解决的问题应予明确的处理，并见诸复审意见；对把握不准、不能解决的问题，须提交三审并与之协商解决。

（三）三审应解决复审所提交的问题，并从总体上把握书稿的学术质量和格调品位，对存在严重学术质量问题的书稿，必须拒绝并退稿。

## 三　相关责任及处罚

（一）凡书稿已进入编辑程序，但因政治和学术质量问题而被三审责令退稿的，将对责编和复审予以通报批评，并不能领取编辑费和复审费。

（二）书稿因政治及学术质量问题而被复审拒绝和退稿的不能领取责任编辑费。

（三）一年内受到通报批评两次以上的，社长办公会将根据我社相关制度规定做出相应的经济与行政处罚。

（四）凡图书出版后存在严重政治错误和出版质量问题而造成重大不良影响的，将按新闻出版总署有关规定对相关人员予以处罚。

本规定的解释权在社长办公会，本规定自发布之日起试行。

## 附录二　中国社会科学出版社关于进一步加强编辑管理工作的规定①

近一段时期以来，我社图书编校质量在院有关图书质量检查中呈明显下滑趋势，对我社声誉造成了一定负面影响。为从根本上改变这种状况，促进我社由数量增长型向内涵增长型模式发展的转变，进一步规范编辑工作管理，切实认真执行各项规章制度，特制定本规定。

一、严格执行我社选题列选立项规定。全体编辑必须对所有书稿预先进行审阅审查，明确树立门槛意识，坚决杜绝低劣选题和书稿的采用。对拟列选立项的选题，必须在书稿把关基础上，在列选立项申报中对其政治观点、学术水平、文字基础诸方面做出明确判断与评价，对于不符合要求的书稿，必须在正式合同签订前予以退稿，并撤销选题。各级选题审批人员，各复审、终审人员必须按岗位要求担负起相应的责任，必要时坚决行使不予列选立项和不予发稿的权力。

二、坚持编辑审稿专业性要求。编辑人员对于不同或不熟悉的学科、专业的选题书稿应当交由室主任（个别稿件可商询主管领导）安排具备相应学科、专业基础（如中外文混排的书稿，要安排熟悉相应外文的人员）的社内外编辑人员审稿，策划人仍享受选题结算提成（或扣减）。

三、严格执行我社编辑工作基本管理运作程序。坚决制止编辑加工中超越、忽视、扰乱基本编辑管理运作程序现象的发生。这些

---

① 2009 年 12 月 7 日。

现象如：

1. 不对来稿预先进行审阅审查，接稿即进入三审程序；或选题申报滞后，书稿已在编，选题却还未予列选立项。这些都易造成后续工作的草率被动，遗留后患。

2. 一式多稿平行运作：一稿在走三审，另一稿同时走其他程序，甚至在未走三审程序下直接走校对程序。这种情况往往造成基本程序的缺环、遗留死角等，易造成重大出版事故。

3. 自编自校。此类行为不仅严重违反编辑、校对基本管理运作程序，而且严重破坏工作秩序，极易造成重大出版事故。

还存在其他类似情形。

上述现象必须严格予以纠正；一经发现，必将对责任人严肃处理。

四、认真执行我社编辑人员资格认定和署名制度。根据我社年度编辑岗位责任制方案，现将有关规定重申如下：

1. 选择责编，只能在本社人员（含离退休人员）中选择且被选择人必须具有编辑系列中级以上专业职称，出版时责编必须署本人实名。

2. 我社编辑系列中的见习编辑及新来人员，在取得中级职称前，不具备独立发稿权，其所审稿件发稿时必须与具备中级及以上职称的编辑人员联合署名（责任编辑），见习及新来人员署名可靠前。

3. 社外人员（如兼职编辑）只能从事初审工作，出版时不能署为责任编辑；所审书稿必须由本社具备资格的编辑先行检验审查，确认符合我社发稿要求后，再交付复审、终审。出版时由该编辑署为责任编辑（实名），社外人员署为特约编辑。

4. 凡在我社领取费用的兼职编辑，图书出版时必须署本人实名。

五、建立终审人员定期交流沟通制度。规定每月召集一次终审人员碰头会，及时讨论解决审稿中存在的带有普遍性、常见性以及较难处理的问题。

六、为加强全体编辑的业务交流与学习，自 2009 年 12 月起创办《编辑工作通讯》，由总编室具体负责。

# 加大对马克思主义理论优秀成果的出版力度 为推动马克思主义中国化、时代化和大众化做出应有贡献<sup>*</sup>

作为我国哲学社会科学成果的出版重镇，加强对马克思主义理论成果的出版力度，把我社建设成马克思主义理论的重要传播阵地，是题中应有之义，也是我们必须主动作为的职责所在。

## 一 组建马克思主义理论编辑室，明确 出版方向和主要出版任务

2010 年 3 月，在原有哲学编辑室马克思主义理论编辑组的基础上正式组建成立马克思主义理论编辑室。全室编制 5 人，目前 4 人，室副主任 1 人，编辑 3 人，室主任一职暂缺。同时，明确该编辑室的中心任务为：巩固和发挥传统出版优势，加强马克思主义经典著作、基本原理和中国化马克思主义，特别是中国特色社会主义理论体系的研究、宣传成果的出版，按照党的十七大提出的着力推动马克思主义的中国化、时代化和大众化的方向组织书稿，积极参与承担我院"马克思主义理论研究和建设工程"图书出版任务，尽快推出更多的精品力作，为巩固马克思主义的指导地位，坚持社会主义核心价值体系，提高人民群众的马克思主义理论素养做出新的贡献。

---

\* 2010 年 12 月，在中国社会科学院"马克思主义理论学科建设与理论研究"工作座谈会上的汇报。

## 二 主要出版工作

我社作为中国哲学社会科学研究成果的出版重镇，积极落实
陈奎元院长为我社建社 30 周年所作的"做大做强社科出版事业，为
巩固马克思主义阵地，扩大中国哲学社会科学话语权作贡献"题词
要求，重点策划和组织出版了大量有关马克思主义理论研究，特别
是中国特色社会主义理论体系研究成果的图书，已初步形成系列化
的图书产品，其中许多是有广泛影响力的精品力作。

第一，马克思主义理论基础研究系列。主要是由著名马克思主
义学者孙正聿教授领衔的吉林大学马克思主义基础理论研究中心的
重要成果。如《哲学基础理论研究丛书》中的《马克思的六个经典
问题》《社会关系的逻辑：马克思辩证法理论的合理形态》《瓦解资
本的逻辑：马克思辩证法的批判本质》等。年度出版刊物《马克思
主义基础理论研究》，引起马克思主义理论界的关注。

第二，中国马克思主义研究前沿系列。如侯惠勤等著《马克思
主义中国化理论创新 30 年（1978—2008）》，程恩富等主编的《马
克思主义与新中国六十年》，赵剑英主编的《中国马克思主义研究前
沿》（2008 年卷）、《中国马克思主义研究前沿》（2009 年卷）、《马
克思主义理论研究：青年学者文集》（2009 年卷）等。特别是《马
克思主义中国化理论创新 30 年（1978—2008）》《马克思主义与新
中国六十年》分别入选国家新闻出版总署纪念改革开放 30 年、国庆
60 周年百种图书。

第三，中国特色社会主义理论体系研究成果系列。如《论中国
模式》《36 位著名学者纵论新中国发展 60 年》《邓小平理论新探》
《二十世纪中国的历史道路——兼评若干社会思潮》《中国共产党的
历史方位与党的先进性建设研究》等。

第四，马克思主义中国化研究系列。如《马克思主义中国化动
力机制研究》《张闻天与马克思主义中国化》《马克思主义中国化的

进程及其规律研究》等。

第五，截至 2010 年 11 月，我社又重点策划出版图书 30 余种，如《马克思主义学术文丛》（6 种）、《中华人民共和国史论丛》（9 种）、《中国马克思主义研究学科建设报告》、《马克思主义中国化史》等重要图书。

赵剑英同志任总主编的《马克思主义学术文丛》主要包括以下图书：吴元梁主编的《马克思主义哲学形态的演变》（上、下卷）、聂锦芳主编的《马克思的"新哲学"——原型与流变》、李德顺等著《马克思主义哲学范畴研究》、许全兴著《马克思主义哲学自我革命》、侯惠勤著《马克思的意识形态批判与当代中国》以及吕大吉等著的《马克思主义宗教理论研究》。这些图书都是我院重大课题或国家社科基金的优秀结项成果。这套文丛还受到中宣部出版局及新闻出版总署的高度重视，获得刚刚设立的国家出版基金全额资助，被认为是中国马克思主义理论研究的最新研究成果，在哲学界、马克思主义理论界引人瞩目。

《中华人民共和国史论丛》是由原党史研究室主任金冲及任主编、朱佳木副院长策划的大型国史论丛，主要有：沙健孙著《毛泽东与新中国建设》、金春明著《大变动年代的探索》、梁柱著《毛泽东与中国社会主义事业》、朱佳木著《中国工业化与中国当代史》、张启华著《总结历史　开辟未来》、李捷著《国史静思录》、程中原著《中国的成功之路》、田居俭著《当代人与当代史探研》以及董志凯著《共和国经济风云回眸》等。这套论丛以中国社会主义建设为主线，探索和总结中国特色社会主义理论产生、发展、形成过程。论丛刚一出版，就受到广泛重视，在理论界产生很大反响。

近 100 万字的《马克思主义中国化史》是教育部重大招标课题结项成果，由教育部武汉大学马克思主义理论教学与研究基地著名教授梅荣政主编，该书最初由教育部指定部属出版社出版，经我社努力争取，教育部社政司批准，才在我社出版。

## 三　为推进马克思主义理论研究，我社主动策划
### 组织了全国性的马克思主义理论创新论坛

该论坛旨在引领马克思主义理论研究前沿与创新，推动全国马克思主义理论研究的深入和发展，我院常务副院长王伟光曾出席该论坛。该论坛与高校马克思主义学科点联合举办，每两年举行一次。

## 四　自我院"马克思主义理论研究和建设工程"启动以
### 来，我社积极与承担任务的马克思主义研究院及各所合作，出版"马克思主义理论研究和建设工程"系列成果图书

目前，已有十多种研究成果列入出版计划，正在进行编辑加工及排版印制的图书有 4 种，已经出版的有 3 种。如《马克思主义学部委员文集》（《程恩富选集》《李崇富选集》）、《马克思主义理论研究与学科建设年鉴（2010）》等。

## 五　我社出版马克思主义理论研究成果学术水平较高，
### 图书质量较好、影响力较大

特别是 2007 年以来，我社马克思主义理论研究类图书一直占同期全部图书产品的 10%，也就是说，我社每 10 本图书中，就有一本是关于马克思主义理论、中国特色社会主义理论研究的著作。正是由于多年大量的这类图书的出版，并且其中有分量、有较高学术水准和学术价值的精品力作越来越多，我社在南京大学人文和社会科学评价中心发表的影响力评价报告中（2007 年和 2008 年），马克思主义理论研究类图书的总引证率一直名列前茅（全国出版社排名）。2007 年全部图书的总引证率位列第四，而马克思主义理论研究类图书的总引证率位列第二，仅次于人民出版社。2008 年全部图书的总

引证率位列第五，马克思主义理论研究类图书的总引证率位列第四，排在人民出版社、中华书局、商务印书馆之后，北京大学出版社之前。

重视马克思主义理论成果的出版是我社的传统，已取得了一些成果，并积累了一些经验，锻炼了编辑队伍，今后我们要在院党组及院有关部门和各研究院所的指导帮助下，以更强的自觉性、更高的热情、更大的投入积极投身于院"马克思主义理论研究和建设工程"中，努力出版更多更好的马克思主义理论研究图书，为巩固我院作为马克思主义的坚强阵地而做出应有贡献。

# 推进并深化社会认识与
# 社会形态研究<sup>*</sup>

欧阳①教授的《社会认识论导论》早在 20 世纪 90 年代就出版了，是我社《中国社会科学博士论文文库》第一批出版的图书之一，影响很大。《社会认识论导论》所围绕的主题、考虑的问题、研究的视野，以及对社会认识提出的基本理论框架和观点，是经得起时间考验的，有些观点在现在看来依然有新意。

这本书对认识论的研究乃至于对整个马克思主义哲学的研究，在学科建设上具有重要意义；尤其对社会认识的研究，我认为是开创性、奠基性、标志性的。

欧阳教授对社会认识涉及的一些基本概念、基本理论层次的问题做了探讨。《社会认识与社会形态研究丛书》带有鲜明的时代特征。在当代社会中社会风险是很典型的。信息化、网络化的社会日益成为一个风险社会：不仅仅是金融领域潜藏着深刻危机，而且经

* 2010 年 9 月 17 日，在《社会认识与社会形态研究丛书》出版座谈会上的发言，后发表于《哲学研究》2012 年第 8 期。
① 欧阳康，华中科技大学哲学学院教授。

济活动乃至整个社会系统也存在着巨大风险。研究这些当代社会的新变化是哲学社会科学的重要任务。阶层论也是如此，随着利益结构的分化出现了社会的分化、群体的分化，社会阶层问题也是社会认识论所必须研究的。

《社会认识论导论》中有两点在今天来看仍具有重要意义：一是问题意识；二是社会认识论与唯物史观和历史唯物主义的关系。关于历史唯物主义，这两年哲学界讨论得很热烈。历史唯物主义也是社会本体论，也是社会认识论、价值论，这本书讨论了这些内容。该书也有关于什么是唯物史观的思考，以及什么是马克思主义哲学的思考，我认为这些思考在当今来看仍然非常有意义。书里的第三篇有几个提法，如认识和把握社会发展的规律，通过社会规划、社会控制、社会系统的追踪与监测更好地引导社会发展等，现在看来是非常准确的。社会发展规律的问题并不是一个很新的问题，但是社会认识与实践需要尊重社会规律的客观性，需要不断探索和把握这一规律。中华人民共和国成立以后我们搞生产关系的变革，后来讲经济建设、文化建设、政治建设，就是对社会的认识；2003 年以

2010 年 9 月 17 日，《社会认识与社会形态研究丛书》出版座谈会

后我们又进行社会建设、民生建设、社区建设，这些都可以是社会认识的对象；我们现在讲和谐社会建设，从实践发展来看，使社会和谐良性地运行，也是我们探讨的对象。对社会矛盾的认识，对社会关系结构的认识，对社会健康、良性的运行，对社会心态、社会舆论的形成等的认识，这些都具有很强的超前性，现在看来依然没有过时。

《社会认识论导论》讲了一个非常重要的观点，即社会认识论的课题是以人为中心来把握自然和社会形态。我认为从这个观点中可以延伸出三点结论：其一，人的社会活动包括社会发展，是人、自然、社会相互作用的系统，所以社会的活动、发展是要受自然制约的；其二，与此相应的，在我们的社会活动、社会发展中人类是有责任的，这是一个责任意识；其三，既然自然、人和社会相互作用，那么人类社会就应该合理地运行，可持续地发展。对这三个结论，还可以进行深层次挖掘。

2011

# 《中国哲学社会科学学科发展报告》
# 出版前言

　　中华人民共和国成立以来，伴随中国社会主义革命、建设和改革发展的历史，中国特色哲学社会科学体系也处在形成和发展之中。特别是改革开放以来，随着我国经济社会的发展，哲学社会科学各学科的研究不断拓展与深化，成就显著、举世瞩目。为了促进中国特色、中国风格、中国气派的哲学社会科学观念、方法和体系的进一步发展，推动我国哲学社会科学优秀成果和优秀人才走向世界，更主动地参与国际学术对话，扩大中国哲学社会科学话语权，增强中华文化的软实力，我们亟待梳理当代中国哲学社会科学各学科学术思想的发展轨迹，不断总结各学科积累的优秀成果，包括重大学

术观点的提出与影响、重要学术流派的形成与演变、重要学术著作与文献的撰著与出版、重要学术代表人物的涌现与成长等。为此，中国社会科学出版社组织编撰《中国哲学社会科学学科发展报告》大型连续出版丛书。

《中国哲学社会科学学科发展报告》将按学科每三年发布一次，连续出版。主要涉及当代中国哲学社会科学二级学科，内容侧重学术思想的起源、发展和演变历史。每部著作都应当是反映当代重要学科门类学术思想发展、演变脉络的高水平、高质量的研究性成果；都应当是作者长期以来对学科跟踪研究的辛勤结晶，从某一侧面反映该学科的最新进展。我们相信，该出版工程的实施出版必将对我国哲学社会科学诸学科的建设与发展起到重要的促进作用，该系列丛书将成为哲学社会科学学术研究领域重要的史料文献和教学材料，为我国哲学社会科学研究、教学事业以及人才培养做出重要贡献。

我们建议该出版工程可作为中国社会科学院实施哲学社会科学创新工程①的一项重要工作。

---

① "中国社会科学院哲学社会科学创新工程"后文简称"创新工程"。

# 研究和展现当代中国
# 学术发展的道路<sup>*</sup>

　　非常感谢各位领导、各位专家在百忙中莅临由中国社会科学院科研局和中国社会科学出版社共同主办的《中国哲学社会科学学科发展报告》丛书首批 12 种图书发布暨出版座谈会。这套丛书是中国社会科学院正在全力实施的创新工程学术出版资助项目之一，是创新工程首批发布的科研成果。

　　《中国哲学社会科学学科发展报告》（以下简称《学科发展报告》）此次推出 12 种图书：《当代中国法学研究（1949—2009）》《当代中国国际法研究（1949—2009）》《当代中国简帛学研究（1949—2009）》《当代中国教育学术思想研究（1949—2009）》《当代中国经济学理论研究（1949—2009）》《当代中国外国文学研究（1949—2009）》《当代中国文艺理论研究（1949—2009）》《当代中国文艺学研究（1949—2009）》《当代中国哲学研究（1949—2009）》《当代中国宗教学研究（1949—2009）》《当代中国美学研究（1949—2009）》《美国研究十年回顾（2001—2010）》。作者包括著名经济学家张卓元、宗教学家卓新平、哲学家郭齐勇、国际问题专家黄平、文学艺术学专家陶东风等。

　　作为《学科发展报告》丛书的策划者和出版者，我认为该丛书有以下四个亮点。

---

　　* 2011 年 12 月 22 日，在"中国社会科学院科研成果发布会《中国哲学社会科学学科发展报告》丛书出版座谈会"上的发言。

第一，《学科发展报告》丛书旨在系统展现当代中国学术的发展道路，反映学科最新发展动态，准确把握学科发展前沿，引领学科发展方向。国家"十二五"发展规划纲要明确提出："大力推进哲学社会科学创新体系建设，实施哲学社会科学创新工程，繁荣发展哲学社会科学。"中国社会科学院响应这一号召，启动创新工程。实施创新工程的一项重要内容就是系统梳理中国哲学社会科学各学科发展的历史，探索和遵循哲学社会科学学科发展规律，完善和优化学科结构，促进和创新学科建设机制，形成具有中国特色、结构合理、涵盖全面、优势突出、适应社会发展需要的学科布局。

中国社会科学出版社作为展示中国社会科学院优秀成果的重要窗口和中国哲学社会科学研究成果的重要发布平台，对此深受鼓舞，早在三年前，我社吸取了哲学社会科学界专家学者的建议，经过广泛深入的学术咨询和研讨，正式确定立项组织编撰《学科发展报告》研究成果（60 种）出版项目。《学科发展报告》丛书涵盖历史学、考古学、文学、艺术学、哲学、美学、宗教学、逻辑学、政治学、法学、教育学、民族学、经济学、国际政治学、国际关系学、语言学、敦煌学、简帛学、民俗学、徽学等 21 个一级和若干主要的二级学科甚至三级学科。首批《学科发展报告》按各学科研究进展状况，系统梳理中国哲学社会科学各学科 60 余年来研究发展脉络，内容侧重学术思想的起源、发展和演变历史。每部报告都是反映当代重要学科门类学术思想发展、演变脉络的高水平、高质量的研究性成果，反映该学科的最新进展，而全套丛书基本构成了中华人民共和国成立以来哲学社会科学重要学科横向和纵向学术研究的历史，是第一套全面系统展示各学科发展成就，总结把握各学科研究发展规律，启迪各学科发展的大型基础性研究丛书，具有填补学术研究空白的作用。从更高和开阔的视野看，**本人认为，当代中国学术发展道路是"中国道路"的思想投影和折射。研究和展现当代中国学术的发展道路是研究"中国道路"的重要维度或题中应有之义。这是该丛**

**书的最大亮点。**

第二，《学科发展报告》丛书努力实现中国哲学社会科学学术发展历史与当下学术前沿的有机衔接。《学科发展报告》丛书对当代中国学术追根溯源，跨越中华人民共和国成立前后直至当今学术发展的脉络，以学术史的形式反映出学科进步的内在动力和创造，成为哲学社会科学学术研究重要的史料文献和教学参考资料。又与中国社会科学院实施创新工程的一项重要内容——各所要撰写学科发展综述和学科前沿报告，形成了内容和时间上的有机衔接，以进一步反映当代中国哲学社会科学学术发展趋势。《学科发展报告》将在追踪和梳理当代中国哲学社会科学学术演进历史的基础上，继续按两个子系列连续出版，即《中国哲学社会科学学科年度综述》和《中国哲学社会科学学科前沿报告》。其中，前者按一级学科分类，每年度发布，内容包括本年度国内外学科发展最新动态、重要理论观点与方法、热点问题，代表性学者及代表作；后者每三年发布，内容包括学科发展的总体状况，三年来国内外学科前沿动态、最新理论观点与方法、重大理论创新与热点问题，国内外学科前沿的主要代表人物和代表作。

《学科发展报告》既反映哲学社会科学主要学科的学术历史脉络，为学科综述和学科前沿报告的研究撰写奠定扎实厚重的基础，又及时跟踪和展示学科新进展。这就形成了完整的当代中国学术史绚丽多彩的画卷。可以说，这是国内唯一系统完整地展现当代中国哲学社会科学学术史的大型丛书。因此，从这点而言《学科发展报告》必然成为中国社会科学院哲学社会科学创新工程的一项重要内容。

第三，《学科发展报告》丛书的科学性和权威性。《学科发展报告》丛书由王伟光常务副院长担纲编委会主任，李扬副院长担纲编委会副主任，充分发挥中国社会科学院学科门类齐全，科研力量雄厚的人才优势，由中国社会科学院几十家研究所学科带头人和科研骨干，以及院外一大批各学科的著名专家学者参与撰写。《学科发展报告》丛书各学科分卷的主编和执笔者均为国内知名的学科带头人，在相关领域有长期深入的研究和丰硕的科研成果。高水平、实力雄厚的作者队伍以及认真扎实的研究态度保证了《学科发展报告》丛书的高质量和权威性。如《当代中国逻辑学研究（1949—2009）》集中了国内最优秀的逻辑学分支的学科带头人，历时三年，开了三次研讨会，而且写出初稿后相互交流，对书稿反复锤炼，我为之十分钦佩和感动！

我们相信，作为创新工程首批学术出版资助项目，《学科发展报告》丛书的出版对于准确把握学科前沿发展状况、积极推进学科建设和创新将具有重要意义，必将产生积极的结果。

第四，《学科发展报告》丛书**为中国哲学社会科学走向世界，参与国际学术对话，让世界更多地了解中国学术和中国思想，扩大中国哲学社会科学的话语权和国际影响力提供了系统的蓝本。这是我们下一步将要进一步拓展的工作。**

2011 年 12 月 22 日，中国社会科学院科研成果发布会
《中国哲学社会科学学科发展报告》丛书出版座谈会

　　总之，《学科发展报告》丛书的撰写与编辑出版对于学术研究既是一项基础性工作，也是占领学科制高点的表征。这项工作对作为最高学术殿堂的中国社会科学院义不容辞，而承担这一出版任务，作为国家级、综合性的人文社会科学出版机构——中国社会科学出版社更是责无旁贷，也是一份光荣！希望今后能继续得到院领导、有关职能部门和各研究所的大力支持！得到新闻出版总署的关心和扶植！

　　最后，我想说的是，在出版业多元扩张、群雄纷起的当下，中国社会科学出版社从规模、资产、利润等来说不能与那些大出版集团相比，但她以建社以来一如既往坚持哲学社会科学专业学术出版的定位和推出大量国内外优秀的哲学社会科学著作（其中许多堪称经典名著，我社的作者队伍有许多学术大师和学术、文化名家）而在出版界和学术界独树一帜，无疑是一家具有重要学术影响力的人文哲学社会科学学术出版机构。我社曾先后两次荣获中宣部颁发的全国"优秀出版社"称号。出版社能有今天这样的地位和影响，离不开国家新闻出版总署、中宣部有关部门以及院所各级领导和广大专家学者长期以来的关心、支持和帮助。在此，我代表全社干部职工向各级领导和广大专家学者表示衷心的感谢！

　　当前出版业正面临难得的历史性机遇，也面临更多的挑战和更激烈的竞争。我社的工作还存在许多不足，与上级的要求尚有很大差距。组织出版《学科发展报告》丛书是我们贯彻党的十七届六中全会精神的重要举措，也是我们积极参与和服务院哲学社会科学创新工程的现实行动。在今后的工作中，我们将紧紧依靠广大专家学者和干部职工，在国家新闻出版总署和中宣部有关部门的指导下，在院党组的正确领导下，乘党的十七届六中全会精神的东风，抢抓机遇，坚定不移地走哲学社会科学学术出版之路，多出精品，多出好书，进一步做亮做响专业出版品牌，把我社建设成为名副其实的我国哲学社会科学学术出版的主力军，为繁荣发展我国哲学社会科学事业，建设社会主义文化强国做出我们应有的贡献。

# 完善"两个效益"统一考核的利益分配机制<sup>*</sup>

改制后中国社会科学院出版社必须完善"两个效益"统一考核的利益分配机制，我认为这是改制后关系到我院出版社发展方向的一个关键问题。

第一，转制后出版社已成为企业，必须追求经济效益，否则无法生存。同时，出版社作为特殊的企业——文化企业，具有意识形态属性，对它的改革，中央改制文件中明确指出不能等同于一般的国有企业改革，必须坚持三条原则，即坚持党管干部原则；必须坚持社会效益第一；终审把关，内容把关。总编辑的工作不能削弱。这就是说改制后的出版社有双重目标、双重使命：追求"两个效益"的统一，把"两个效益"的追求统一起来。这的确是个难题：没有经济效益，生产无法运行，职工待遇低下，无法生存；没有社会效益，出版社无以立足，没有声誉，没有品牌，没有影响力。最终也导致无法可持续长远发展。总之，经济效益是生存之道，社会效益是立社之本，两者缺一不可。必须在出版工作中把"两个效益"有机地统一起来。

第二，"两个效益"的统一考核对于我院出版社的发展来讲更具有特殊的意义，更为重要。应当讲我院所属的出版社，至少我社在"两个效益"的追求上总体上是成功的，积累了一些经验，也存在一

---

* 2011 年 2 月 14 日，在中国社会科学院出版社改制工作会议上的发言。

些不足或教训。目前正在完善的"两个效益"统一考核的机制,即建立关于编辑工作的新的利益分配制度。

出版社自1996年企业化管理以后,变成自收自支单位,院里停止拨款(当然还有老干部医药费等),这么多年下来,出版社还是活下来了,在最近几年,不仅生产能力明显增强,职工收入也明显提高。这一点对于学术出版社来讲殊为不易!

这里有几点要明确:一是改制后,出版社依然要努力追求经济效益,要立足自己,千万不要有等、靠、要的思想。自己的发展,自己的实力最靠得住,最安心,也才有能力提高职工收入。成立集团,多元化经营后,成立出版基金这个思路很好,但不意味着出版社自身不考虑经济效益,品牌资源收入,市场开拓,丝毫不能放松。这样可以相得益彰。二是希望通过市场化努力等办法,设立中国社会科学学术出版基金,加大对优秀成果的资助力度,不仅针对中国社会科学院学者,而且针对全国学者。有助于占领社科领域学术成果的制高点,做出影响,做出权威,做出品牌。三是从出版社内部来讲,在追求经济效益的同时,一定要注意出版工作的社会效益考核,形成正确的导向机制,引导编辑更加注重图书的社会效益,学术质量、编辑质量、品牌意识,努力实现"两个效益"的有机统一。

实际上,我社做得好的编辑往往在"两个效益"方面都做得不错。近两年,我社探索了实现"两个效益"统一考核的指标体系。特别是针对以前对社会效益的考核,一是难以考核,二是考核不到位,有所忽视,甚至考核缺失,因此我们重点加强了对编辑工作社会效益方面的考核评价,完善了利益分配机制和政策。设立了比较科学合理并完善一系列指标,对编辑产生了震动,发挥了导向作用。相信这对我社长远可持续发展必将产生重要的积极作用,我以为这是上层次、上轨道、正确发展的大事。现在是约将1/3的钱用于社会效益的考核,包括三个部分:综合绩效、社优秀图书奖、省部国家级图书奖奖励。

今后，我们要继续探索，更加完善"两个效益"相统一的考核分配政策，充分发挥编辑的工作积极性。只有把他们的生产积极性、创造性激发出来，出版社才会有生机和活力，才会有可持续发展的动力。

# 落实中国社会科学院工作会议精神，推动我社改革发展<sup>*</sup>

中国社会科学院 2011 年度工作会议结束后，我社领导班子成员立即召开全社职工大会，传达院工作会议精神，同时，召开社长办公会，就学习贯彻院工作会议精神，特别是围绕着学习贯彻常务副院长、院党组副书记王伟光《加强管理，深化改革，加快推进哲学社会科学创新体系建设》工作报告的内容与精神，结合我社具体情况，进行了研究与部署。

## 一　2011 年我社工作要点

2011 年，我社面临多重重大任务：一是体制、机制重大改革与创新，如编辑部机构重组和机制创新；二是社领导班子换届；三是要继续保持去年良好的生产势头，做好图书生产工作；四是今年是纪念辛亥革命 100 周年、建党 90 周年，有多项与图书生产有关重大工作和任务要在这一年中抓紧落实和完成。因此，2011 年我社确定了以下七项主要工作。

（一）继续深入学习和实践科学发展观

深入学习党的十七届五中全会报告和实践科学发展观是一项长期的任务，主要体现在两个方面：一是深入学习和深刻领会党的十七届五中全会文件的精神实质和科学内涵；二是以科学发展观

---

\* 2011 年 5 月 5 日，在中国社会科学出版社职工大会上的讲话。

统领各项工作的全局，特别是把可持续发展的要求贯彻到各项工作之中。

（二）积极推进体制机制改革

2010 年我社全面完成转企改制，这只是深化体制机制改革迈出的第一步。"转企"工作已经结束，"改制"大幕刚刚开启，适应市场经济环境，进行公司化改造，建立现代企业制度，是我们更为重要的改革任务。编辑部门作为图书生产的龙头，要率先成为深化体制机制改革试点，坚决实施以学科建设为中心的编辑部机构重组，创新管理机制，追求科学的可持续发展的学术出版特色，进一步巩固学术立社，特色生存的发展之路。

（三）积极探索新的盈利模式，培育新的增长点

我社将继续坚持两条腿走路的发展路径，把深化体制机制改革和探索、创新盈利模式结合起来。一方面"做好""做精"学术出版，并不断改进更能发挥学术出版特色的管理机制；另一方面以大众分社和数字出版中心为试点，探索、创造新的盈利模式，"做大"出版社规模，形成以高端学术出版和知识性、普及性健康读物为特色的、涵盖社会大多数读者的图书产品系列，巩固、创新图书品牌，为最终实现中国社会科学出版社"做大"出版产业规模，集团式发展奠定基础。

（四）努力确保 2011 年各项生产任务指标的完成

2011 年我们要在深化体制机制改革的同时，努力保持我社 2010 年图书生产的良好势头，力争 2011 年各项生产任务指标的按时完成。并在此基础上重点抓以下几个重大项目。

1. 中国社会科学院马克思主义理论研究和建设工程，即我社承担的中国社会科学院马克思主义理论学科建设与理论研究系列丛书，包括两个系列：《马克思主义研究文丛》系列共 18 种，今年计划出版 8 种；《马克思主义经典著作专题摘编》系列共 28 种，今年计划出版 10 种。

2. 剑桥史等翻译系列（33 卷），具体分为《剑桥古代史》《新编剑桥中世纪史》《剑桥基督教史》和《剑桥哲学史》。我社已购得全部版权，并已获得国家社科基金办和中国社会科学院重大招标课题立项支持，我们要全力以赴开展工作，争取早出成果。

3. 国家"十二五"项目。我社总共获批 18 个国家"十二五"项目，数量创历年之最，做好开局非常重要，要按各个项目自身的计划进度，明确责任，抓紧落实，确保今年任务指标的完成。

4. 继续办好"全国马克思主义理论创新论坛"等学术研讨活动。积极倡导参加或参与组织各种学术会议，努力引领重要领域学术热点，促进学术研究，繁荣学术出版，提高我社学术影响力。

（五）加强学科建设，优化产品结构

在编辑部以学科建设为中心重组编辑室的基础上，进一步强化、细化以学科为中心新选题开发的力度，形成以高质量、高水平的重点学科选题为龙头的学科图书系列产品线，优化选题结构；同时，探索由"关注"大众阅读到"引导"大众阅读的转变路径，加强知识性普及性通俗读物的营销策划，充分利用大众分社的平台，大力开发面向市场的选题。

（六）结合办公平台信息化建设，推进出版、发行改革

我社办公自动化平台建设相对落后，已成为提高我社生产经营管理水平的制约瓶颈；同时，编辑部门体制机制改革也必须与出版、发行等相关部门改革配套施行才能产生改革成效。出版部要以提高生产效率、节约、降低生产成本，发行部以拓宽销售渠道、提高我社图书市场占有率为目标，通过加强制度建设、完善我社图书生产流程等改革措施，结合整合、搭建办公自动化平台，使全社一体化的改革措施落实到位。

（七）做好服务保障等其他各项工作

办公室等部门要利用中国社会科学院大力支持的契机，争取办公条件（包括车库的修建）有一个大的变化，抓紧办公硬件设施的

配套、更新与完善。同时，注意以人为本，关心职工福利和身心健康，重视企业文化建设，增强企业凝聚力，努力做好其他各项服务保障工作，保证改革和生产等顺利进行。

## 二　实施创新工程和加强学科建设

（一）关于创新工程

年初，我社已向院科研局申报了我们拟实施的创新工程出版项目，主要有十四项：

1. 《马克思主义经典著作专题摘编》（计划出版 28 种，每种 30 万—40 万字），《马克思主义研究文丛》（计划出版 18 种，每种 30 万—40 万字），总字数约 1840 万字，计划两到三年出齐。

2. 《当代中国学术思想史》丛书（共 25 分卷），预计 2012 年全部出版完成。

3. 《当代中国学者代表作文库》（共 100 种，每种 30 万—40 万字，总字数约 4000 万字）。

4. 翻译工程包括《剑桥古代史》（14 卷 19 册）和《新编剑桥中世纪史》（7 卷 8 册），在译校两套丛书的同时，还将编写《世界古代史译名辞典》《世界中世纪史译名辞典》《世界古代史研究》《世界中世纪史研究》4 本著作。

5. 《2005—2012 中国社会科学院研究生重点教材》。

6. 《中国社会科学院学部委员学术思想传记丛书》（共 100 余种，每种 20 万—30 万字），预计 2011 年年内可完成第一批 8—10 部书稿，2013 年出齐。

7. 《中国各民族原始宗教资料集成（续编）》（第七集、第八集，约 1000 万字）。

8. 《中国民间宗教资料集成》（约 800 万字，10 卷，大 16 开，扫描制版）。

9. 《非洲研究文库》（共 50 种，已出版 8 种）。每年将出版约

10 种，2012 年年底前再新出 10 种。

10.《世界民族》（10 卷，约 1000 万字）。

11.《历代名臣奏议》（约 800 万字）。

12.《生命伦理学/科学技术伦理学丛书》（11 种，每种约为 25 万字）。

13. 中国农村系列（包括《中国农村研究丛书》，30 种，每种约 25 万字；《中国农村调查丛书》，35 种，每种 30 万字）。

14.《博伽梵往世书》（全书 19 卷，约 1330 万字）。到 2015 年全部 19 卷出齐。

（二）关于学科建设

第一，重组编辑室，建立十个专业学科出版中心。为巩固我社作为国家人文社会科学学术出版重要机构的地位，进一步把我社打造成为中国学术出版的主力军和主阵地，坚定不移地走专业出版、品牌立社的可持续发展之路，在稳定目前图书出版规模的前提下，拟对编辑部现行机构进行重组整合，按学科划分专业学术出版中心，实行学科负责制（马克思主义理论出版中心、哲学与宗教出版中心、历史与考古出版中心、文学与传媒出版中心、政治与法律出版中心、经济与管理出版中心、国际与社会出版中心、年鉴及编审中心、大众分社、数字出版中心）。

第二，各专业学科出版中心实行图书的社会效益与经济效益、质量与数量、社的长远发展与个人利益相统一的新的考核管理机制。新的管理考核机制采取编辑个人岗位责任制指标与出版中心任务指标相结合的综合考评办法，建立由总编办公会考核各学术出版中心主任，由各学术出版中心主任考核该中心成员，由总编室汇总复核所有考核数据的两级管理考核机制（大众分社、数字出版中心除外，其考核办法另行规定）。并制定《编辑部岗位责任制管理办法》《编辑岗位综合绩效考核实施细则》等管理考核制度。

### 三　加强党的建设

#### （一）筹建企业党委

2011 年我社已顺利完成转企改制任务。根据《中国社会科学院出版社转企改制实施办法》等相关文件规定，出版社在完成转企改制，成为国有独资企业后，应按建立现代企业制度要求，着手成立企业党委，目前，我们正在积极筹建企业党委，建立制衡机制，保证国有资产保值增值。

#### （二）重新设立党支部

在深化出版社体制机制改革的新条件下，我社原机关党委及原有六个支部设置，已不适应形势发展需要，为加强支部建设，决定拟重新设立八个支部，在原编辑部两个支部的基础上，根据学科建设要求，改设为三个支部；出版、发行原为一个支部的基础上，新划分为两个支部，办公室等行政后勤部门仍为一个支部；我社老干部仍为两个支部，但取消离休、退休划分，改按地域划分。在出版社新设各支部的基础上，由各新支部党员选举新的支部书记。

### 四　加强报刊出版馆网库建设

在落实院"五名"① 工程建设中，我社主要采取了以下已经实施和拟实施的若干措施。

#### （一）完善版权管理制度，建立电子资产档案（已建）

第一，重新修订出版合同，加强对图书信息网络传播权（电子版权）的保护力度，明确了和著作权人的权益分配。

第二，建立图书的电子档案管理制度，按要求对新书的电子文档进行分类保存，对已出版图书的电子文档进行追溯，对重要图书进行扫描、识别加工保存。

---

① "五名"是指名刊、名报、名社、名馆、名网。

（二）打造外网发布平台、积极树立品牌形象（已建）

2010 年启动了外网改版工作，计划分三期完成新一代网站平台的开发。一期：以信息发布和电子商务为功能核心，定位于出版社门户，积极开展网络营销，努力扩大纸书销售；实现英文版网站的建设，努力拓展海外影响力。目前一期网站已经上线运营。二期：实现网站与数字出版平台的整合运营。利用数字技术将我社重点内容产品（如《历史地名大辞典》、剑桥系列图书等）数字化后与网站整合同纸书一并在网站展示，并可实现针对个人读者和图书馆等机构用户的销售。三期：在网站实现按需印刷功能，提供对短版图书的定制服务。

（三）打造数字内容发布平台（待建）

第一，将重点产品分类开发成数据库或者电子书产品，实现内容间的互联互通，建立社科出版社学术资源发布平台。

第二，与电信运营商、网络服务商、硬件厂商合作开发多媒体、多介质出版物，如手机书、手持阅读器、平板电脑等数字产品。

（四）建设内容管理系统，加强内部资源复用（待建）

第一，开发一套内容管理系统，首先将我社内容进行分类，如专著、文集、年鉴、百科、工具书等。其次根据不同内容的特点，设计一套内容的元数据标准和数据拆分规则。最后将我社已出版图书进行数字化，并对不同类图书进行分别拆分标引并入库保存。以全文形式存储于系统中的数据，实现了内容和版式的脱离，既便于我社内部人员查询，也可作为日后的复合出版之用。

第二，在未来 5 年内尝试开发一套适应复合出版需要的数字出版流程管理系统，包括编撰系统、数据转换和加工系统、数据投送和发布系统等。直接从源头兼顾各种媒体出版的需要，同时也避免了日后重复数字化加工的成本。

# 加快改革　转变观念<sup>*</sup>

## 一　坚定不移地推动管理体制与机制的改革与创新

当前，出版行业正面临着文化体制改革和文化大发展大繁荣的大好机遇，我社也必须抓住机遇，推动管理体制与机制的改革与创新。周围同类出版社都在快速崛起，我社不改革，不进则退，很可能没有出路。不改革，我们不仅会愧对社科出版社的光荣历史，也会失去未来。改革，不是喊喊口号，不是作秀，而是要解决当前影响我社发展的体制机制等问题。我们正在制订的改革方案，吸收了大家的意见，但我也要坦率地讲，不可能完全听从大家的意见，否则就没有真正意义的改革。面对新的竞争环境与形势，破解我社进一步发展的难题，根本的就是要改革现行的管理体制和机制，创新管理体制和机制。

院属兄弟出版社这两年呈现良好的发展势头且业绩显著，我认为最重要的就是体制、机制的改革创新优于我社。我社有自身的优势，但旧的体制机制束缚了我社的进一步发展。改革管理体制、机制就是要激发我们策划的能力、获取出版资源的能力、生产能力、拓展市场空间的能力，以求得新的发展。

在 2011 年 3 月召开的中国社会科学院出版工作会议和其他会议上，李扬<sup>①</sup>同志再三强调，出版社的改革不管怎么改，主业仍是图书

---

\* 2011 年 6 月 17 日，在中国社会科学出版社中期工作会议上的讲话要点。

① 李扬，时任中国社会科学院副院长。

的编辑出版，出版社一定要把主业做好、做精、做强。我社正在慎重研究制订编辑部门的改革方案，基本思路是按照学科和个人选题策划的方向重组和调整编辑人员。这一改革方案经过多次讨论修改，征求了大家的意见，几易其稿，现在已基本定型，今年将贯彻实施。

出版是环环相扣的链条，改革必须一盘棋。编辑部门管理体制和机制的改革需要其他部门改革的配合。出版社的改革并不是只改编辑部门，其他部门也要改，也要拿出可行的方案，与编辑部门的方案协调起来，形成全社一体化的方案。改革离不开大家的支持。改革需要大局意识、责任意识和奉献精神。我们每个人首先要着眼全社的整体利益和未来发展，为社里的改革发展贡献自己的聪明才干，不要首先想到自己眼前利益的损失。

## 二　加大重大选题策划力度，推进选题创新

选题策划如同企业产品的研发，具有非常重要的作用和意义。大家要重视选题创新，特别是各编辑室主任和编审，你们是出版社的骨干力量。要密切关注和追踪学术动态、了解国际国内时事，充分挖掘和利用专家的作用和多方面的出版资源，开阔视野、展开想象、激荡思想，加强重大选题的策划。重大选题可以很大程度地带动出版社的发展、扩大影响力。我们要以重大选题、重大项目为依托来带动出版社的发展。

要创新和健全激励机制，加大对重大选题策划的奖励力度。奖励机制实际上就属于绩效考核的重要内容。政府图书奖、省部级图书奖以及我社的优秀图书奖，都是对图书社会效益、经济效益和图书质量的考核。前年我们启动了社年度优秀图书奖评选活动，取得了良好的效果。今后我社将把获奖情况作为职称评聘、分级的重要依据，在同等条件下参考编辑所编图书的社会效益、经济效益和图书质量情况。今年加设了选题策划特别奖，其中一个获奖的选题是具有重大学术价值、填补学术空白的《商代史》（十卷）；一个是属

于学术前沿、热点问题研究的《跨媒体研究丛书》。设这些奖是为了发挥示范作用，引导、激励大家去争取这些优秀选题，希望大家更加重视优秀图书的策划。

## 三　转变观念，切实贯彻落实"三个统一"原则

全社同志，特别是编辑室主任、处室干部和编审要转变长期以来形成的思维方式和作业方式，一定要站在保护品牌和着眼我社长远发展的高度来支持改革。在工作中要贯彻"三个统一"原则，即注重图书社会效益与经济效益的统一、数量与质量的统一、个人利益与全社利益的统一。

大家要有感恩之心，要以实际行动回馈出版社，为出版社的品牌增光添彩；而不是消耗品牌，甚至竭泽而渔，那样是极不负责任的态度。大家要扪心自问：一年下来出的那么多书中，有哪些书是自己满意的、拿得出手的、上得了书架、留得下来的？这一年我为出版社回馈了什么？我为出版社的品牌贡献了什么？为出版社的市场影响力贡献了什么？

当初启动社优秀图书奖，我们的初衷就是要大家检视一下一年下来有什么好书拿得出手。作为编辑应该有职业精神，不能太重自己眼前利益而不顾出版社的品牌和未来，那样太缺乏境界了。

## 四　重视和加强人才队伍建设

人才是强社之本，要尊重知识、尊重人才，围绕图书编辑生产主线，加强队伍的专业化、职业化建设。我们要重视高学历人才，提高整个出版社从业人员的知识水平和学历结构，通过这些高层次人才拥有的学术圈子，争取更多优秀的出版资源。发行以及其他管理部门也要提高专业层次和业务素质，走专业化、职业化的出版道路。

要重视年轻干部队伍的培养。大家要有宽广的胸怀，克服阻力，

要不拘一格降人才，尽早做好管理干部梯队建设，避免出现管理队伍断层问题。

## 五　加快推进信息化建设和数字出版，进一步推进大众分社的工作

数字出版中心和大众分社是我社发展的两翼，是我社新的增长点。数字出版以其自身的特点，已经成为新闻出版业的战略性新兴产业和出版业发展的主要方向。在数字化建设及数字出版方面，很多出版社已经走在了我们前面，今年我社的数字出版工作一定要有思路、有方案，争取今年内在数据库建设上有所突破。大众分社工作也要加强，要适当增加人员，推出更多发行量在万册以上的图书，扩大市场占有率和影响力。

# 2012

# 努力打造优秀出版品牌，探索社会效益与经济效益相统一的发展道路<sup>*</sup>

近年来，中国社会科学出版社在院党组的领导下，坚持正确的出版导向，坚定不移地走哲学社会科学专业出版之路，高度重视优秀出版品牌建设，积极探索管理体制机制创新，特别是乘党的十七届六中全会精神之东风，积极参与、服务于中国社会科学院哲学社会科学创新工程，抢抓机遇，深化改革，加强管理，在重大出版项目策划、努力实现学术品位与经济效益双赢等方面取得了可喜的成绩。

## 一 科学研究数据表明，社科出版社综合学术影响力在全国 581 家出版社中名列第五，当属国内一流出版社

根据南京大学最新发布的出版社学术影响力数据资料，中国社会科学出版社的综合学术影响力在全国 581 家出版社中排名第五，仅次于人民出版社、中华书局、商务印书馆和北京大学出版社等历史悠久的出版机构。其中，外国文学和宗教学类图书中，我社排名前三。

表 1            **出版社总被引 Top 10**

| 序号 | 出版社 | 总被引次数 |
| --- | --- | --- |
| 1 | 人民出版社 | 129319 |
| 2 | 中华书局 | 127475 |

---

* 2012 年 3 月 3 日，向时任中国社会科学院副院长李扬来我社调研时的汇报。

续表

| 序号 | 出版社 | 总被引次数 |
|---|---|---|
| 3 | 商务印书馆 | 102121 |
| 4 | 北京大学出版社 | 47871 |
| 5 | 中国社会科学出版社 | 45318 |
| 6 | 上海人民出版社 | 40840 |
| 7 | 中国人民大学出版社 | 40460 |
| 8 | 上海古籍出版社 | 39528 |
| 9 | 法律出版社 | 38648 |
| 10 | 生活·读书·新知三联书店 | 37219 |

排在第一的人民出版社，主要的学术影响来自领袖著作和政治家著作；中华书局主要是出版了大量的古籍；商务印书馆出版的许多国外经典著作的译本以及辞典均被学界大量引用；北京大学出版社和我社的学术影响主要来自改革开放以来出版的学术著作。从表1中可知，我社和北大社的差距很小，北大有一百多年的历史，而我院及社科出版社只有三十多年的历史，并且北大社出版过三千多种教材。

这样的成绩是来之不易的。毕竟我社建社只有三十余年历史，而且是基本上以出版纯粹的哲学社会科学专著为主。这反映了我社的出版地位和影响力，为我社在学术出版界完善、引领学术出版规范，促进学术规范建设，推动我国哲学社会科学学术原创力和创新力提升提供了良好基础。

## 二　推动与引领中国哲学社会科学研究学术规范建设和学术创新能力的提升

编辑出版工作绝不仅仅是学术研究的终端环节。编辑策划工作以其自身的思维方式和创造性劳动，可以促进甚至引领学术研究。主要体现在两方面：一是推动学术研究的学术规范建设，二是在此基础上推动和引领学术创新能力。

日前，在《中国哲学社会科学学科发展报告》丛书（以下简称《学科发展报告》）出版座谈会上，国家新闻出版总署副署长邬书林谈到，《学科发展报告》丛书在学术出版规范上达到了一定高度，未来希望能够做得更好，引领国内学术出版规范，以促进哲学社会科学学术规范建设，推动中国文化"走出去"，扩大中国哲学社会科学话语权和国际影响力。同样，李扬副院长也在此次会议上强调了"学术规范"的重要性。他指出，学术规范仍应进一步完善，包括学科分类、术语、范畴、引文和注释；我们的目标是做出具有世界水平的学术，因此必须尽可能寻找与世界学术发展的交汇之处。

在最近举办的另外一场《中国人文社会科学图书学术影响力报告》出版座谈会暨图书与出版社学术影响力数据发布会上，邬书林强调，出版界要加强学术著作的出版规范，促进和引领那些真正有科学发现的、有技术进展的、有思想创新的、有重大管理经验介绍的精品力作出版。李扬则谈到，学术研究的科学性、规范性问题已经成为我们打开国门、与世界学术界相联系、相比较、相沟通时的障碍之一。长期以来，评价图书的学术影响力主要取决于专家评价，这种评价难以避免主观性和局部性。学界一直期待能有一个经过科学梳理的、更加客观全面地反映对中国哲学社会科学研究产生较大影响的图书目录。

**学术研究不遵循学术规范，创新就无从谈起。从一定意义上说，不遵循学术规范的论文和著作肯定是没有创新的。创新不是无本之木、无源之水，没有对学术史的梳理与把握，没有对自身的研究所处历史方位的清醒认识，就是不遵循学术规范，就根本不知道学术创新的方向。这是学术研究的规律。**我社最近推出的《中国哲学社会科学学科发展报告》丛书和《中国人文社会科学图书学术影响力报告》都是促进学术规范建设所做的有益尝试，也是推动引领哲学社会科学学术创新的重要基础性工作。前者梳理总结当代学术发展史，填补了学术研究的空白。后者开创的图书评价体系，将文献计量学（定量分析）和学科专家指导评价（定性分析）相结合，为社会科学文献计量学开辟了新的研究领域，创新了图书评价的方法，一反传统的单纯以专家学识为本、以主观判断为源的主观图书评价理念，将科学数据作为评价的基石，通过对学科图书被引数据的走势分析描述学科发展趋势。这是为提高我国学术研究水平所做的一项基础性、开创性工作。

### 三　大力实施精品生产战略，努力打造优秀学术出版品牌

为做亮做强专业出版品牌，把我社打造成为中国哲学社会科学学术出版的主力军和重镇，新的社领导班子高度重视选题策划工作，策划出版了一批高水平的重大学术项目。

（1）近日推出了赵剑英总策划的院创新工程资助项目《中国哲学社会科学学科发展报告》大型系列出版物。此系列丛书初期计划60 种，力图系统全面科学地展现当代中国学术发展道路。丛书首批12 种甫一推出，就引发众多学者热议，广受学界好评。

（2）日前主动组织出版了南京大学重要成果"中国人文社会科学学术影响力报告"系列图书 3 种——《中国人文社会科学学术影响力报告》《中国人文社会科学期刊学术影响力报告》《中国人文社会科学图书学术影响力报告》。新近出版的《中国人文社会科学图书学术影响力报告》，引起了学界和媒体关注，是我国关于人文社会科学研究评价的一项开创性成果。

（3）历时 13 年的辛勤耕耘，中国社科院 A 类重大科研项目、国家社科基金项目《商代史》（11 卷）出版面世，填补了断代专史"商代史"研究领域的空白。

（4）新近推出了首部展现云南上至远古、下至 1949 年各个不同历史时期政治、经济、社会、文化发展画卷的《云南通史》（6 卷），填补了相关学术领域的空白。

（5）新成立马克思主义研究编辑室，加大马克思主义理论研究成果出版力度。近几年来，策划出版了《中国马克思主义研究前沿》（已连续出版 3 卷）、《马克思主义学术文丛》（已出版《马克思主义哲学范畴研究》《马克思主义哲学形态的演变》《马克思主义哲学自我革命》《马克思的意识形态批判与当代中国》《马克思主义宗教理论研究》等）、《中国社会科学院马克思主义理论学科建设与理论研究系列丛书》等。其中，《马克思主义哲学形态的演变》刚刚入选"第三届'三个一百'原创出版工程"，《马克思主义研究文丛》项目已批准为新闻出版改革发展项目库入库项目。

（6）梵汉对勘佛教经典。在奉献传世经典《摩诃婆罗多》之后，又将三部我国唐代由印度传入的佛教经典《梵汉对勘维摩诘所说经》（即《摩诘经》）、《梵汉对勘入菩提行经》（《菩提经》）及《梵汉对勘入楞伽经》出版，堪称绝学经典。

（7）推出由著名王国维研究专家周锡山选编，堪称王国维著述最佳读本的《王国维集》，受到学界追捧。

（8）与中国国家博物馆合作推出大型图录画册——《中国国家博物馆古代艺术系列丛书》。包括《中国古代玉器艺术》《中国古代佛造像艺术》《中国古代青铜器艺术》《小莽苍苍斋藏：清代学者法书》《中国古代钱币》《画梦：〈聊斋图说〉赏析》等。该系列丛书以其丰厚的历史内容以及精美高端的制作工艺，得到各界读者尤其是专家学者的交口称赞，被公认为是一套内容好、质量优、品位高的出版佳作，成为国家有关部门的礼品书。

（9）即将推出国家"十一五"规划项目、国内首部有关世界民族的大型丛书《世界民族》（9 卷）。由郝时远等主编，费孝通等为顾问。

（10）继 2010 年我社承担了"国家哲学社会科学成果文库"7 个项目并正式出版发行后，2011 年我社又承担了该文库的 9 个项目和后期资助文库的 16 个项目。

（11）2011 年出版了 25 种院文库资助项目。包括《马克思主义宗教理论研究》《中国垄断行业规制与竞争实证研究》《天一阁宋〈天圣令〉研究》《保加利亚史》《跨文化视界中的文学文本/作品理论》等。

以上这些成果都称得上是精品力作，在学术界和出版界为我社树立了良好的口碑。我社品牌建设取得显著成效。

## 四 努力探索社会效益、经济效益相统一的发展道路

（1）努力成为学术品位与经济效益双赢的先行者。

众所周知，出版社业已转企改制。党的十七届六中全会所做的决定，更是确立了中国特色社会主义文化事业改革发展的方向。院党组和总署领导都非常关心我社作为一所专业学术出版社在改革发展的洪流下，如何做到既坚持学术品位，又保持甚至提高经济效益。

《学科发展报告》丛书出版座谈会上，邬书林同志谈到，目前在美国，学术出版是利润率最高、最稳定、最重要的产品，也是最大的产品。2010 年全球出版行业中，经济效益最好的是那些专注于出版学术著作的老牌出版社。而如果文化产业的最核心部分学术出版，始终游离于市场经济规律之外，游离于世界的知识生产规律之外，不作为一种重要资源去生产，始终把它当成人文学术圈里的小事情就麻烦了。李扬也强调，在出版业中，社会效益和经济效益是完全可以统一的，我们应当向学术精品要经济效益。

我们认为，在出版高水平的学术著作的前提下，应当与时俱进，解放思想，努力提高经营水平。经过近来的精心组织、营销策划和宣传推广，据我社发行部统计数据显示，《学科发展报告》丛书面世一个月以来，目前发货数量已突破 1 万册。这充分说明，"向学术精品要经济效益"合理而可行。社科出版社将继续沿着这条路走下去，致力于探索社会效益与经济效益相统一的发展道路，努力成为学术品位与经济效益双赢的先行者。

（2）积极探索管理体制机制创新，为精品出版战略和"两个效益"相统一的发展道路提供制度保障。

编辑部门作为图书生产的龙头，其管理体制机制的改革创新具有基础性导向性意义。近年来，我社已就编辑部门体制机制创新起草完成了新的改革方案，经过多次充分讨论，将很快实施。方案将实施以学科方向为主导重组编辑部机构，成立若干学科出版中心，并根据我社图书结构和市场情况及未来发展趋势，设立新的出版机构。

自 2011 年开始，我社实施了新的编辑绩效考核方案。与以往主要考核经济效益指标不同，新的考核方案更侧重于对图书社会效益的考核，如新增对获奖图书进行奖励，加大对重点选题的奖励力度，并对质量不合格图书进行处罚等。该考核方案正逐年完善，力争做到图书出版的数量与质量、社会效益与经济效益相统一，从而为确保我社走专业化、可持续发展之路奠定坚实科学的制度基础。

## 五　积极参与和服务于院创新工程，自觉将出版工作融入创新工程

中国社会科学出版社作为展示我院优秀成果的重要窗口，自院创新工程启动实施以来，积极贯彻落实创新工程所体现的改革创新精神及其相应措施，抓住机遇，主动配合，多次召开选题会、编辑大会，策划和组织一系列重大项目，参与服务于创新工程及其各项成果的发布，为我院顺利实施创新工程贡献自己的力量。

一方面，我社积极配合创新工程的实施，主动策划和组织重大项目，打造新的出版品牌。

2011 年 9 月至今，我社申报院创新工程出版资助项目 9 项，目前已列入创新工程学术出版大型项目的有 6 项，分别是：《中国哲学社会科学学科发展报告》丛书约 60 种、《中国社会科学院马克思主义理论学科建设与理论研究系列丛书》42 种、《中国社会科学院学

者文选》43 种、《中国国情调研丛书》38 种、"剑桥古代史、新编剑桥中世纪史翻译工程" 25 卷、《剑桥基督教史》11 卷。

2012 年，我社拟出版院创新工程学术出版资助大型项目 9 项，分别是：《中国哲学社会科学学科发展报告》16 种、《中国社会科学院马克思主义理论学科建设与理论研究系列丛书》21 种、《中国社会科学院学者文选》10 种、《中国国情调研丛书》6 种、《剑桥古代史》《新编剑桥中世纪史》翻译工程 2 卷、《中国哲学社会科学发展历程回忆》3 卷、《中国社会科学院地方志联合目录》1 卷、《奇泽克文集（Slavoj Žižek Series）》4 卷、《中国历代珍本宝卷集成》13 卷。

另一方面，我社紧抓已有的高水平系列丛书和学科年鉴的出版工作，增强我社的学术影响力。如《中国社会科学院文库》《中国社会科学院学者文选》《中国社会科学博士论文文库》《中国社会科学院年鉴》《中国经济学年鉴》《中国比较文学年鉴》等。还有一些以文集形式出版的连续出版物，在相关学科领域中已有较大影响，如《中国农村研究》等。

此外，社领导班子还迅速动员和部署相关编辑人员跟踪我院新成立的"四大研究院"的研究工作，配合这些研究机构将基础研究与应用研究相结合，以顺利出版相关成果，进一步扩大我社学术影响力。

## 六　加强管理，完善制度

最近，我社对全社规章制度进行梳理与完善。一是加强对发行部管理制度的建设与完善。针对问题，查找制度漏洞，以完善制度，加强对各级审批权力的监督，健全全社制度内控机制。同时，调整发行部分管领导，2012 年还要引进成熟人才，进一步加强发行工作的领导，修订并严格执行发行工作绩效考核制度。

二是加强出版印制部工作的规范性，为理顺图书生产各环节间关系，明确相关责任，规范图书生产流程，提高集约化生产水平，最近出台了《关于加强图书生产管理的补充规定》。

三是重新修订了全社考勤制度，下发了全社规章制度汇编。大力整顿劳动纪律，严格落实岗位责任制，特别是加大了奖励和责任追究力度。

## 七　加强编辑队伍建设，积极培养青年人才

近几年来，为加强编辑队伍建设，我社引进了一些优秀青年人才，并多次举办针对青年编辑的培训活动，提高青年编辑在政治把关能力、理论水平、学术视野、工作作风和劳动纪律等方面的素养，以确保我社获得可持续的稳定发展。

中国社会科学出版社正处在改革发展的攻坚期。今后，我们将紧紧依靠中国社会科学院党组的领导，深入学习贯彻党的十七届六中全会精神，继续深化改革，加强管理，加大精品战略实施力度，致力于探索图书生产数量与质量、社会效益与经济效益相统一的发展方式，为推动中国哲学社会科学学术创新能力提升，扩大中国哲学社会科学话语权和国际影响力做出应有的贡献，以不辜负院党组对我们的期望，不辜负党中央关于文化体制改革、文化大发展大繁荣的要求。

# 贯彻党的十七届六中全会关于文化大发展大繁荣精神加快我社改革发展*

## 一 关于2011年工作

2011年，在中国社会科学院党组的领导下，我社坚定不移地走哲学社会科学专业出版之路，高度重视优秀出版品牌建设，积极探索管理体制机制创新，乘党的十七届六中全会东风，积极参与并服务于中国社会科学院哲学社会科学创新工程，抓住机遇，深化改革，加强管理，在重大学术项目策划、努力实现学术品牌与经济效益双赢等方面取得了可喜的成绩。

第一，2011年，我社坚持正确的出版导向，不仅所出图书没有出现政治方面的问题，而且出版了一系列反映主旋律的图书，发挥了作为党和国家意识形态重要阵地和窗口的作用，受到上级主管部门的关注和重视。第二，我社图书出版数量创历史新高，突破千种大关。第三，图书学术质量、编校质量稳中提升，重点选题比例、高质量图书比例、我院优秀成果的比例在增加。第四，收入规模和经济效益创历年新高，职工收入也有所增加。第五，出版社的品牌影响力进一步扩大。我社加大了优秀图书对外宣传力度；举办了一系列重要学术活动和重要图书发布会。去年底，我社隆重举办了两场新书发布会，即《中国哲学社会科学学科发展报告》丛书成果发

---

* 2012年3月4日，在中国社会科学出版社全社职工大会上的讲话。

布会和《中国人文社会科学图书学术影响力报告》数据发布会，国家新闻出版总署领导和我院多位领导出席发布会，对我社出版这两项重大成果予以高度评价，并引起社会各界的广泛关注，进一步提升了我社的品牌影响力。第六，我社职工上下团结，人心齐，人气旺，大家更加关心出版社的成长，对出版社的未来充满希望。

## 二　2012 年工作思路和发展战略

思路决定出路，有什么样的思路和发展战略，就有什么样的发展道路和发展前景。2012 年我社的工作思路是：以马克思列宁主义、毛泽东思想、邓小平理论和"三个代表"重要思想为指导，全面落实科学发展观，深入贯彻党的十七届六中全会精神，认真落实社科院工作会议要求，牢固树立创业发展的理念，扎实推进"三个统一"的发展道路，立足社科院，放眼全国学术界，努力推出更多优质哲学社会科学成果。

1. 抓住机遇，加快发展

2012 年是深入贯彻党的十七届六中全会《中共中央关于深化文化体制改革，推动社会主义文化大发展大繁荣若干重大问题的决定》（以下简称《决定》）的第一年。《决定》是新形势下推进文化改革发展的指导性文件。文化大发展、大繁荣，不只是宣传口号，而是具体的战略部署，是国家经济发展到现阶段的必然要求，是中国当前的国际地位、国家崛起大战略的需要，《决定》将具体化为一系列促进文化，包括哲学社会科学繁荣发展的政策措施。哲学社会科学的发展正面临大发展、大繁荣的前所未有的好机遇。现在，国家社科基金、各种出版基金、院创新工程出版资助力度都有大幅增长，学术出版的环境和条件正得到较大改善。

大家要清醒地认识出版界所面临的变化了的新形势，**要适应时代发展的新要求，认清形势，把握大局，要有自己的文化使命和担当。不要仅埋头苦干，还要"抬头望路"，要"仰望星空"。要学会**

**看宏观，看变化，看战略，即善于运用战略思维把握住出版社和编辑个人发展的大好机遇**。今年，我社发展还有一个大好事，即办公楼装修。这充分体现了院党组和院领导对我社的关心。我们要利用好这一机遇。当然，装修时我社今年图书生产会遇到一定的困难。我们要克服困难，同舟共济，保持良好的工作秩序和生产势头，各个部门要精诚团结，做到装修与工作两不误。

2. 牢固树立"创业发展"理念

社领导班子要把出版社的工作作为一项事业去做，对出版社的未来发展要有愿景、有规划，要有把出版社做好、做强、做大的志向。"创业发展"也应体现在对我社生产利润的分配与使用上，要有积累与投资的理念。"创业发展"还要求每位职工要尽职敬业，实现自己作为职业出版人生涯的价值。

3. 探索"三个统一"的发展道路

努力探索数量增长与质量提升、社会效益与经济效益、个人当前利益与出版社长远发展相统一的发展道路。出版社的工作要依据"三个统一"的原则来落实。我们要转变旧的增长方式、发展方式，实现有质量、有内涵的发展，而不仅仅满足于数量的增长，或者是没有策划、规划、盲目的自发增长。要调整图书选题结构，增加重大重点选题，增加中国社科院以及重点高校成果的比例，增加学术质量高的图书的比例；增加发行量较大、市场占有率较高的图书的比例。

调整图书选题结构的关键是调整出版社机构和考核机制。要形成"一体两翼"即以学术出版为主体，大众分社和数字出版分社为两翼的发展战略格局。编辑部门作为图书生产的龙头，其管理体制机制的改革创新具有基础性、导向性意义。各编辑室应明确学科分工，以学科为主导重组编辑部，设立若干学科出版中心，按学科、专业策划选题，做到跟踪到位、人员到位、责任到位。大众分社要做好人才的引进和配置工作，配备合适人员，扶植、支持他们尽快走出一条具有自己特色的路子，尽快成长，做出成绩，做出影响。数字出版分社应着眼未来业态，发挥后发优势。要实现数字出版、信息化工作平台建设的跨越式发展。我社还将与院数据与调查中心合作成立数字产品研发机构，既生产我社的数字图书产品，也可为其他出版社或机构开发数字产品。同时，成立"中国社科智讯"编辑部，编辑前沿、高端、最新的人文社会科学研究成果。

要逐步建立与"三个统一"发展道路相适应的编辑工作考核机制，实现制度创新，制度改革创新应遵循以下原则：一是与现有优势相衔接。既要继承现有的机制，也要激励个人的积极性。二是选题策划数量与学科专业相结合。我们提倡学科化，但不是极端化。三是编辑人员的调整以学科化为要求，使个人的学科专业与现有结构相结合。四是实行增量改革，投入选题策划经费。五是改革不合理制度，消除质量隐患。新成立的各个出版中心要增加副主任、增加专职复审，加强复审、终审力度。改革不能以牺牲质量、维持极少数人的不合理利益为代价，任何改革都有一个过程，只要大方向正确，迈出步子，就是进步。

要加强队伍建设，扩大生产能力。要引进、招聘编辑和印制人员，提高和扩大我社的图书生产能力。要加强干部队伍建设，建立老中青相结合的干部梯队结构。

## 三　2012 年工作部署

1. 要有大局意识，做好编辑、印制、发行和管理服务工作

印制、发行和职能部门要各司其职，围绕编辑工作这个中心，做好各项工作，服务于我社创业发展的大局。

编辑工作是中心，编辑策划的图书选题要立足社科院，放眼全国学术界。要力争更多优质出版资源，瞄准、追踪全国和我院的重点、特色选题，要关注、追踪优秀学科带头人及其优秀成果，特别是全国十五所著名高校的优秀成果。

出版印制部门要理顺图书生产各个环节间的关系，明确相关责任，规范图书生产流程，提高集约化生产水平。具体要做好调价、印刷厂及排版公司的布局，提高图书印制质量，加强图书品相检查与监督等工作。要控制成本，减少浪费。

发行是关键。发行部门要确立今年的发行目标，进行内部管理考核制度的改革，把着力点放在馆配、网络销售及传统渠道销售等。今年还将引进成熟人才，进一步加强发行工作的领导，修订并严格执行发行工作绩效考核制度。

职能部门要进一步增强服务意识。职能部门的价值就是做好管理，提供服务。从今年起，各个职能部门要接受编辑部门、发行部门的打分，评选优秀集体和优秀个人。

2. 要有责任意识，打造优秀出版品牌

要形成和谐、融洽互助的企业文化氛围。要对我社的品牌和长远发展负责，不能竭泽而渔。要加大优秀图书的宣传力度，举办重要图书发布会，参与重大活动，并在活动中渗透、推广我社品牌。营销策划部门应设计多种方法，提升我社品牌知名度。

3. 要有效益意识，实现经济效益和个人收入双提高

2011 年我社收入总体增长 13.5%，说明绩效考核机制带来了成效。说明设计出好的激励机制，就能破解目前我社发展的难题。我社的出版工作就会跃上一个新的台阶，我社就会在新的轨道上实现良性的、可持续运行，实现更高层面上的、高质量的可持续发展。现在我社出版的高质量的图书多了，收入非但不减，反而增加，这证明我们改革的路子是对的。同时，这也是现在出版形势的要求。大家一定要放眼大局，转变传统观念及作业方式。

4. 要有使命意识，"走出去"工程要有突破和进展

要加强国际合作，改变只引进、不输出的现状，切实加强"走出去"出版工程的推进。去年，我社与剑桥出版社"中国文库"等确立了长期合作伙伴关系，今年要具体落实"走出去"图书的签约、

翻译和出版工作，为争取中国哲学社会科学话语权和国际影响力而努力。

### 5. 要有政治意识，加强党建工作

要发挥党组织在选题策划、图书出版中的指导和监督作用。要坚持正确的政治导向，做好思想政治建设工作，形成良好的工作合力和执行力。加强党支部建设，发挥党员领导干部的带头作用和党员的模范表率作用。加强反腐倡廉建设，完善制度、加强监督、堵塞漏洞、消除隐患。进一步做好工会、老干部工作和青年工作。

我社今年的工作目标是要初步形成"一体两翼"发展战略格局并实现良好前景，初步完成体制机制改革并逐步完善。我社正处在改革发展的攻坚期。希望全社干部职工在院党组的领导下，深入学习贯彻党的十七届六中全会精神，贯彻中央关于做好意识形态和出版工作的一系列精神要求，贯彻 2012 年院工作会议和反腐倡廉工作重要精神，把思想统一到社领导班子关于今年工作的思路上来，合力营造"改革创新路，和谐谋发展"的工作氛围，继续深化改革，加强管理，加大精品战略实施力度，致力于探索社会效益与经济效益相统一的发展道路，为推动中国哲学社会科学创新能力提升，扩大中国哲学社会科学话语权和国际影响力做出我们应有的贡献。

## 四　2012 年工作重点

第一，调整编辑部机构设置，实施新的编辑部管理及考核方案。以专业分工为基础，继续加大力度抓重点选题的策划与组织。第二，推动发行部机构调整和机制改革，引进人才，加强发行部管理。第三，加快推进信息化建设方案实施，加大数字出版建设的步伐。第四，理顺编辑、校对、质检各环节之间的关系，加强质量把关，提高图书质量。第五，印制部门应推动集约生产，控制成本，加快生产周期，提高印制质量。第六，正式成立大众分社，制定完全企业化和市场化的大众分社管理方案。以竞聘上岗方式，引进和配置人

才。加快大众分社发展，争取出版一些发行量大的大众类图书，努力达到改善图书品种结构，显著提高我社图书市场占有率、影响力的目标。第七，加强国际合作，改变只引进、不输出的现状。切实加强"走出去"出版工程的推进，2012年要有新的进展、更大的突破。第八，加强党的建设和反腐倡廉建设。

# 中国社会科学出版社编辑部机构与管理机制改革方案<sup>*</sup>

## 一 宗旨与原则

出版国内外优秀人文社会科学学术著作是中国社会科学出版社的优良传统，是我社的出版特色和竞争力之根基，也是我社存在之价值和生命所系。在当前出版体制、机制发生深刻变化和业内竞争日趋激烈的新形势下，为巩固我社作为国家人文社会科学学术出版重要机构的地位，进一步把我社打造成为中国学术出版的主力军和主阵地，坚定不移地走专业出版、品牌立社的可持续发展之路，必须改革编辑部门现行体制，按学科划分专业学术出版中心，实行学科负责制，并实行图书的社会效益与经济效益、质量与数量、出版社的长远发展与个人利益相统一的新的考核管理机制。

## 二 学科划分与机构设置

新的编辑部体制以原个人岗位责任制为基础，以专业、学科分工为原则，设置为十个出版中心。

表1 　　　　　　　　中国社会科学出版社十个出版中心

| 出版中心 | 学科方向和主要选题任务 |
|---|---|
| 马克思主义理论出版中心（含翻译出版中心） | 马克思主义理论研究（含中国特色社会主义理论研究）、公共管理；经典、前沿或市场预期好的外版书选题 |
| 哲学宗教与社会学出版中心 | 哲学、宗教学、社会学 |

---

\* 由作者主持制定，2012 年 3 月 16 日。

续表

| 出版中心 | 学科方向和主要选题任务 |
|---|---|
| 历史与考古出版中心 | 中国史、世界史、考古学 |
| 文学艺术与新闻传播出版中心 | 文学、艺术学、新闻传播学 |
| 政治与法律出版中心 | 政治、法律、人类学（民族学）、语言学 |
| 经济与管理出版中心 | 经济学、管理学 |
| 国际问题出版中心 | 国际关系与国际问题研究、教育学、军事学等 |
| 编审室 | 社直管选题、各类年鉴；受委托承担相关书稿的复审、终审 |
| 大众分社 | 市场类图书选题开发与运作 |
| 数字出版中心 | 我社信息化建设、图书数据库建设以及数字出版产品立项与开发 |

## 三 管理考核机制

体制决定机制。新的管理考核机制采取编辑个人岗位责任制指标与出版中心任务指标相结合的综合考评办法，建立由总编办公会考核各学术出版中心主任，由各学术出版中心主任考核该中心成员，由总编室汇总复核所有考核数据的两级管理考核机制（编审室、大众分社、数字出版中心除外，其考核办法另行规定）。为此，特制定《2012年出版中心岗位责任制管理办法》管理考核制度，依规实施。

## 四 出版中心任务指标

1. 该中心全体成员的人数和不同岗位职称责任指标的总和，即该中心主任、副主任、编审、副编审、编辑及助理编辑岗位人数及其岗位责任指标（重点选题、普通选题的数量，书稿的政治与学术质量，编校质量，发稿字数，工作态度等）相加的总和（个人未完成岗位任务指标，但中心相加的总和完成，即视为完成），为该中心年度任务指标，各中心主任为该中心年度任务指标完成责任人。

2. 2012年度各出版中心的全部选题任务指标均应当是本中心专业学科方向选题，中国社会科学院各类选题不应低于该选题任务指标总数的 10%。A、B 类重点选题指标任务在 2012 年原则上应为该中心学科方向选题，也可以是其他学科重点选题（详见《2012 年出版中心岗位责任制管理办法》）。

3. 策划以学科建设为中心的重点选题。

（1）凡经社里批准为重点选题的，中心可在全社范围内根据需要成立项目组，社里在人员调配、书号、编辑费等方面给予支持，亏损由社里承担，有盈利的可享受图书效益提成。重点选题的界定见《实施细则》，其中各中心 A1、A 类选题合并不得少于 2 个。

（2）鼓励编辑参加以学科建设为中心的学术会议及学术活动，相关费用由社里承担，原则上允许副编审以上职称每人每年 2 次，编辑每人每年 1 次。特殊情况报总编辑或社长批准后，可不受此限。

4. 负责本出版中心所属专业学科研究动态、主项及研究成果、学科带头人研究机构的了解、追踪；负责本中心学科选题的整理、营销宣传方案建议（广告投放书目），每季度撰写学科选题分析报告，向社领导汇报。相关工作情况将作为中心主任工作考核的重要内容之一，与其综合绩效挂钩。

5. 推荐并组织申报本中心所属专业、学科方向重点图书重印（入选我社《当代中国学者代表作文库》，盈亏由社里承担，本社及非本社均可）2 种以上，此项指标非指令性任务，但作为综合绩效参考指标，给予奖励。

6. 为进一步激励各出版中心主任带领中心成员策划组织重点选题的积极性，中心主任（含常务副主任）及副主任的岗位津贴，在原有基础上每月增加。另增拨各中心年度策划经费，用于本中心成员的策划组织活动开支，原则上由中心主任（或主管副主任）统筹管理，凭票报销（报销办法遵照已有相关财务规定）。当年经费剩余可结转下年度使用。如年终考核未完成中心任务指标，则扣回该中心主任新增的岗位津贴，扣副主任半年新增的岗位津贴。

## 五　工作流程

1. 选题申报

（1）具体要求详见 2012 年编辑部管理方案相应部分。中心主任一级审批，主管领导二级审批并督查（违反规定将不予批准）。

（2）为保证选题审批的工作效率，选题若无明显政治及学术质量问题，不得无故拖压或拒批。各审批环节一般不得超过五个工作日。

2. 审稿办法

所有上岗责任编辑所申报的选题书稿，初审应由具有编辑职业资格的人员担任，专业性强的书稿应由社内相应学科的专业编辑担任初审。复审原则上由本中心主任、副主任及一名社里指定的具有副编审资格以上的编辑负责，专业性很强或本中心主任、副主任及指定复审人员难以判断的书稿，可由本中心主任委托社内有能力胜任的副编审以上的编辑复审。终审由总编、副总编、总编助理和社长、总编委托具有编审和副编审职称人员担任。

# 抓住机遇　奋发有为　推动我社沿着 "三个统一"的发展道路前进*

这次会议开得很好，大家的汇报令人精神振奋。虽然会议准备时间不很充分，但是这个汇报会还是非常必要的，大部分主任都做了很好的发言。通过这次会议，一方面大家回顾和梳理了自己上半年所做的工作，包括取得的成绩和存在的问题。同时，更加明确了下半年工作的努力方向和重点。另一方面，由于大家平时工作都比较忙，这次会议为大家提供了一个很好的相互学习和交流的平台，有利于实现信息的共享和整合，对于各部门在了解全社整体发展现状的背景下做好自己的工作具有启发和指导意义。因此，这次会议，对于大家树立整体发展观念，尤其是形成上下一心的凝聚力和团结奋发向上的共识，共同在新的形势和机遇下把我社的工作做得更好，具有非常重要的意义。

## 一　关于上半年工作

各部门负责人的汇报表明，今年上半年我社成绩非常显著，大家工作状态也特别好。编辑部门作为图书生产的龙头，选题数量和出书数量都有显著增加，选题出书数量与去年同期相比增加近60%（由682个增加到1088个），签订合同数量同比增长58%（由503个增加到795个）。发行工作也有新的举措和进步，发货数量增加，各

---

* 2012年7月12日，在中国社会科学出版社中期工作会议上的讲话。

发货渠道如网络、实体店、馆配等销售和发货情况都有明显改善，发行回款与去年同期相比增加57%。出书数量增加，补贴款相应增加，再加上发行回款大量增加，财务收入自然明显增长。我社目前的现金流比较乐观，财力的增强充分显示了我社整体实力的提升。总之，选题、出书、有效合同、发行回款、发货、财务等数据表明，我社上半年的成绩十分喜人，而且通常情况下，下半年的形势比上半年应该更好。上半年，大家工作非常努力，其他职能部门如办公室、人事、财务、后勤等也都积极配合图书生产的中心工作，做好各方面的保障工作。在此，我代表社领导班子对大家的努力和辛苦表示衷心的感谢！

上半年取得的优异成绩表明，我社在努力追求经济效益和社会效益、数量扩张与品牌提升、个人利益与我社长远发展相统一的发展道路上迈出了可喜的步伐。我们不是在盲目地、自发地追求数量增长，而是紧紧围绕上述"三个统一"的发展思路这一主轴取得的整体实力的提升，这一点是非常值得肯定的。也就是说，我们的增长不是单纯的数量增长，而是有质量、有内涵的发展。本人自2011年8月担任社长，提出改革举措，实施半年多就取得如此长足增长，这使得我更有信心，我们的班子更有信心。

这次会议，编辑部门负责人都注重汇报了以下三个数据：第一，各学科的专业选题增加多少。专业选题是各部门的立命之本，只有在学科专业上有相当数量和影响力的专著出版，才能奠定和展示我社作为我国哲学社会科学出版"重镇"的地位。第二，社科院的选题增加了多少。第三，重点选题增加了多少。这些数据不但都总结出来了，而且都有显著提高，这对于调整我们的图书出版结构，实现质与量的统一，是个很好的趋势和方向。所以，由此证明，年初我们对编辑部门按学科方向进行调整，设立七大专业出版中心，同时进行考核机制的改革，实在太需要了，其效果已经显现出来。从各出版中心主任的汇报中还可以看出，这一改革得到了大家的认可，在认可的基础上，大家都做了非常有效的努力，使兄弟出版社感到了竞争压力。现在我们对我院各所的联系工作更加深入了，"立足社科院"立得更扎实更稳了。近一年来，大家和我院各研究所的交流和联系越来越多，越来越紧密。"立足社科院"这句话正在落到实处，"面向全国学术界"，也得到大家的认可，有些出版中心在这方面做得很好。我们要进一步把这一方针转化为我们的工作业绩。下一步，我们班子还要进一步研究和完善现有的出差制度，更多地鼓励大家出去，争取更多的优质出版资源。

上半年工作有一个重要的亮点就是，在重大出版项目的策划组织上取得新的进展。今年在院创新工程出版资助项目的策划申报上，我们下了大力气。院里可能只给我们 8 个名额，我们现在很多项目报不上去（不是项目不够）。而且很多重大项目进展顺利，形势喜人。《中国哲学社会科学学科发展报告》得到进一步拓展。前不久我们与近代史所领导和室主任座谈，确定 15 本中国近代史研究系列，近代史所所长、党委书记非常重视，亲自带队组织撰写，在中国近代史学术界这一成果值得期待。《法学学科发展报告》在原来 20 多本的基础上增加到 45 本，今年年底或明年年初准备出齐，这在全国法学界肯定是引人注目的。"中国社会科学院学部委员专题文集"这个大项目，我们打了个漂亮仗，争取到统一交由我社出版。"剑桥古代史、中世纪史翻译工程"今年年底明年初可望推出两卷，工程进展比较顺利。13 卷的"中国政治思想史"大项目，我们也与政治学所课题组签下合同。这些都是非常可喜的成果，其他好的项目还有很多，就不再一一列举了。总之，在重大项目策划和组织出版上，今年我社取得很大成绩。关于一般学术类图书，我们在把住质量关的基础上，数量有了很大增长，这一点做得也比较好。

上半年，我们还采取措施，切实加强了发行工作。首先，引进了发行部主任。其次，在馆配、网销上加强人员配备，每个点都有两三个人。再次，进一步深化考核机制改革和其他方面的改革，更进一步激发发行部门的积极性，激励他们为我社多做贡献。上半年我社发行工作取得很大进步，发行回款大量增加，发行渠道更加多元和通畅。

大众分社也迈出可喜的步伐。今年大众分社有 200 多个选题，把这一项目做好，对我社的生产规模和纯利的贡献将非常明显。这方面社领导做了大量工作，大众分社的同志也很努力，经常加班加点，这些项目从选题策划到谈判再到审批书号，都需要做大量工作。

## 二 下半年工作重点

当前我社的发展势头良好，大家一定要进一步增强信心。当然，发展中也存在很多问题，需要我们进一步理清发展思路，抓住工作重点，推动我社在激烈的竞争中稳健发展。

### （一）把握正确的发展方向

首先，全体同志尤其是全体编辑校对人员要牢牢把握正确的政治方向。各位编审、各中心主任要切实负起管理责任，在政治方向上丝毫不能松懈。一定要遵守出版纪律，在政治方向和民族、宗教、社会稳定、国际等敏感问题上不能出问题，这根弦一定要紧紧绷住。从责任编辑到中层干部，从选题把关到审稿，各个环节一定不要偷懒，一定要严格把关，以优异的成绩迎接党的十八大的召开。

其次，要坚持"增长补贴，提升品牌，开拓市场，创新业态"的发展方针。中国社会科学出版社是一个专业学术出版社，首先要讲社会效益，无此，则无以立足，这一点非常明显。我们不像其他一些出版社，它们没有学术品牌书是可以的，但是我们不可以，我们必须首先要有学术影响力，在这个基础上可以搞适度多元化，在经济效益方面做出努力。走专业出版之路，这是个大的方向。我们要继续稳定和扩大补贴，增加重大学术出版项目，进一步改进发行工作，加强有市场影响力的大众图书的出版，高度重视数字出版工作。

（二）转变观念和工作状态

转变观念和工作状态，最根本的是要求大家不能愧对中国社会科学出版社这块牌子。我们是国家级的优秀出版社，是全国哲学社会科学专业性的出版机构，这块牌子太宝贵和难得了。我们的所有工作包括选题策划出书，以及其他职能部门的支持和保障工作等，都要牢记这一条，为这一品牌争做贡献。无论哪个同志在自己的工作岗位上，都要为丰富这一品牌的内涵，为这一品牌增光添彩，做出自己的努力和贡献。一定要有这样的自觉意识，有无这一意识，大不一样。什么是凝聚力，什么是心往一处想，劲往一处使，大家都有这样一种状态，都有这种精神，我社表现出来的整体气象和业绩绝对不一样。所以，不要辱没这个品牌，更要光大这个品牌，擦亮这个品牌。通过我们的主动作为出好书，多出有市场影响力的书，既有社会效益，又有经济效益。社里发展好了，品牌好了，大家都受益，这一辩证关系大家应当是很清楚的。所以**一定要珍惜品牌，品牌是我们最大的经济资源和战略资源。我提出的、领导班子也认可的"认真、负责、规范、高效"的工作作风要求，大家要对照看看有没有做到**。在每个岗位上都要认真做事，敬业爱岗。同时，还要有一种责任心，做事讲流程，讲规范，还要高效，这几点做到以后，出来的效果就是"高质量"。这次修改我社的简介，我将我社定位为：展示中国社会科学院优秀成果的重要窗口，全国哲学社会科学重要出版中心，中外优秀学术文化的重要交流平台。只要大家都做到"认真、负责、规范、高效"，这一目标定位就一定会实现。

（三）继续深化管理机制改革，加强管理

今年上半年，我们对编辑部门和考核机制做了调整，对图书结构进行了调整，在人员没有怎么增加的前提下，取得可喜的成绩，这就是管理出效益。这说明，在管理上我们还有很大潜力可挖。

1. 要继续探索新的考核机制

我们不能停留于编辑部门按学科进行调整，还要深化改革，当然要稳步推进。现在许多出版社都在搞分社制，其实，我们社现在的出版中心制度并不差，但机制上要深化改革。现在的体制有益于编辑在各自确定的学科、专业方向上"精耕细作"，这对于我社哲学社会科学专业出版品牌的确立是非常重要的。出版中心的体制框架大体不变，但考核机制可以变，可以用分社的机制。我们班子也正在研究实施。一是大众分社，已经给他们明确要求，他们正在起草方案，他们已经是分社，在机制创新上就要先行一步，在用人机制、分配机制和管理机制上都要走出自己的路子。第二是财务部要对政治与法律出版中心和经济与管理出版中心的成本支出进行精细核算。如果财务部工作量允许，还可再倒推两年，把近三年的成本支出的平均数测算出来。如他们的奖金是多少，工资福利是多少，出差费用是多少，平时出书的管理费用是多少，等等。把这些成本都精细核算，然后再给他们制定基本的和超额的考核目标，就是科学的，可操作的。比如多少个书号，实现多少利润，超额部分跟社里分成。当然，这些都是以成本的精细核算为前提的，在此基础上才能得出这些数据和考核目标。成本多少可以预算，盈利目标是多少，超额部分怎么分配，这才是科学管理、精细管理，这种分社制才是有基础的、科学的，才会激励分社的积极性，从而实现我们的调控和发展目标。

总之，大众分社一定要先行，财务部正对政治与法律出版中心和经济与管理出版中心进行财务数据跟踪和分析，条件成熟的时候比如明年迈出实质步伐。七个出版中心体制设置可以不变，这是适合我社的，从长期来看，学科细分有利于巩固我们作为哲学社会科学学术出版"重镇"的地位，关键是我们要有新的考核机制和方法。

2. 全社实行聘任制

我社虽然已经转企改制，但是"老人"多，以及长期的事业单位体制和这一体制下的缺乏竞争意识的工作观念，使我们在同行竞争当中处于不利地位。体制改革关键是把人的积极性调动起来，要激发人的潜能，把人从体制束缚中解放出来。不能有一劳永逸的思想，不能有上去下不来的思想，在用人上，能者上，贡献大的上。要有让年轻人脱颖而出的机制，在年初编辑部干部调整时，我们设了几个主任助理岗位，就是给年轻人提供锻炼机会，观察他们。全社实行聘任制，院里的文件马上下发。其实，咱们院这么大一个事业单位，现在搞创新工程，最根本的就是用人制度和财务制度的变革和创新。核心就是用人，要有能上能下的机制，退出的机制。所以我们一方面祝贺编辑部新聘任干部，但要有聘期，任期两年。另一方面还要祝贺社里的管理人员，经社里积极争取，以及与院人事局沟通商量，考虑到转企改制情况和我社"老人"的工作情况，尽可能给大家解决退休以后的待遇。但是，这只是档案工资，企业要搞企业聘任制，这个职务你干得好，就继续干，如果工作干不好，对不起，取消聘任。"老人"退休是按职务或专业技术职务工资退休，但是其管理岗位实行聘任制，是可以根据工作情况、工作需要、工作态度和工作表现，能上能下的，不是一成不变的。全社实行聘任制，这才有利于发挥大家的工作积极性和潜能。否则又回到了事业单位的体制。下一步人事处要把实行聘任制作为工作重点，明年或适当的时候我们可以推出这一制度，对于企业来说，这是必须的和必然的。

3. 加强日常管理工作

在做好新机制探索和用人制度改革的同时，必须加强和做好日常管理工作，做好日常管理工作是我们进行新的改革的重要保障。不但社里要完善对中层干部的管理，各部门主任也要在考勤等方面加强对自己部门的管理。

（四）做好人才招聘工作，加强对年轻人的培养和管理

实现我社"两个效益"同步发展，应对越来越多的图书生产工作量，最重要的是人才保障。一方面我们需要招聘和引进新的人才，另一方面还要加强对年轻人的培养和管理。

现在我社出书量大量增加，急需增加新的编校人员和管理人员。今年我们举行两次招聘，最近刚刚面试了一批，还要进一步筛选，计划招 15 个编校人员，力度很大。下一步，我们还要继续加强自己的编校力量。现在编辑力量严重不够，应当要求刚进来的人踏踏实实编稿子，让他们前两年只看稿子，先不给他们开通选题端口。这样可以增强编辑力量，提高图书质量。编校和出版周期问题，是一个大问题，要认真研究，解决我们的出版瓶颈问题。当然印制、办公室、财务、人事等其他部门也需要补充新人。

对于年轻同志，一方面需要鼓励，同时更要严格要求，对他们的严格要求和指导就是对他们的关心。各位主任在表扬他们的同时，更要提要求，做好传帮带。年轻同志也要虚心学习，你们将来要挑大梁，首先要"认真、负责、规范、高效"，工作要投入，虚心向老同志学习，不能总是看人家拿钱多，不能这样比，老同志是付出很多辛劳，经过多年的积累的。年轻同志要积极配合室主任和副主任的工作，这一点原来强调得比较少，在原来传统的体制之下，每个人都关心自己的选题。这次考核方案中，将个人考核和团队考核结合起来，主任有权力要求下面的人看稿子，要求他们必须完成看稿任务。年轻同志一定要服从、配合室里的工作。当然主任也要进一步增强责任心，加强对年轻人的培养和管理。这一点我们原来比较薄弱，因为传统机制体制下，各自为战，在这方面需要慢慢磨合，我想会好起来的。

（五）关于数字出版工作

关于数字出版工作，下一步要认真研究，要利用好国家现有的优惠政策。数字出版是长远的趋势，是未来非常重要的出版业态。除了数据库的开发、"社科智讯"编辑部建设、手机移动阅读等工作之外，还要做一些更重要的事情。我们要充分利用国家数字出版的激励政策，在现有合作的基础上，寻求新的合作和新的突破。转变、创新业态是大趋势，而且有大量商机，要充分发挥我们的品牌优势和资源优势，寻求新的合作。如手机出版，明年底毛利可以达到一百万元，大家可能比较惊讶，这表明我们的数字出版迈出了可喜的步伐。

（六）关于"走出去"工作

要在继续做好"引进来"工作的同时，寻求"走出去"工作新的突破，关键是要寻找新的合作平台。现在国家有好多"走出去"资助项目，但是前提是要和国外的出版社有合作平台和合作机制，这个方面已取得一些进展，但我们要继续努力。当前首先要做好今年9月初的北京国际图书博览会我社"走出去"图书的推广工作。

（七）发行工作（略）

要在现有成绩基础上按年初计划和目标，努力作为，扩大战果。

总之，上半年的工作成绩表明，我社在"三个统一"的发展道路上迈出了可喜的步伐，在可持续发展的轨道上起步不错，势头良好。我们走的是双赢的路子，我们不是牺牲经济效益，只追求社会效益；也不是单纯追求数量，牺牲质量，牺牲品牌；也不是牺牲个人利益来谋求社里的长远发展。在这三对关系上，我们要实现双赢，而且已初见成效。我们要抓住良好的发展机遇，当前党的十七届六中全会提出文化强国战略，推动文化大发展大繁荣，我院创新工程深入全面发展，这些对于我们"国字号"的、品牌好的出版社来讲，是大好的机遇。从各位部门主任的具体工作上已经看出抢抓机遇的工作状态。下一步我们要进一步利用好这一形势，把这一良好的势头延续，继续扩大战果。关键是要有良好的精神风貌和工作状态，敬岗爱业，上下一心。心往一处想，劲往一处使，真正地把中国社会科学出版社这一品牌做好做亮。不只在社科院，在全国社科界要叫得响。出去脸上有光，人家给你竖大拇指——这个出版社不错。这不是虚荣心，这是品牌赋予我们的责任。必须这样，否则就是愧对这一品牌，愧对历史，愧对未来。**大家一定要深刻明白"品牌"**

**是最重要的经济资源、战略资源，必须在发扬中光大。**

此外，大家一定要有危机感，要奋发向上，要增强凝聚力，积极作为，把我社的品牌做好，既有社会效益，又有经济效益。工作要靠大家做，我希望大家一定要团结一心，要在更高层面上实现凝聚、共识和团结，不要在细枝末节上纠缠和浪费精力。要登高望远，站在我社的长远发展和品牌建设的高度来工作和处事，来处理同事关系。前些日子慎明副院长①到我社调研时，给我们班子提的建议很好，要在事业发展这一战略层面实现我们的团结统一。这样，我们的精神面貌就会不一样，中国社会科学出版社肯定会办得越来越好。我希望通过召开这次中层领导会，我们下半年的工作会更上一个台阶。在下半年的总结会上，大家会更高兴，挣得的奖金会更多，同时更重要的是，在职业生涯的满足上，在人生价值的追求上有更多的获得感和充实感。希望大家继续努力，更加奋发有为，积极进取，推动我社又快又好发展。

①　李慎明，时任中国社会科学院副院长。

# 严把图书质量关
# 打造优秀企业文化<sup>*</sup>

## 一　发展历史

社科出版社成立于 1978 年 6 月，是我院建院以来首批成立的院属单位之一，是院里的一个老单位。成立时受到老一辈国家领导人的关心，可以说我社是一个老社、大社。在改革开放的进程中，在中国特色社会主义的发展实践中，伴随着我国哲学社会科学的繁荣发展，我社出版了大量精品力作，中国社会科学出版社的品牌也建立起来。1993 年和 1998 年两次被中宣部和国家新闻出版总署授予国家级优秀出版社，是我院五家出版社中的老社、大社。在《简明中国历史读本》发布会上，国家新闻出版总署柳斌杰署长也表扬我社是哲学社会科学学术出版领域内的名社。建社以来，累计出书 1 万多种。

## 二　发展现状

近年来，我社陆续招聘了一些高学历的新人，目前全社共有 180 多名干部职工。拥有一支近 100 人的专业编辑队伍，专业人员的比例较高，2/3 是硕士以上学历，且具有丰富选题策划能力和较高编辑水平的副编审以上人员也比较多，有 40 人。近年我社发展很快，发展势头良好。2011 年出书规模突破 1000 种，生产规模突破 1 亿码

＊ 2012 年 8 月 14 日，在时任中国社会科学院副院长兼当代中国研究所所长李捷同志来我社调研座谈会上的汇报发言。

洋。我社的基本定位是：展示中国社科院优秀成果的重要窗口，立足社科院，服务社科院；全国哲学社会科学出版重镇，我社可能是哲学社会科学学术出版最集中的出版机构；中外优秀学术文化的重要交流平台，三十多年来在图书"引进来"和"走出去"方面成绩显著。这三点既是我们的定位，又是我们努力的目标。

近年来我社的学术影响力得到很大提升。根据南京大学人文社会科学评价中心用文献计量学的方法、按引用转载量统计得出的出版社学术影响力数据资料，我社的综合学术影响力在全国 581 家出版社中排名第五，仅次于人民出版社、中华书局、商务印书馆和北京大学出版社这四家历史悠久的出版机构。其中，外国文学和宗教学类图书中，我社排名前三。总排名第一的人民出版社，主要的学术影响来自马克思主义经典著作、领袖著作；中华书局主要依靠大量的古籍；商务印书馆主要靠许多国外经典著作的译本以及语言类辞典；北京大学出版社和我社的学术影响主要来自改革开放以来出版的学术著作，北京大学出版社比我们稍高一点，但其有一百多年的历史，而且出版了三千多种教材。与这四家出版社相比，我社没有独特的资源优势，而且建社时间晚，只有三十多年的历史，因此能取得这样的成绩实属不易。

## 三　近期重点工作

近年来，在转企改制的大背景下，我们领导班子在认真分析新的出版形势以及我社的优势和不足，认清所面临的机遇和挑战的基础上，进一步理清了发展思路，确立了新的发展目标和正确的出版导向，坚持哲学社会科学专业学术出版道路。高度重视优秀出版品牌建设，同时积极探索管理体制机制创新。积极参与服务于院创新工程，抢抓机遇，深化改革，加强管理，尤其在重大出版项目上以及努力实现学术品位和经济效益双赢方面，取得可喜的成绩。

### （一）总的发展思路

近年来，我社确立这样的发展思路：以马克思列宁主义、毛泽东思想、邓小平理论和"三个代表"重要思想为指导，全面落实科学发展观，深入贯彻党的十七届六中全会精神，认真落实社科院党组要求，扎实推进"经济效益和社会效益、数量扩张和品牌提升、个人利益和我社的长远利益相统一"的发展道路，立足社科院，放眼全国学术界，坚持"稳定补贴，提升品牌，开拓市场，创新业态"的发展方针，架构"一体两翼"的发展战略，努力推出更多优质哲学社会科学成果。

在出版业竞争非常激烈的大背景下，要想办好学术出版，充分发挥我们的品牌优势，实现又快又好的发展，真正以科学发展观为指导，实现可持续的良性发展，是个很大的难题，我认为要处理好几个辩证关系，将经济效益和社会效益相统一，数量扩张与品牌提升相统一，个人利益与我社长远发展相统一，这"三个统一"是一个总的原则，对于我们这个国家级的高层次的出版社来说，一定要以这"三个统一"为基础积极探索管理体制和机制。只有以这"三个统一"为指导改革管理体制，才能实现我社又快又好的发展。

对我们国家级的哲学社会科学出版社来讲，一定要出高质量的有学术影响力的学术著作，彰显社会效益，这是首位的。学术影响力、文化影响力和社会影响力是我社的安身立命之本。同时，在此基础上，我们还要追求经济效益。我们当初奢望国家给我们公益性的待遇，但是没有，我们也被推向了市场，转企改制。市场是无情的，我们必须自己养活自己，自收自支。2009年以后，我们已经注销了事业法人，变成企业法人。所以，作为企业，我们必须有经济效益，作为学术出版社，我们又要有社会效益。因此，必须将两者结合起来，实现双赢，这是个难题，但是我想还是能够探索出这样的道路的。

将数量扩张与品牌提升相统一。近年来，我社出版图书的数量增长很快，大家的工作量都很大。编辑人员严重不足，图书生产任务很重，书稿很多，表明我们的生产势头还不错。有量，有规模，但要处理好量与质的关系，将数量扩张与品牌提升相统一。每个编辑在追求个人出书数量的同时，要兼顾社里的长远利益，兼顾我社的品牌。因此，我们不能牺牲社会效益，换取经济效益；不能牺牲质量，换取数量的扩张；也不能牺牲社里的长远利益，追求个人利益。

根据"三个统一"发展理念确立"一体两翼"的发展格局。"一体"，就是专业学术出版，出版相当数量的有较好的学术影响力的学术书是我们的根本。"两翼"即大众出版和数字出版。做好大众出版，提高市场影响力，搞好大众阅读，将专业与普及很好地结合起来，出一些优秀的普及类著作。数字出版是"创新业态"的重要尝试，也是图书出版的一个重要的出版趋势。我们不能忽视这一点，一定要与传统出版并举。

（二）上半年重点工作

1. 管理、考核体制机制改革

首先，以"三个统一"的发展思路构建新的管理体制和机制。今年3月，我们推出了酝酿近两年的管理体制改革方案。在学术出版方面，社里设立七大专业出版中心，这种学科细分的方式与大多出版社的做法不太一样，这有益于在专业学科上精耕细作，及时追踪学科动态，捕捉优质的专业选题。这一体制为走专业学术出版道路奠定很好的基础，这一架构和体制是我社作为哲学社会科学学术出版重镇的保障。

除了这一机构设置外，还需要很好的管理机制即考核机制，用以调控编辑人员沿着自己的学科方向追踪优质出版资源。这一考核机制我们班子还在研究，还需进一步完善，要按照"三个统一"的总思路来设计，其中重要的是调整我们的图书出版结构。为此，我们提出三个具体考核标准：专业选题有多少，社科院的选题有多少，重点选题有多少。这三个指标的实施保障了高质量的、社会影响力和社会效益好的图书的比例，实现了图书结构的调整。这三个指标与相应的激励措施相配合，比如重点选题完成得好，我们还有经济奖励。总之，我们用利益调控的办法落实"三个统一"发展思路。

改革方案实施后，经过一段时间的运行，效果比较明显。图书结构明显改善，各出版中心主任和编辑争取三个指标的选题更加积极，竞争也更加主动，虽然大家都感到了压力，但是在出版业竞争越来越激烈的大背景下，这种压力是必要的。这套方案我们进一步完善，继续深化管理体制机制改革，增强竞争力，真正走有内涵、有质量的科学发展道路。不是盲目追求数量扩张，而是要把我社建设成为有学术影响力的出版机构。

2. 加强大众分社工作

在大众图书出版方面，我们今年上半年上了一些大的项目如公务员考试辅导书，市场前景较好，这些对于扩大我们的市场规模非常重要。发行 5000 册以上的书从去年到现在越来越多，其中《简明中国历史读本》发行数量非常可观，两周内发货 7 万册。我们还要做进一步宣传，加大发行力度。

3. 数字出版

近年来，数字出版工作进展也比较顺利。一是把我们的品牌书如《中国社会科学院学者文选》《中国社会科学博士论文文库》数据加工，建立数据库；二是与院调查与数据信息中心合作组建服务于高层人士和数字阅读的"社科智讯"编辑部；三是开发手机移动阅读业务，我们与杭州移动合作，将便于大众阅读的三四百种书，开发手机移动阅读业务。明年这一业务将实现毛利 100 万元人民币，这一数字是非常振奋人心的，因为这是个新领域，能有这样的盈利，已是相当不错的。下一步，我们正想办法，利用好国家现有的优惠政策，探索新的发展途径。初步设想，在杭州寻求与国家数字出版基地和某投资方进行三方合作。

4. 图书"走出去"工作

近年来，我们加大了图书"走出去"力度，今年我社领导班子统一了思想。这些年，国家在这方面的政策很好，国家社科基金对"走出去"项目的资助力度很大，国家特别希望哲学社会科学"走出去"，扩大学术影响力和话语权。这一工作对于我们这个在国内有学术影响力的大社来说非常重要，我社一定要抓住这一机遇。目前，这方面工作我们已经取得突破，已与剑桥出版社、德国、芬兰以及另一家英国出版社签约。与德国一家出版社合作出版《中西哲学年鉴》（两年一次中西哲学家论坛）。剑桥大学出版社准备出《剑桥中国先秦史》，芬兰一家出版社一下要引进我们 16 种图书，我们经过分析，给他们五六种，其他的给了另外一家英国出版社。8 月底，北京国际图书博览会在北京召开，世界各大出版机构都要来。我社准备举办一个大规模的图书"走出去"推介会，现在已经开始做准备，选了 100 多种书目如《中华人民共和国史论丛》，邀请了很多世界知名出版社。相信，我们的"走出去"工作也会很快取得更大突破。

5. 加大重点优秀图书的策划和组织力度

首先，加大国家哲学社会科学文库，包括国家社科基金以及后期资助的出版。其次，放眼全国学术界，争取全国重点项目，我们要求每个编辑心中都应该有学术资源的分布地图，对全国重点学科基地、学科项目、学科项目负责人以及项目进展清楚掌握。再次，积极参与和服务于院创新工程。今年我们成功申请 7 项院创新工程出版资助项目。目前我们的重大项目进展顺利。由院创新工程出版资金和国家社科基金资助的《剑桥古代史》《新编剑桥中世纪史》《剑桥基督教史》的翻译工程启动。由武寅①同志牵头，组织全国这

---

① 武寅，时任中国社会科学院副院长。

些方面最优秀的人才完成，打算 5 年内全部出版。《中国哲学社会科学学科发展报告》进展顺利。每个所各学科每三年发布一次学科前沿报告，作为专业性的学术出版机构，我们适合出版这方面的成果。这是提升我社品牌的拳头产品，目前已经出了 20 多种，将新中国成立以来的中国学术发展史与当前和以后的学术前沿发展报告结合在一起，是全国唯一的、最系统的哲学社会科学发展报告，具有很高的学术价值和影响力。其他如迎接党的十八大、"马工程"等重点图书还有很多，我就不再一一列举了。

虽然面临很大的竞争压力，但是有压力才有活力，我们要坚持深化管理体制机制尤其是考核机制改革，激励全体员工的积极性和创造力。转变工作态度，以"认真、负责、规范、高效"的标准严格要求自己，保障图书生产的高质量。打造好的企业文化，树立作为出版人的职业价值追求，上下一心，凝聚共识，不辱使命，光大品牌，推动我社又快又好地发展。

# 当前需要抓好的几项重点工作<sup>*</sup>

今天到会的都是社里的骨干和中坚力量，大家统一思想，梳理问题，共同推动工作，是非常重要的。希望大家都重视起来，会后每个部门都要开会，落实这次会议精神。

## 一 加快《中国哲学社会科学学科发展报告》大型丛书的出版进度

去年我们推出了12种，今年不能少于10种，要开一个发布会，要有规模效应。相关责任人要加把劲，加快点进度，已经交稿的尽快出版，能交稿的尽快交稿。《当代中国现代文学研究（1949—2009）》《当代中国古代文学研究（1949—2009）》，《当代中国近代史研究（1949—2009）》《当代中国徽学研究（1949—2009）》《当代中国考古学研究（1949—2009）》，以及《当代中国马克思主义哲学研究（1949—2009）》都要赶一下进度。《法学学科发展报告》争取出版20本，同时发布或作为专项单独发布。法学所领导班子及课题组成员高度重视这一项目，这是一项学术信息搜集、学术思想梳理和整合的科研工作，参与这一项目的作者都感到收获很大，表明我们的选题策划对他们的科研工作起到很大的推动作用。政治与法律出版中心要将此项工作作为年底这段时间的重点工作认真执行。10月19—20日，我社和国际研究学部召开座谈会，与他们磋商国际研

---

\* 2012年10月18日，在中国社会科学出版社社务扩大会上的讲话（节选）。

究学部学科发展报告撰写工作安排。

《中国哲学社会科学学科发展报告》是关系到我社学术品牌建设的一项非常重要的工作，关系到占领学术制高点的问题，对于学者、学科建设以及我们出版社来说，都意义重大，是一个不可多得的机遇。品牌的建设非常困难，大家一定要上下一心、团结一致，积极进取，凭借我们的决心和能力，克服各种困难，把这一品牌培育出来，在院内外打响知名度，引起业内和学术界的重视。

## 二　各个出版中心上报今年年底能够出版的重点图书

加快具有重要学术价值和社会影响的，可以开发布会的图书的出版进度。各个出版中心仔细梳理统计一下，单本的也可以，报到总编室，并由营销策划部早做准备，策划发布会事宜。一定要彰显和发挥重点图书的学术价值和品牌价值，扩大我社学术影响力和社会影响力。如"世界民族"项目、"马工程"项目。

……

## 五　人事工作

人事部门要继续做好招聘工作和配合有关领导做好一些机构、人员微调的工作，配合有关社领导做好对青年人员培训工作。还要做好全社岗位设置，建立相应薪酬体系的工作，并将此作为一项重点工作来抓。创新工程实施以来，院所薪酬的提高对我们出版社是一个压力。我们当前的形势是好的，大家要共同努力，保持我们当前的良好形势。当前的形势和我们的品牌都很好，我们理应做到这一点。我们有能力提高职工的薪酬，但是不能搞平均化，要按照工作绩效分配，体现激励机制和多劳多得的原则。

有关领导要尽快拿出编辑培训方案，这项工作要抓紧落实。

## 六　重大项目申报

创新工程实施以来，院里出版资助力度越来越大，重大项目申报一年两次，院五家出版社对出版资源的争夺趋于白热化。因此，立足社科院不是一句空话、虚话，要付诸行动。为此，我们成立重大项目办公室，由我领导，牵头负责重大项目的协调、申报和落实工作，各出版中心主任都是成员，再配置两个办事人员。重大项目办公室所有人员一定要有责任意识，切实抓好这项工作。

## 七　加强与院所的联系

将双周至少参加一次院所举办的学术活动，与院所研究人员加强联系制度化，并坚决贯彻落实这一制度。要求每个月都要汇报，由总编室负责统计。出版资源争夺竞争太激烈，我们要清醒认识这一问题，抢占学术出版资源阵地。

## 八　相关机构改革

第一，校对科改革。由于各种原因，总的来说，我们的出版周期长、进度比较慢，一定要进行改革，改革的空间很大。基本的改革思路已经有了头绪，但是还要深入研究。由分管领导牵头成立研究小组，具体小组成员由人事处、校对科负责人和编辑中心代表组成。多听取编辑和校对人员意见，拿出改革方案。这项工作关键是改革管理体制和考核机制，激发校对人员的积极性，让他们承担更多的任务。

第二，成立综合编辑中心（文字加工中心）。我们现在有编审中心，但是没有很好地坚持。考虑到我们现在巨大的工作量和考核机制，我们必须依靠自己的编辑队伍，书稿编辑加工不能依靠兼职编辑。由副总编辑曹宏举牵头负责，抓紧研究，拿出方案。关键是领导选配和人员配备问题，吸取编审室管理存在的问题。这个部门的基本职能定位是编辑加工，要分组分学科，尽量与七个出版中心相匹配、相对应。可以适当提高待遇，审稿费比一般编辑高一些。同时多劳多得，超出工作量基数的部分可以提高标准。这是流动性的编辑岗位，优秀校对人员可以留到此岗位。此岗位的编辑人员两年内不准报选题，两年后，优秀的可以进各出版中心。

第三，加强编审室工作。具体工作方案再作研究。

## 九　研究和明确明年的改革方向

10月底或11月初，召开社务扩大会或更小范围的会议，重点研究和讨论明年的改革方向。关键是继续深化管理体制机制改革，这决定了我社的竞争力。**建立主要以绩效考核为基础的管理体制和机制，管理体制我们已经作了改革，这个方向是正确的，是有竞争力的，关键是考核机制的匹配。每一位同志都要深入思考这一问题，献计献策。**

## 十　数字出版和网络建设

最近，数字出版工作状态不错，工作也很有思路。与苹果等公司洽谈很多业务，即将签订合作协议。数字出版工作稳步推进，但还要进一步加大力度。网络建设工作，社长助理纪宏同志要加快推进，并将具体方案和工作进展向大家汇报。

## 十一　做好院先进集体、先进个人评选申报工作

院每三年一次的先进集体、先进个人评选工作已经开始，我们要高度重视，人事部门负责做好这项工作。此外，今年拟对职能部门进行考核，接受非职能部门的打分。促使职能部门加强服务意识、大局意识，上下团结，共同努力。

## 十二　工作状态和工作作风

第一，我们现在面临很好的发展机遇，一定要有机遇意识，要从出版社事业大发展的高度看问题。我们要在"三个统一"的辩

证关系中实现和培育公与私的良性关系，个人在工作中一定要贯彻"三个统一"的发展理念。一定要有责任意识，关心出版社的发展。

第二，具备很强的执行力、管理力度和开拓进取精神。我们是企业，就要有商业竞争意识。俗话说，商场如战场。我们面临的院内外的竞争如此激烈，丝毫不容我们懈怠，不容我们止步不前，不容我们不思考、不推进工作，不进则退。马克思说过，哲学家只是用不同的方式解释世界，问题在于改变世界。我们评价一个干部，看一个人，不是看他自己怎样评价自己，关键是看他怎么做的，做了什么。希望中层干部要**用行动诠释自己、展示自己、证明自己**。要用实践标准和时间标准检验自己。评价一个干部，除了看其道德素养和政治素质外，最重要的就是要看他有无解决问题、推动改革的思路。有无创新思路，提出的思路对社里决策是否有参考价值。其次，要看他有无执行力、推动力和管理能力。一个好的干部要有好的执行力，好的执行力分为两个层次：一是不折不扣地贯彻执行组织和领导交办的任务；二是创造性地贯彻执行，能够发现问题，拓展思路，解决问题，这是一种境界和层次更高的执行力。

第三，加强人才队伍建设，充分发挥人才的积极性和聪明才智。出版社最大的问题是人才问题，我们需要高素质的精明能干之人，为出版社发展多出力，献计献策，分忧解难。要拿实际业绩说话，用实绩考核使用干部，要给予荣誉、利益激励。这项工作以后要细化。

加强人才队伍建设，并不是一句空话，今年年初我们对各部门进行调整，但这项工作还未完全到位，还需要深化。随着管理体制机制改革的深入，人员的调配包括干部选拔工作提到日程，今年考核完之后，明年就要做这项工作。表现不错的干部继续发挥作用，有缺岗的要配好。人才队伍太重要，出版社的发展要有长远眼光。人才队伍建设有两个途径：一是使用培养好现有的干部，要看到五年、十年之后，出版社的竞争归根到底是人才及其素质的竞争，人才有无梯队。所以，要储备培养使用好干部。二是引进人才。引进干部与本土干部之间的不和谐难免会出现，大家要以更为开阔的胸怀认识和处理这一问题，要从全社发展的高度理解和支持引进人才工作。面临当前这么好的机遇和形势，我们又有这么好的品牌，希望现有的人才干部和引进来的干部要齐心协力，共同创出一番事业来。中国社会科学出版社这个品牌太好了，发展和拓展空间太大了，没有理由搞不好。我们要从全社事业发展的全局来考虑和处理工作中的矛盾、恩怨，不要纠缠一些细枝末节的小问题，内部矛盾都是小事。关键是机制创新，关键是班子建设，关键是人才培养。

第四，加强对年轻同志的严格要求和培养使用，增强和提高他们的大局意识、使命意识、责任意识。各个中心主任以后要多强调这一点。有些同志完成工作量就开始懈怠，不是进取有为的工作作风。当前我社的出版任务非常重，大家一定要从全局出发，为出版社的发展做出自己的贡献。年轻同志未来如何，不取决于其他因素，而是取决于自己，自己决定自己的未来。我社发展迫切需要人才，以后要更多依靠年轻同志，社里对你们充满期待。因此，希望年轻同志一定要不负众望，严格要求自己，多努力，多吃苦。要对年轻同志压任务，在"干中学"，在完成重要任务中得到锻炼。同时还要关心他们，加强对他们的培养。

第五，领导班子团结一心，奋发进取。"世界上没有完全相同的两片树叶"，在某些事情上，看法有差异，这是很正常的。无论什么事情，我们班子一旦讨论通过之后，就坚决地贯彻执行。

最后再次强调，出版社是我们安身立命的一条大船，希望同志们尤其中层干部进一步增强大局意识、使命意识和责任意识。要不

辱这个品牌，要把这个品牌做得更好，中国社会科学出版社没有理
由搞不好。希望每位同志都要在自己的工作岗位上，光大发扬我们
这个品牌，为这一品牌增光添彩，为我社的改革发展做出自己应有
的贡献。

# 深化改革　推动"三个统一"*

按照中国社会科学院关于 2012 年度年终考核的总体部署，2012 年 12 月20—21 日，中国社会科学出版社各部门进行年终考核与测评，社长兼总编辑赵剑英参加哲学宗教与社会学出版中心、马克思主义理论出版中心（编译中心）、历史与考古出版中心以及文学艺术与新闻传播出版中心等部门的考核，听取每位编辑的个人述职、评议和测评并讲话。

赵剑英在讲话中首先肯定了大家取得的工作成绩。他说，各室每位编辑都按照新的考核方案，对选题总量、专业选题、重点选题、院里的选题的数量和比例以及发稿量等其他数据都进行了统计和汇报。从大家的述职来看，2012 年度大家团结一致，努力工作，学科方向明确，定位准确，取得很好的成效，各室无论从选题数量和质量结构上都超额完成任务，发展质量很高，发展势头很好。对大家的团结一心和努力工作表示敬重和感谢。大家的总结也很认真，用"转轨""既是机遇的一年，又是挑战的一年""特殊的一年"等描述今年工作，很真切，实事求是。

赵剑英说，今年取得这样优异的成绩，是坚持贯彻执行"六个坚持"发展战略的成果，是深化管理体制机制改革的成果，表明坚持哲学社会科学专业出版是符合我社实际的正确道路。从大家的述职可以看出，今年我社工作上了一个大台阶，确实有了新面貌。出

---

* 2012 年 12 月 20 日，在中国社会科学出版社年终考核会上的讲话纪要。

书总量增长很大，专业选题、重点选题和院里的选题数量增加且比例提高。去年，社里实施专业出版中心的体制，实行新的编辑考核机制，对选题结构、选题质量进行科学管理和宏观调控。学科方向比较明确，学科项目追踪更加及时有效。所以，在数量和规模扩张过程中，选题结构得到优化，选题内容质量得到保障。实现了数量、规模的扩张与品牌的保障和提升的统一，经济效益与社会效益齐头并进，这就是经济效益和社会效益、数量增长与品牌提升、个人利益与我社长远发展"三个统一"的高品质内涵式发展道路，这是确立我社作为专业出版重镇的体制机制保障。在这一体制机制下，按照科学发展观要求，我们实现了有质量的增长。这说明，通过深化改革，在经济效益与社会效益、数量扩张和品质提升的统一上，我们探索出了一条成功之路，解决了我们面临的主要矛盾。

赵剑英还对明年工作提出设想和要求。他说，我们要在总结今年工作成绩的基础上，理清明年的工作思路，筹划明年的重点工作。

一是在保障图书质量的前提下，继续增加出书品种，扩大规模。充分利用当前有利的出版环境和深度挖掘我社的品牌价值，抢抓机遇，在保障社会效益、完成保证图书质量的各项考核指标的前提下，提高产品数量，扩大规模。我们曾经在实现经济效益和社会效益的统一上走了弯路，为片面扩大数量，图书质量、学术水准有所下降。但是，现在新的考核指标制定以后，是在保障品质的前提下，实现数量的大幅增长。

保障图书质量，实现高品质内涵式发展，最根本的就是要策划好的选题，注重产品内容。能够多策划有分量、有重大学术价值的图书，无论什么时候都是最重要的，内容始终是我们立足哲学社会科学专业学术出版的根本，始终是我们立于不败之地的基础。为此，我们要制定相应的措施：成立研究策划部，主动开发一些品牌书，加强品牌的渗透和影响力传播；聘任专家学者做学术顾问，为我们策划好的选题出谋划策；积聚优秀的作者队伍，挖掘更优质的学术资源;拿出我们的实力和魄力去争取更多重大重点项目,等等。

增强我社的整体实力、影响力和竞争力,除了保障图书的品质和社会效益外,还要扩大图书数量和规模。在保障图书品质的基础上,搞量的扩张,扩大规模,我们才算抓住了机遇。若干年后,如果我们出书品种达到2500种以上,覆盖的作者群、重点学科就更加广泛,在社科界的学术影响力也更大。这时,我们在出版界的影响力就会发生根本的质的变化。

二是牢牢立足社科院的前提下,向全国社科界拓展。牢牢立足社科院,面向中外学术界是我们要长期坚持的发展视野。从大家的述职可以看出,今年院里的选题比例明显提高,说明立足社科院贯彻得不错,但是还要继续加强。我院在历史、文学、哲学、马克思主义理论等基础学科,科研实力雄厚,基础项目、重大项目多,我们要积极去竞争,按照考核机制要求,室主任学科带头人等中坚力量要发挥更大作用,领导班子成员也要紧抓。同时突出重点,在大型项目如学科发展报告、剑桥史的推进上,要加大力度,提高效率。在牢牢立足社科院的同时,明年我们要向全国社科界积极拓展。多参加在地方举办的学术会议,争取更多的优质学术资源。我们还可以采取建立分社的方式,增强对全国学术资源的渗透和覆盖,地方学术资源可挖掘的潜力很大。

三是国际出版方面,在做好"引进来"工作的同时,"走出去"工作取得很大突破。"走出去"是一项非常复杂的工作,国内要组织策划选题,申报国家社科基金、创新工程"走出去"资助,对外也加强联系,寻求合作平台。同时,社里各部门也要相互协调。明年国际出版要继续努力,一方面做好"引进来"工作,要引进一两套能够在学术界引起关注、具有重大学术价值的好书。另一方面,在"走出去"方面策划一些大项目,如把我院一流学者的代表作集体推出去。此外,做好《理解中国》丛书"走出去"工作。

四是加强人才队伍建设,为数量增长提供人才保障。首先,要挖掘现有编校人员的潜力，青年员工要更加努力，自觉提高发稿量和选题数量，更多地发挥作用。明年，社里要提高编辑工作量指标。其次，招聘新人，扩大编校队伍。最后，加强管理，合理利用兼职编校力量。总之，我们要保障选题数量大幅增加情况下的出书速度和质量，为作者服好务。

五是抓住机遇、深化改革、加强管理、奋发有为。今年，社里适应新的形势要求，深化管理体制机制改革，顺利实行转轨，我们的业绩上了一个大台阶。明年要抓住机遇，继续深化改革，加快发展。

党的十七届六中全会、党的十八大对文化大发展大繁荣作了重要部署，为哲学社会科学发展和繁荣提供前所未有的机遇，也为学术出版提供发展良机。现在高校推动学术创新，学术成果越来越多。我们具有品牌优势。中国社会科学出版社这一"国字头"的"金字招牌"，全国高校都认可，这是我们重要的战略资源和经济资源。因此，我们要目标明确，继续深化改革，加强管理，增强竞争力和整体实力。领导班子和全体干部职工要增强奋发有为的自觉意识，全心全意投入工作，一心一意谋发展，将各项工作抓紧抓实。

赵剑英还指出了我社下一步奋斗目标，对未来的发展充满信心。他说，我社今年总体上了一个台阶，出书1500多种，发行回款也创历史新高，总体经济效益提高30%，发展势头不错。社里的形势好了，收入增加了，个人的收入也要增加，共享发展成果，这就是实现了个人利益与社里的长远利益的统一。今年参考院创新工程薪酬标准，我们给大家适当加薪。当然不能搞平均主义，要多劳多得，优劳优得。干得多，干得好，就多得。

出版行业目前面临两个挑战：一个是新的出版业态的快速发展，由传统纸质出版向数字出版转型。另一个是整体出版行业不景气，总体规模扩大，但利润在下降。2011年，整体利润率下降超过两个百分点。大的出版集团多元化经营稍好，很多专业出版社，业绩下降明显。但是我社不但业绩没有下降，还大幅增长，整体业绩上了一个大台阶，实现了有内涵、有质量的规模扩张。这一方面得益于文化大发展大繁荣给学术出版提供的发展良机，另一方面也得益于我们深化管理体制机制改革。当然我们还要进一步加强和深化改革，这是提升竞争力的一个基础。

我们要树立更远大的目标，抓住当前有利的出版环境，扩大规模。大众分社就是一个很好的例子，今年大众分社利润达到400多万元。只要我们坚持自己正确的发展道路，苦练内功，埋头苦干3—5年，社科出版社一定会脱颖而出，成为哲学社会科学专业学术出版的龙头。我们一定要有这样的志向和信念，有这样的职业价值和理想追求。这个目标是可以实现的，是具有现实基础的。实现这一目标，还需要有良好的企业文化和企业精神。大家要增强责任意识、使命意识和大局意识，团结一致，凝聚力量，提高士气，积极向上，奋发有为，尽心尽力，努力工作，始终保持良好的工作状态和工作作风。

# 党的十八大精神的丰富内涵[*]

　　我社作为一家文化单位，理应具备较高的政治敏锐性和学习的主动性。社领导班子、中层干部乃至全体党员职工都要认真学习党的十八大报告，并联系我社实际部署下一步改革发展。下面谈谈我学习党的十八大报告粗浅的一些体会。

　　习近平总书记在参加党的十八大上海代表团讨论时指出，党的十八大的主题简明而又鲜明地向党内外、国内外宣示了我们党将举什么旗、走什么路。我们要领会好其中的深刻内涵。事实上，对于当代中国向何处去这个问题，是存在不同声音的。

　　经过三十多年的改革开放，尤其是党的十六大以来，我们社会主义市场经济的深入发展，取得了伟大成就，文化软实力和国际影响力也显著提高，但是我们在改革发展中也遇到了一些问题。一是环境和资源问题非常严峻。传统的经济发展模式使我们的资源难以为继，环境不堪重负。在某些区域、领域，科学发展观还没有全面贯彻，经济发展方式也没有很好地转变。二是贫富分化、社会分配不公问题较为突出。在一些垄断行业，改革难以深化。另外，人们的价值观念、思想意识多元化，因此共识和凝聚力更加难以形成。正是因为存在着严重的贫富分化、利益分化、思想观念分化，因此对于中国如何改革、怎么发展，制度如何建设，不同的利益集团之间更加难以达成共识。有不同的利益，就有不同的立场，也就有不同的声音和不同的期待，

　　[*] 2012年11月12日，在中国社会科学出版社机关党委理论学习中心组学习党的十八大会议精神座谈会上的讲话。

这就是当代中国面临的非常重大的问题。

党的十八大报告指出，高举中国特色社会主义道路伟大旗帜，既不走封闭僵化的老路，也不走改旗易帜的邪路。我理解这句话，封闭僵化的老路就是传统社会主义道路。计划经济时代对社会主义的僵化理解，已经被"文化大革命"的巨大代价所证明是走不通的，而因为它超越了社会发展阶段所必须具备的生产力发展水平，实际上也违背了马克思主义的基本理论。邪路是指哪几条呢？第一条，民主社会主义道路。它是在资本主义框架体系内对资本主义道路的改良和修正，本质上与科学社会主义是不同的。第二条，国家资本主义或权贵资本主义道路。它拒绝改革，公共权力易为少数人所掌握，用以谋取垄断利益，为少数人的利益集团服务。第三条，以新自由主义为指导的、完全市场化的资本主义道路。它不适合庞大而复杂的中国，会致使我们成为资本主义国家的附庸。

不走老路、邪路，要走中国特色社会主义的正道。走中国特色社会主义道路是历史的选择，人民的选择。近代鸦片战争开始，中国经历了一段极为艰难曲折的发展历程，其中最悲哀的是国人丧失了自信，从技不如人到制度不如人，其背后又是文化不如人，即对中华文化丧失自信。并因此而对中国的传统文化进行彻底的怀疑和批判，如"全盘西化论"、"文化大革命"、破"四旧"等，而这是对中华民族最深、最根本性的伤害。文化自信的修复则归功于中国共产党，把马克思主义的普遍真理同我国的具体实际相结合，首先是在资本主义体系的强力包围之下，领导全国各族人民赢得民族独立和人民解放，并进行了建设社会主义国家的探索。尤其是改革开放以来取得了巨大的发展成就，最根本的是在党的领导下我们找到和坚持了中国特色社会主义道路。邓小平同志深刻指出，我们要走自己的道路，建设有中国特色的社会主义，这就是总结长期历史经验得出的基本结论。自此，中华民族的道路自信、制度自信、理论自信才真正得以确立起来。

当然，中国特色社会主义理论体系尚在进一步完善之中，正如党的十八大报告中指出的，党和国家的工作当中还存在很多问题和不足。党的十八大报告的规划和部署，将有利于中国特色社会主义实践和理论创新的进一步丰富和完善。其中的"五位一体"和"八大坚持"等，都是对中国特色社会主义理论体系的丰富，都是对我们实践中存在的问题的弥补和消除，也就是及时发现问题，然后进行理论创新，进行制度完善、公共政策的完善。包括如何解决文化建设中的道德沦丧问题、精神贫乏问题，不走传统社会主义的老路，也不走资本主义的邪路等，在党的十八大报告中都一一指出。中国特色社会主义道路就是一条民族复兴之路，国家富强之路，人民幸福之路。而不断发现问题，解决问题，进行理论创新和制度完善，丰富和发展中国特色社会主义理论体系，是党的十八大报告所揭示的正确的道路。因此，党的十八大报告最重要的是回答了体制问题、走向问题：不走老路、邪路，不改旗易帜，要坚定走中国特色社会主义道路。

此外，什么是社会主义，我认为，社会主义就是理想形态、制度形态和公共政策形态的统一。而理想和制度的实现，必须要依赖具体公共政策的实施来落实。马克思把空想社会主义变成科学，然后变成一种运动、一种实践，再之后建立这样一种制度，包括经济制度和政治制度，就像我们的根本政治制度人民代表大会制度，经济上是公有制为主体、多种所有制共同发展的基本经济制度，民族区域自治制度和基层群众自治制度，等等。但是这些制度之外，我认为应该有相应的公共政策来体现这些制度的优越性。做不到这一点，社会主义的本质实际无法在实践中、在现实中，也就是人民群众经济、政治和社会生活中体现出来。我们在相当一段时间，许多政策没有很好地体现出来，制度应该化为公共政策，这是我们中国特色社会主义实践当中和西方国家的发展当中，可以有所借鉴的。"五位一体"就体现了这一点，反映了社会的全面进步和人的全面发展的要求。

# 深入学习、领会和贯彻
# 党的十八大精神<sup>*</sup>

党的十八大的召开，党内外、国内外的空前关注，一方面是因为中央领导集体的换届，另一方面因为它是在我国进入全面建成小康社会决定性阶段召开的一次十分重要的大会。党的十八大召开之前，党内外、国内外有很多不同声音。经过三十多年的改革开放，我们各方面取得举世瞩目的成就，我们的综合国力、国际影响力和文化软实力都大幅提高，人民群众的生活水平等都得到很大改善。这三十多年是中国历史上发展最快的阶段，走上了实现我们中华民族伟大复兴的征程。成就非常大，但是在改革发展过程中，我们处于关键阶段，遇到很多挑战和问题，这些问题归结起来，如分配不公、贫富差距、阶层分化、人的思想多元化，精神领域道德滑坡、信仰缺失，关于中国未来的走向，关于改革和发展的共识，整合的难度增加，不同立场有不同利益，不同阶层对改革和发展的需求和取向是不一样的，对中国未来发展方向的认知和要求也不一样，所以出现不同的声音。党的十八大的报告主题就是：高举旗帜，继往开来，团结奋进。这次党的十八大报告的鲜明主题是：高举中国特色社会主义旗帜，坚持中国特色社会主义，同时与时俱进发展中国特色社会主义。坚定不移地走中国特色社会主义道路，增强中国特色社会主义的道路自信、理论自信和制度自信。三个"自信"的表

* 2012 年 11 月 19 日，在中国社会科学出版社机关党委理论学习中心组扩大会上的动员讲话。

述是有其深刻含义的。我理解，"自信"来自我们三十多年的改革开放所取得的巨大成就，我们中国特色社会主义道路上，在中国特色社会主义理论的指引下，在中国特色社会主义制度的保障下，中华民族复兴的前景已经呈现出来，这是我们自信的基础。

但是，我们现在处于改革的攻坚阶段，需要解决许多前进道路中面临的问题。如果这些问题不解决，中国可能会倒退。全面建成小康社会的目标和社会主义现代化的目标就不会实现。面对这些问题，我们是不是会丧失自信，怀疑我们的制度、理论体系，怀疑这条道路？实际上，国内外、党内外是有各种怀疑。有的国际舆论就认为，中国经济搞上去，但政治体制改革不行，人权和人的发展还不行。粗放型、高速度的发展，对世界环境和资源造成巨大威胁。国内也有不同声音，针对改革不彻底，有人提出完全私有化、市场化和多党制，走以新自由主义为指导的资本主义；针对我们的福利水平低和贫富差距加大，经济建设与社会发展之间的差距和城乡贫富之间的差距，有人提出走民主社会主义；针对我们改革不彻底，一些垄断集团的坐大，一些利益集团的形成，也有国内外人士指责我们走国家资本主义或权贵资本主义。这种种声音都是对中国道路、中国理论和中国制度丧失自信，或予以质疑，或恶意诋毁。所以增强"三个自信"，具有非常强的针对性。我们已经取得很大的成就，我们有自信的基础，虽然我们还存在很多问题，但是我们不要因为存在这些问题而丧失信心。正确的态度是，继续坚定不移地走中国特色社会主义道路，同时深化改革，推进发展，在深化改革和发展中来解决这些问题。

我们要认真阅读习近平总书记在十八届中共中央政治局第一次集体学习时的讲话。我认为，讲话的主题就是回答中国未来将向何处去，即未来走向，就是要高举中国特色社会主义伟大旗帜。在深化改革和发展中，把上述一系列问题解决了，八年后我们就能全面建成小康社会，我们在实现社会主义现代化强国和中华民族伟大复兴的道路上，就迈出一大步。由此，中国道路、中国理论和中国制度的有效性和科学性就立住了，这就构成对西方资本主义真正有效的竞争。以美国为首的西方资本主义国家担心的就是这一点，有另外一种模式和道路可以和他们竞争，有另一种不同于西方资本主义发展道路的文明体系，到那个时候，我们的自信才真正确立起来。因此，我认为，我们处于复兴前的黎明。把这些问题解决了，我们可以进一步增强自信。所以，"三个自信"非常重要。在坚持和发展中国特色社会主义道路上，党的十八大报告讲到，要不动摇、不懈怠、不折腾。同时要在这一道路上顽强奋斗、艰苦奋斗、不懈奋斗。所以，党的十八大是高举旗帜的大会，是继往开来的大会，也是团结奋进的大会。团结党内外，团结全国各族人民，统一思想，把力量凝聚在这一旗帜之下，不走别的道路，就走我们自己探索出来的中国特色社会主义道路，通过深化改革发展来完善这一道路和理论体系，完善制度，中国一定能成功。

　　党的十八大主题十分鲜明，我们一定要好好学习。中央政治局已经发了通知，作了部署。紧接着，第一次集体学习，总书记和每个常委都发表讲话，习近平总书记说到，国内外都在关注，新一届领导班子如何开好局，就是以学习来开局。这个讲话特别重要，大家一定要认真看。此外，我们还要认真学习修改后的党章，还有习近平总书记在新一届中央政治局常委与记者见面会上的讲话。这一讲话非常精彩，好评不少，非常朴实，实际上讲到一个词——责任，对中华民族的责任，对人民的责任，对党的责任，那就是国家富强，人民幸福和中华民族伟大复兴。中国共产党作为执政党，自觉承担着国家富强、人民幸福、中华民族伟大复兴这样的使命和责任。我们要认真学习领会。党的十八大报告和习近平总书记这几次讲话都不回避问题，对问题毫不掩饰，谈到问题时不再用"比较"，而是用"严重""突出"等词语，而且谈到的问题也都击中要害，发人深省，如贪污腐败、脱离群众、形式主义、官僚主义、粗放型发展、高污染、高耗能、科学发展的能力不强、贫富差距大、分配不公，以及精神领域、道德素质领域的问题，等等。中国共产党作为执政党，就是直面问题，就是要回答和解决这些问题。党的十八大报告提出的"八个坚持"就是要回答和解决发展中遇到突出问题、热点问题和难点问题。在解决这些问题中推进理论创新和实践创新，推动中国特色社会主义不断前进。到那个时候，我想种种不同的声音、杂音、质疑就会不攻自破。"三个自信"要牢固地确立起来。

党的十八大报告内容非常丰富，这次会议我们主要作部署。中央已经发了认真学习宣传贯彻党的十八大精神的通知，中央政治局带头集体学习。上周五，中国社会科学院党组召开所局主要领导会议，对我院学习贯彻党的十八大会议精神进行部署。上周六，国家新闻出版总署召开新闻出版界（包括期刊、报纸）会议，要求认真学习贯彻党的十八大会议精神。中央指出，学习党的十八大精神是当前首要的政治任务。我们作为基层党组织、基层单位，必须认真学习贯彻中央要求。

首先必须原原本本学习贯彻党的十八大报告，其次学习修改后的党章。再次，还要学习习近平总书记在中外记者见面会上的讲话、中央《关于认真学习宣传贯彻党的十八大精神的通知》以及习近平总书记在十八届中央政治局第一次集体学习时的讲话。

为什么这么重视学习党的十八大以及相关文件、讲话，我认为，不仅仅是政治思想理论的要求。国内外、党内外这么关注党的十八大，因为这不仅关系中国未来的走向，也是影响世界的一件大事。在全球化背景下，中国的发展和全世界的发展已经紧密地连接在一起，我们做出版工作，一定不能坐井观天，一定要着眼大局，关注国内外形势，这一点特别重要。没有一个大视野，只能做一名好的编辑，不可能策划出好的选题。党的十八大为什么重要，就是在中国发展的关键阶段，要破解当代中国存在的一系列问题，然后指明下一步改革的方向。所以，社领导班子要求，各个出版中心一定要认真学习党的十八大报告，并就与自己学科相对应的部分，经济的、文化的、政治的、社会的，等等，更加细致地研读。字面中都暗含和预示着中国未来的改革和发展方向，因此，这不仅是为了提高我们的思想理论水平，我们要将其作为一篇研究和指导中国改革的大的论文来学习，好好研读。结合出版实际，党的十八大期间，我们进行了初步学习，今天我们正式动员，本周三老干部主动要求集体学习。我们机关党委中心组要交流，每个支部自学交流，然后全社支部集中学习交流，老同志、中年同志、青年同志一起交流。年轻同志五年十年之后都是我社的骨干，要组织青年人学习党的十八大和相关文件，结合自身思想实际和出版社的实际，进行交流，提高我们的思想理论水平。

当前我们发展遇到很多问题，怎么面对这些问题，解决这些问题，非常关键。中国共产党来自人民，权力来自人民，要依靠人民，更要为了人民。如果脱离人民，不全心全意为人民服务，不深化改革，保护少数集团的利益，就会非常危险，亡党亡国。习近平总书记在十八届中共中央政治局第一次集体学习时讲道："近年来，一些国家因长期积累的矛盾导致民怨载道、社会动荡、政权垮台，其中贪污腐败就是一个很重要的原因。大量事实告诉我们，腐败问题越演越烈，最终必然会亡党亡国！我们要警醒啊！"[1] 要联系自身实际，正确看待中国改革发展当中存在的问题，坚信在中国特色社会主义的理论的指引下，能够沿着中国特色社会主义道路，通过改革解决这些问题，推动中国特色社会主义前进。要把思想统一到这一层面上来，要相信中国共产党人民性的本质。我在接受人民网、光明网和中国社会科学网采访时，强调要高扬共产党员的理想信念旗帜和人民性旗帜。

因此，大家一方面要通过学习，提高思想理论素质，坚定走中

---

① 《紧紧围绕坚持和发展中国特色社会主义　学习宣传贯彻党的十八大精神》，人民出版社2012 年版，第 12 页。

国特色社会主义道路的理想信念。另一方面我们要结合出版实际。那天去总署开会，邬书林副署长特意讲到，一定要认清出版形势。我觉得，出版是一项特别前沿的行业，出版与科技文化紧密联系，数字出版是科技前沿，而且是最前沿，是对出版流程和产品载体的再造。咱们一定要以开阔的视野看出版行业。联系我们出版业的实际，一是认清数字出版的挑战，二是根据党的十八大提出的关于中国改革和发展的思路，捕捉大的选题。我们是中国社会科学出版社，党的十八大是针对改革发展中出现的问题，来回答和解决这一问题，推动发展，是一篇关于中国如何改革发展的大的论文，提出很多解决问题的思路和方案，我们要特别重视，反复研读，捕捉选题。我带头成立策划小组，策划出一系列反映中国重大问题的图书。一定要敢于与高端的知名学者和文化名人接触，去策划重大选题，这些选题来自哪里？党的十八大提供了很好的蓝本。

我有一个想法，希望成立一个学习小组，有兴趣的可以报名。结合我们编辑出版工作的实际学习，我再次强调，学习党的十八大精神不仅是一项政治理论学习，而是一种研究。不要把学习党的十八大当作分外的、额外的工作，经济体制改革、政治体制改革、文化体制改革、社会建设和管理，包括理论创新、制度创新和实践创新，党的十八大报告都进行了阐述，所以，作为一名编辑，我们没有理由不去学习，我们一定要策划一些有影响的选题，下一步专门成立小组做这个事情。

还有一个需要结合的出版实际，就是业态创新的大趋势，我们怎么开阔视野，怎么通过深化体制机制改革，提高我们的竞争力、创新力包括营销力，我们的内容原创，精品图书怎样在现有的基础上加大力度，我们的重大、重点出版项目，院内外的，怎么在激烈竞争的形势下继续推动，这是我们的命根子，一定要牢牢拓展，做得更好。各位责任重大。数字出版，如何在做好现有工作的基础上，进一步开阔视野，精心策划。还有市场，除了教材等，要策划更多与中国社会科学出版社品牌相适应的高端产品，高端的同时又是大众的图书。还有营销，虽然我们今年取得不错的成绩，但是与兄弟出版社还有很大差距，还有提升空间，还要继续加大力度，工作要做得更深一点，比如图书馆馆配，要深入到市县一级公共图书馆，这一级城市是否覆盖，要配备专人，人手一定要配好，仗一定要打好，绝对有提升空间。还有网络销售、大码洋书的组合，这些都多次讲过。一定要提升我们的营销力、内容原创力、竞争力。

学习党的十八大精神，要结合我们的出版实际，用改革创新的精神指导我们的工作。当前，出版社面临很好的机遇，我们一定要做专做精，做强做大。首先我们要做专业，只有做好专业才能立住脚。在这个基础上做强做大。我们一定要有强烈的机遇意识和改革创新意识，否则，在激烈竞争和巨大挑战面前，我们会愧对出版社，愧对品牌、愧对未来、愧对机遇。我们要团结一心，在每一个工作岗位都要把工作干好，而且要创造性地做好。国际出版我们今年开头不错，但是差距很大，从现在开始我们要筹划。刚才我说策划的东西要中英文同步出版，国内国外同时发布，包括数字出版，我们要有全流程意识，同时出版纸质的和数字的。纸质出版、数字出版和国际出版应该是同步的，应该有流通和协调机制，不能再像现在，铁路警察，各管一段，很难协调，要改变这样的局面。

# 紧密结合出版社工作实际，
# 深入学习贯彻党的十八大精神[*]

刚才几位同志谈了学习党的十八大会议精神的心得体会和思想理论认识，并结合自己的出版业务，提出很多有益的建议和想法，谈得非常好。下一步，我们还要专门组织一次全社范围的党员干部职工学习活动，各支部、全体党员干部职工进行交流，我作主题报告，并请专家进行讲解。按照中央的要求和院党组的部署，将学习宣传贯彻党的十八大会议精神工作做好，并学以致用，更好地指导我们的出版工作。

关于学习党的十八大会议精神思想理论方面的体会，在我社机关党委中心组初步学习和专门部署学习两次会上，我已谈过很多，而且还接受人民网、中国社会科学网、光明网三网以及《中国社会科学报》两次采访。这次会议我主要结合我社出版实际强调以下几点。

## 一　根据党的十八大会议精神，策划更多有分量的选题

全社党员干部职工要继续深入学习和研读党的十八大报告、新修订的党章、党的十八大报告辅导读本以及习近平总书记的一系列重要讲话。党的十八大是影响中国未来走向的一次重要会议。党的十八大报告集全党智慧，旨在破解当今全球化背景下，中国与世界紧密联系的国内外的形势之下，中国改革和发展的一系列难题和突

* 2012年11月29日，在中国社会科学出版社机关党委理论学习中心组扩大会上的讲话。

出问题，来指引中国走什么路，举什么旗，因此，党的十八大报告是指导中国改革和发展的一篇大的论文。全体同志一定要深入研读，对于做好出版工作非常重要。我们要通过学习党的十八大报告策划一系列有分量的选题。初步设想，下面两套丛书要积极策划。一套是《理解中国》丛书，包括《中国道路》《中国理论》《中国制度》《中国的价值观》《破解中国经济发展之谜》《中国社会巨变和治理》等。请知名学者来写，国内外同步推出，这一套已经付诸实施。另一套是"攻坚"丛书，设想策划为大众化精品，准备交给大众分社来做。要求全体编辑在认真学习，深刻领会党的十八大会议精神的基础上，积极策划具有重要政治意义和学术价值的选题，打造更多精品。

## 二　以党的十八大会议精神为指导，增强出版社竞争力

我们学习党的十八大报告，一方面要吃透、深刻领会党的十八大会议的精神，提高自己的思想理论水平，坚定中国特色社会主义的"三个自信"，即道路自信、理论自信和制度自信，同时要联系实际，学以致用，指导和推动出版社的工作。

党的十八大报告里讲，文化强国关键是增强文化创造的活力，以及增强文化的整体实力和竞争力。学术出版面临最好的机遇，挑战也前所未有。我社目前面临两个方面的挑战，一是新的出版业态，数字出版重新再造出版业。国外有些出版商的电子出版物销售额占整个销售收入已达30%—40%。二是大的出版集团的崛起，业内竞争的加剧。不仅是内容的竞争、产品的竞争，还有市场的竞争。因此，出版社的生存和发展关键在于提高竞争力。党的十八大从大的方面讲，要增强文化的竞争力。从小的方面讲，我们出版社也要提高竞争力。出版社的竞争力有以下几个要素。

1. 好的产品

图书生产要以内容为王，打造更多学术精品和大众化精品，增

强在学界的影响力、市场影响力和社会影响力，这就是品牌影响力。品牌是竞争力的第一要素，品牌靠什么打造，靠好的产品，即学术精品和大众化精品。

### 2. 好的体制机制

制度是根本性、决定性因素，制度管基础、管全局、管长远。要根据我们社科出版社的历史、现状和品牌，设计一个好的管理制度，到底实行分社制、事业部制，还是延续现有的制度，我们要进行研究。体制方面主要是考核机制，编辑部考核机制，我们最近一两年进行了探索，取得了很好的成效，如何继续完善？如何探索发行等其他部门的考核机制？此外还包括干部的管理机制和分配机制。社科院实施创新工程，分配体制进行改革，我们怎么做？这就涉及建立新的考核机制和薪酬体系。设置多少岗位，如何设置，体制怎么设置，薪酬体系怎么建立，以及如何建立现代企业制度，完善企业法人治理结构，这些都是竞争力的第二个因素的内容。

### 3. 人才

我国文化人才尤其文化经营人才比较匮乏。党的十八大报告讲到，文化产业和文化事业相分离，表明文化经营的重要性。文化的影响力，它的内涵的发掘，它的策划，绝对需要优秀的高端策划人。所以，对整个文化发展来说，人才是根本。对于出版社来说，人才也是根本性因素。一是要利用好现有人才，要从物质上、精神上激发他们的积极性。二是引进高端人才，培养新的人才，要严格把关。2011 年到现在我社新进了 20 多人，招人力度不小。我社迫切需要三种人才，一是专业人才，二是复合型人才，三是精英人才。

### 4. 有战略思维能力、坚强有力的领导班子

好的企业一定要有一个坚强有力的领导班子，领导班子思路清晰科学，方向正确，善于谋划，登高望远。同时有干劲，有合力，有战斗力，是一个企业竞争力的重要保障。

5. 企业文化

良好的企业文化是我们的凝聚力和向心力的源泉和保障，全体职工要一心想着出版社，为出版社健康可持续发展出谋划策、尽心尽力。大家平时工作中难免有一些小的矛盾和摩擦，但在关心出版社，推动出版社发展上，一定要能达成共识。要有责任感，要努力光大和发展这一品牌。我多次讲过，今天这里还要再讲，做不好中国社会科学出版社这一品牌，我们将愧对历史，愧对未来。大家一定要有这样一个意识，就是要营造一个好的企业文化。一方面，员工要为出版社发展多出力，出好力，关心出版社发展；另一方面，出版社要以人为本，善待员工，从物质待遇、精神荣誉等各方面，竭诚为员工做好服务，这是两方面的。同时，要采用奖罚分明的机制，包括学习培训（国内外的），都要与个人的努力程度、与人才培养挂起钩来。今年我们考虑，待遇方面可以适当增加一些。但是要科学地分配，要起到激励作用。整体上都加的基础上，做得好的，能够完成社里的考核目标，完成得好的，完成得多的，就要多得。随着我们经营状况越来越好，职工的收入待遇也要相应提高。

6. 传播力

好的产品、好的品牌需要通过各种途径加以宣传推广。因此，前一阶段我要求上报今年的重点图书，开发布会进行宣传。好的图书不能埋没，要宣传。营销策划有好多事情可以做，传播尤其是数字化时代的传播影响越来越大，传播得越远、越广，出版社的影响力和竞争力就越大。增强传播力是一项综合性工作，一是要有好的产品，二是要有好的传播理念，三是要有好的传播渠道，这就包括了发行工作。

以上谈的是如何联系实际学习党的十八大会议精神，学以致用，指导我们的出版工作，关键是在提高出版社竞争力上下功夫。

## 三　根据党的十八大会议精神，开拓进取

党的十八大报告指出，实践发展永无止境，认识真理永无止境，理论创新永无止境。全党一定要勇于实践、勇于变革、勇于创新。出版社要想实现健康可持续发展，也要增强开拓进取精神，在新的领域做出更好的成绩。联系我们的具体工作，主要有：学术出版的精品化，打造精品；数字出版如何加大力度；大众分社如何在已有的思路上，解放思想，创新合作方式，去开拓发掘更多大众化精品；国际出版上，"引进来""走出去"方面如何在现有的基础上加大力度。

这些工作不是条块分割的，都是整体融合的。尤其数字出版工作，一定要将数字出版的概念融入策划、编辑、出版、印制、发行等所有环节。找个时间，要请专家给我们专门讲一次数字出版方面的课。数字出版是整个出版的前沿状态，对于编辑来说，电子文档都没有做好，怎么做数字出版。每一位编辑、印制、发行等人员都要配合这一工作。

## 四　学习党的十八大精神，培养积极向上的工作作风

我多次讲到，我社面临历史上最好的发展机遇，明年院里的出版基金还要增加，而且出版资助的条件也慢慢放宽，图书出版之前也可以立项。出版环境、形势发生变化，大家一定要认清形势，机遇很好，但挑战也前所未有，兄弟出版社、同行竞争非常激烈。我们如何更好地应对，就要靠我们的主观努力，即工作状态、工作作风。党的十八大报告讲，要有忧患意识，要有创新意识，保持奋发有为的精神状态，要有宗旨意识，增强使命意识。这对我们出版社来说，从领导到员工，都具有十分重要的、直接的指导意义。就是要求我们保持一种饱满的工作热情，要有工作效率，有创新意识，要有敢于争先和竞争的意识，要改变我们以前的行为方式和精神状

态。这一点特别重要，否则，我们就会在激烈的竞争中败下阵来。人才是根本，什么是人才，首先体现在顽强的工作作风上，希望每位同志都要重视。商场如战场，要抢占阵地，稍一迟疑，就会丢失阵地，所以思想上一定不能懈怠。大家虽然很辛苦，但是行业竞争如此激烈，我们还要加油干。我们有自己的优势，各位主任要把年轻同志用起来，带起来，发挥团队作用。

党的十八大提出，发展要有新思路，改革要有新突破，开放要有新局面，各项工作要有新举措。我们经过探索，总结出版社的"六个坚持"的发展定位，基本明确我社发展的定位问题。"六个坚持"即：一是坚持走哲学社会科学专业出版的发展道路；二是坚持"经济效益和社会效益、数量增长与品牌提升、个人利益与我社长远发展相统一"的发展宗旨；三是坚持"一体两翼"的发展格局；四是坚持"提升品牌，增长补贴，开拓市场，创新业态"的发展路径；五是坚持牢牢立足社科院，面向中外学术界的发展视野；六是坚持努力成为展示中国社科院优秀成果的重要窗口，全国哲学社会科学出版重镇，中外优秀学术文化的重要交流平台的发展目标。这"六个坚持"是经过一段时间的探索，总结出版社发展的经验和教训的基础上得出来的，是对出版社未来方向的厘定。这是我们贯彻科学发展观的一项成果，我觉得可以朝着这个目标前进。

关于改革要有新突破，体现在我们考虑的管理体制机制、薪酬体系改革等方面。如现在的工资结构碎片化严重，总共有十几项。要参照院创新工程工资结构，结合出版社的实际，改革薪酬体系。开放要有新局面，对于我们来说，就是把"引进来"和"走出去"做得更好。还有各项工作要有新举措，都对我社发展具有非常直接的指导意义。

办好出版社，责任重大，个人的能力是有限的，一定要集中大家的智慧，凝聚力量，凝聚共识，推动我们的改革发展。我们要提前总结今年工作和安排明年工作，包括机构的调整、人员的配备，考核方案的制定，都要提前着手。事情很多，结合党的十八大精神学习，集中两三天时间分层次讨论这些问题。

今年，大家都非常努力地工作，工作状态很不错，外界反映我们的工作主动性增强，但是我们的人手不够，体制机制还有缺陷，只要我们团结一心，凝聚共识，凝聚力量，以出版社为家，一定能把社科出版社——我们共同的家园建设得更加美好，我们一定要有这个信心。

# 谈中国共产党的文化自觉与
# 中华民族伟大复兴

## ——从理论层面解读《中共中央关于深化文化体制改革，推动社会主义文化大发展大繁荣若干重大问题的决定》*

**记　者：**赵社长，您好！非常感谢您接受中国社会科学网的采访。党的十七届六中全会明确提出了文化改革发展的重要方针，为建设社会主义文化强国、实现文化复兴指明了发展方向。您作为中国社会科学出版社社长，作为文化改革前沿的一名实践者，能否从马克思主义文化理论的角度，谈谈您对党的十七届六中全会通过的《中共中央关于深化文化体制改革，推动社会主义文化大发展大繁荣若干重大问题的决定》（以下简称《决定》）的一些体会呢？

**赵剑英：**刚刚闭幕的党的十七届六中全会推出的这个《决定》，说心里话期待已久，我感到非常振奋。《决定》的内容非常丰富，共有九个部分，我今天将侧重从理论的角度对这个《决定》所蕴含的许多新观点、新思想和新提法，就其在理论上对我们中国特色社会主义理论体系乃至于对马克思主义文化理论的丰富与发展，谈谈个

---

\* 2012年3月6日，接受中国社会科学网记者方筱筠的专访，原标题为《赵剑英：中国特色社会主义文化理论的形成》。

人的体会。

首先我想表达这样一个体会和认识，就是《决定》的内容非常丰富，但集中起来我有这么一个深刻的感受，就是《决定》从总体上讲，它表明了我们党对文化建设和文化改革发展、文化在当今经济社会发展过程中的作用和地位，达到了一种新的认识和新的高度，应该说是达到了一种文化的自觉。那么归结起来讲，可以说，这在一定程度上标志着中国特色文化理论的形成，或是说一个文化系统的集成。

记　者：赵社长，您刚才提到"文化自觉"，能否请您谈谈"文化自觉"的内涵和具体内容又有哪些?

赵剑英："文化自觉"这个概念，应该说《决定》当中有一些新的观点，关于文化产业的思想，文化软实力，文化的地位和作用，文化成为综合国力竞争的重要因素等思想。这些在党的十五大以后，几次党的全会中都有所提出和涉及，但是这次《决定》把这些观点汇集到了一起，一方面将这些思想精华系统化了，另外还提出了一些新的思想和观点。应该说，这是我们党在文化理论方面作了一次整体性的、系统性的表述。

关于"文化自觉"，首先一点就表明我们党对文化的地位和作用越来越重视，尤其是在当今时代经济社会发展的过程中，文化的地位和作用日益凸显。《决定》中讲到了四个"越来越重要"：第一，文化越来越成为民族凝聚力和创造力的重要源泉；第二，文化越来越成为综合国力竞争的重要因素；第三，文化越来越成为经济社会发展的重要支撑；第四，丰富精神文化生活越来越成为我国人民的热切愿望。这四个"越来越重要"表明了我们党对文化重要性的认识达到了新的高度。这就把握了当今时代经济社会发展的大趋势，这是时代发展的必然要求。实际上，从一般理论上来讲，文化具有四大功能：第一，文化是维系民族情感的黏合剂，维系民族认同的一个重要因素。一个民族，需要共同的理想信念，这就要靠我们共同的价值观来支撑，靠文化来维系，这是它的第一个重要功能。第二，文化在提高我们民族文化素质方面，起到一个基础性的、不可替代的作用。第三，文化在塑造和培养公民的思想道德素质方面发挥的作用。第四，文化在满足人民群众精神需求方面发挥的作用，它通过一系列精神产品来满足人民的精神需求，丰富人们的精神世界。这是文化从理论上讲具有的四大功能，是不可替代的，只有文化能起到这样的作用。从这一点上看，我们党对文化的认识是非常深刻的。

第二点，我觉得对于推进文化建设，推进文化改革发展方面，我们党自觉地承担起这样一个责任，这种责任担当本身也是一种"文化自觉"。这一次我们党专门召开这样一次全会来研究文化问题，在中国特色社会主义发展的大局当中，在国际国内形势发生新的变化的条件下，专门研究深化文化体制改革，推动文化事业和文化产业发展，对文化的建设和改革发展做出了总体的部署。

**记　者：**这应该是我们党第一次召开这样的全会来全面重点地探讨文化的问题，这是一种责任担当，也是"文化自觉"的重要体现。

**赵剑英：**是的，这就是一种"文化自觉"的体现。从另外一个角度看，"文化自觉"还表现在，我们党不仅仅满足于目前所取得的文化方面的成就，应该说一直以来我们党都非常重视文化领域。改革开放之后，小平同志特别重视精神文明的建设，讲要两手抓，指出如果经济搞好了，却没有精神文明的发展，人民的思想道德状况没有提升，那也不是中国特色社会主义。所以我们的《决定》当中，实际上也清醒地看到了在推进中国特色社会主义伟大事业的过程中，尤其是在文化领域所存在的一系列问题。

**记　者：**我们一般说，经济、社会和文化三者应该和谐统一发展，也就是说，经济、社会的发展与文化的发展要相协调。那么您认为，我国现在在思想文化领域和文化建设方面，与我们经济建设发展之间又存在哪些差距？

**赵剑英：**第一个方面，改革开放30多年来，我们的经济建设和经济发展的成就巨大且显著。国际地位显著提高，人民群众的精神生活不断呈现越来越好的面貌，中国的国际形象也得到了大幅度的提高，这些成就是举世公认的。但是，现在国际国内的形势发展也有许多新变化，比如出现了全球化、信息化、网络化这样一些新的发展态势。信息的传播和发展、文化的传播都出现了新的特点。从国内来讲，改革不断增多，社会主义社会也在向纵深发展，利益群体也不断多样化，利益差距在不断分化，与此同时，人们的思想也出现了多样化的特点。所以利益的多元化和思想的多元化，这对于我们主流的、共同的理想信念建设和主流思想的认同都提出了新的要求。这些都是新的问题，是很大的挑战。我们应该在中国特色社会主义建设事业中要全力构建共同的理想信念，构建民族文化认同。

第二个方面，在我们的文化领域，尤其是在思想道德方面，我们也不能回避已经出现的一些比较严重的问题。社会生活中出现的许许多多不如意的事情，像制假售假问题、食品卫生问题、社会诚信问题等，这些道德失范和诚信缺失的现象，在我们经济发展的过程中，在人民群众的社会生活中，大家都可以不同程度地感觉到。所以有人说我们现在正处于社会转型时期的道德失范期，随着市场经济的不断发展，大家挣的钱比以前多了，但人与人之间的信任却缺失了，人变得更加冷漠，这和我们建设中国特色社会主义的伟大目标是背道而驰的。应该说，在思想道德方面，主流是好的，但也确实存在着不容忽视的问题。这些问题都需要我们通过推进文化进步来解决，这一点很重要。

第三个方面，我们国家现在已经成为经济大国和政治大国，大部分的老百姓生活水平都有了很大的提高，物质生活越来越富裕，但是我们精神领域里的产品，一些高雅的文化精品，在为人民群众提供更好更多的精神食粮方面，我们显得还不是那么丰富，不是那么有感召力，不能够满足那么多人民的精神需求。

**记　者：**您说的这一点很重要，现在很多的年轻人常常感觉迷茫，没有明确的方向感。

**赵剑英：**这里边存在一个问题，就是我们富裕起来后，如何满足人民群众的文化需求。《决定》里有一句很好的话就是：物质贫乏不是社会主义，精神空虚也不是社会主义。我们需要生产更多更好的文化精品，满足人民群众日益增长的文化需求，丰富人民的精神世界，增强人民群众的精神力量，这些都需要我们不断努力推进，也是我们现在发展过程中存在的一些薄弱环节。

第四个方面，我们党在对"文化自觉"的认识中，清醒地认识到，刚才谈到的这个时代出现的新特点，全球化、信息化和网络化，我们文化传播的这种同步化、迅速化，和以前是不可同日而语的。这样一来，国外一些好的东西我们应该看得到，但是西方国家的某些价值观念，包括有些国家对我们有意的文化渗透，在意识形态方面的渗透，这个问题也很严重。所以从这方面看，就我们如何在精神、文化方面建立起更多的安全机制而言，都是要靠我们自身的努力去提高免疫力，才能不断增强我们思想文化领域的安全性。所以这方面也是我们遇到的一大挑战。应该说这几个问题，我们党都有清醒的认识，也是"文化自觉"很重要的表现。

这个《决定》的颁布，表明我们党对"文化自觉"的规律有了深刻的把握：第一，我们党区分了"文化事业"和"文化产业"这样两个概念，前几年我们党已经提出了这样的概念区分，对怎样发展文化产业，怎样发展文化事业都有一些系统的部署。我们讲人类的文化有两种属性，一种是意识形态属性，还有一种就是消费的属性，也就是商品的属性，所以基于这两种属性，我们作了"文化事业"和"文化产业"的区分，用不同的措施和方法加以发展。这表明我们对文化内部发展的矛盾和规律已有清醒的认识，就是我们不会以发展文化事业的方式来发展文化产业，也不会以发展文化产业的方式来发展文化事业，这就做了一个很好的把握。当然文化产业的发展，要把社会效益放到首位，因为我们是社会主义国家，满足人民群众的社会需求是第一位的。第二，对"文化自觉"规律的深刻把握，还体现在中国特色社会主义文化建设的总体发展当中，即体现在我们讲的中国特色社会主义的政治建设、经济建设、文化建设以及生态建设。在总体事业的发展布局当中，文化建设处于什么样的位置，它跟其他几个方面的"建设"是怎样的关系，对于这样一种格局、一种布局和这样一种定位，已有了一个清醒的认识。第三，《决定》当中有九个部分，其中有一个部分提出了坚持走中国特色社会主义文化发展道路和建设社会主义文化强国的宏伟目标，同时还提出了要生产更多的文化精品，提出了文化建设发展的指导方针、主要任务以及怎样发展文化产业，怎样深化文化体制机制改革，怎样进一步发展公共文化事业等，并在这些方面都做了系统的部署。这些部署下一步都要逐渐转化成具体的政策，推动这些目标的实现，这也表明我们党在推进文化建设事业上达到了一种更加自觉的状态。所以，总体上我要表达的一个观点就是：通过对我们这次全会颁布的《决定》的解读，我们党对中国特色社会主义文化建设的理论达到了一个比较系统的、比较高度的认识，应该可以说，以《决定》颁布为标志，中国特色社会主义文化体制已经形成，较为成熟。

第五个方面，我们文化产业发展的规模和实力与发达国家还存在很大的差距。应该说这几年我们文化产业发展的势头很好，但是有规模且经济实力较强的企业还是不多，文化产品的品牌也比较少。在文化产品的输出方面，我们与发达国家也存在着很大的差距。所以，我们亟须深化文化体制机制改革，推动文化产业的发展，把文化产业作为我们国民经济的支柱产业，作为我们转变经济发展方式、落实科学发展观的重要的内容。

此外，还有一个差距体现在当前，虽然我们的经济发展和其他领域都取得了很显著的成效，但是在社会公共文化服务这一块，我们还有相当大的差距。尤其是城乡和地区之间的差距还比较大，这都需要通过进一步丰富和发展公共文化事业服务，使不同地区的城乡老百姓都能够享受到这种均等化的文化产品消费。这一次六中全会的《决定》对这些问题有了清醒的认识，也表明了我们党在文化中达到了自主的、理性的状态。另外，我们现在已经成为一个经济大国和政治大国，在展示我们中华民族团结向上的伟大的民族精神和介绍中华文化这一块，我们也要"走出去"，用我们的东西去影响他们，让他们学习。包括我们当今的中国道路，我们一系列的中国制度，包括政治制度和文化制度等都需要让国外去了解，尤其是在国际国内形势发生深刻变化的情况下，怎样确立起我们的国家形象，这些都需要我们做大量的工作。目前所表现出来的情况和我们经济大国的地位还是很不匹配的。所以说，全会推出的这个《决定》，有许多的措施要推进，从这方面也表明了我们文化的自觉状态。

**记　者：** 我们国家在国际国内出现的新形势下，提出了文化复兴和文化强国的战略，您认为其理论意义主要表现在哪些方面呢？

**赵剑英：** 这次《决定》的推出，从理论意义上看，首先表现在它标志着中国特色社会主义文化理论体系的形成，这一点我刚刚已经说过，我们党在面临新的国际国内形势的条件下所表现出的文化自觉性就充分表达了这样一种观点，达到了一种新的文化自觉。

第二点理论意义，我觉得可以从更宽的视野来讲，《决定》中所提出的观点是对中国特色社会主义文化理论的丰富与发展。为什么这么讲呢？首先，中国特色社会主义理论的丰富之处在于它包括邓小平理论、"三个代表"重要思想和科学发展观等重大思想，中国特色社会主义建设是包括经济建设、政治建设、文化建设和生态建设这几大"建设"在内的一个总体布局。前几年,关于经济建设和社会建设都做过相关的讨论,此次六中全会又重点做出了部署,这就涉及什么是文化建设的问题,涉及文化建设与经济建设、政治建设、生态建设之间的关系。对此,《决定》做了很好的阐述。如果没有文化的大繁荣、大发展,没有文化事业的大推进,没有人民精神生活充分的丰富和满足,没有中华文明资源的整合,没有中华民族软实力的提升,我们的经济建设和社会建设就会缺乏后劲,缺乏支撑,是不可持续的发展。以前在中国特色社会主义的发展体系中没有讲到文化建设的重要性,那么这次《决定》通过许多新的观点来为文化建设作了系统性的阐述。其次,我想强调的是,什么是社会主义?怎样建设社会主义?或者说社会主义的本质是什么?这是我们在实践中不断深化的问题。以前相当长的一段时期内,我们通过制度改变生产关系,有了公有制就觉得可以进入到共产主义、社会主义的状态。实际上没有生产力的发展基础,这样的发展是不可能的。而小平同志一个伟大的方面就是吸取了这样的教训,他讲:"贫穷不是社会主义,发展太慢也不是社会主义。"[1] 他在 1992 年"南方谈话"当中讲道:"社会主义的本质,是解放生产力,发展生产力,消灭剥削,消除两极分化,最终达到共同富裕。"[2] 实际上这是从生产力和生产关系的调整和统一上来把握社会主义的本质问题,具有极为重大的指导意义。我觉得在"三个代表"重要思想、科学发展观、邓小平对社会主义本质问题阐述的基础之上做出的文化建设方针部署就是对前面思想的继承和发展。发展在哪里?就是提出了人的全面发展这一观点。江泽民同志在庆祝中国共产党成立 80 周年大会讲话时,也特别提出了人的全面发展是社会主义很重要的内容,一直到以人为本科学发展观的提出,以人为本的科学发展观实际上是继承

---

① 《邓小平文选》第 3 卷,人民出版社 1993 年版,第 255 页。
② 《邓小平文选》第 3 卷,人民出版社 1993 年版,第 373 页。

了小平同志的思想精华，对其有所创新，是从发展生产力与人的全面发展的统一的角度去把握社会主义的本质，这也是其现实意义。实际上，《决定》也是进一步对这个思想的深化，是进一步对科学发展观的贯彻落实。人民群众精神需求的基本满足，人们精神生活的进一步丰富，有更多的精神产品让人们去消费，公共文化服务体系的健全，这些都是跟人的精神生活密切相关的。因为人不是动物，他们并不是只有物质需求的满足就够了，人有许多需求的层次，那么在精神层面，就表现为文化生活的反映，需要通过发展文化来满足人的这种本质的需求。所以我说这个《决定》的出台是科学发展观的很好的贯彻和落实，是一个具体思想观念的展开。我们可以想象，没有这种文化的建设，深化文化体制机制的改革，推动文化的大发展、大繁荣，人的精神需求就不会得到满足。从这一点看，《决定》所提出的文化建设的贡献是非常鲜明的。

**记　者：**六中全会颁布的《决定》对于中华民族伟大复兴的重大现实意义和深远的历史意义又体现在哪些方面呢？

**赵剑英：**我认为这个《决定》有重大的现实意义和深远的历史意义。中华民族的伟大复兴，一个最终的标志或者是根本的象征就是中华民族文化的复兴。《决定》就贯彻了这样一种意识，对民族文化复兴的这种期待，深刻地意识到文化的复兴和发展与中华民族复兴的关系。《决定》首先提出了在走向民族伟大复兴的过程中，中华民族文化自主性的问题。这个问题很重要，应该说是一个民族文化上的主心骨。《决定》还特别提到要建设社会主义的核心价值体系，提出了社会主义核心价值体系是兴国之魂，这个提法我认为是特别恰切的。以马克思主义为指导的社会主义核心价值体系，它是我们走向民族复兴过程中的精神之魂，是非常重要的东西。没有这一条，我们这个民族和国家在精神文化领域里就没有支撑的特质。这种核心价值体系是确保我们社会主义性质的条件，是引领我们民族走向伟大复兴的旗帜。由此可见，这也是确保我们民族自主性的很重要的方面，否则我们就可能成为别的发达国家的思想附庸。

**记　者：**您最后说到"思想附庸"，现在文化输入越来越多，随之而来的也有一些不良的文化思想。就这一点，我们应该怎样去辨别并吸取外来文化当中的精华部分，怎样在此基础上发展我们自己的传统文化，并延伸出新的优秀文化？

**赵剑英：**这个问题很好。我们的文化建设不是封闭的，在吸收别的国家一些优秀的文化成果过程中，主体应当是我们自己，我们的"本"就是中华民族自己的传统文化。我们不能忘本，作为中国特色社会主义的核心价值体系，这是区别于别的国家的，区别于西方资本主义国家的价值体系，这是中华民族在精神上的主心骨。这一点我的体会很深。

第一，我觉得《决定》提出的社会主义核心价值体系是特别重要的，否则就会没有主心骨，从而失去方向。所以我们讲文化自信首先要讲文化的自主性。我们不是简单地移植、模仿，成为别的国家价值观念和思想的附庸。

第二，我觉得《决定》提出了文化自信和中华民族伟大复兴的关系，它促进了文化自主。哲学社会科学、艺术、新闻传媒等领域都需要生产更多的精品来满足人民群众的精神需求，使我们的精神世界更加丰富，使我们整个民族的精神力量更加强大。如果没有更多的好的产品，我们只能去消费西方的大片或是韩剧等。为什么《决定》会用大量的篇幅去阐述大力发展文化产业，发展公共文化事业，这些都是为了生产更多的精品来满足人民群众的精神需求。有自足，有自主，才会有自强。所以，要讲文化自强首先要讲文化自主，这种自主不是他人主导的，在这个基础上我们才能讲到文化的自信。《决定》中有一句话是这样阐发的："中国共产党是中华文化的忠实的继承者。"我认为这句话具有深刻的内涵。我们不妨先回顾一下历史，近代鸦片战争之后，我们中华民族逐渐走向衰落，任人欺凌。在这100多年的苦难中，实际上这中间就是一种文化的碰撞和冲突，然后是对我们民族文化的一种反省，从文化的迷失走向文化的自主性。刚开始我们跟西方人打就败下阵来，我们就开始反思自己，我们的技术不如人家，武器不如人家。我们搞了洋务运动，建立了很多工厂，更新了很多的技术。但是，反省的最终结果是我们的制度不如人，其进一步的反映就是我们的文化不如人。从而开始了对传统的儒家文化进行批判、否定和质疑，一直到辛亥革命，到五四运动才开始觉醒。今年是我们纪念辛亥革命100周年，意义非常巨大，其开创了中国历史新的局面。但是我们也深刻地感受到：我们中国人在这中间是非常痛苦的，中国的精神世界和意识世界处于崩溃状态，在西方强势文化的冲击下，我们处于这样一种迷失的状态，我们对自己的文化不自信，以至于整个中华民族的自尊心和自信心都在那种情况下迷失。我在想，是什么改变了这样的局面？答案就是中国共产党，是我们党领导的新民主主义革命才取得了民族的解放，将马克思主义中国化，到产生了毛泽东思想，继而到邓小平理论、"三个代表"重要思想和科学发展观，这一系列思想改变了近代中国逐渐衰落的历史局面，使中国重新崛起。从这些看来，我们首先解决的就是民族独立的问题，然后从毛泽东第一代共产党人，到邓小平、江泽民，再到胡锦涛，党和国家的领导人提出的科学发展观，我们逐渐走向了富强之路。回顾中国近现代史，从之前清朝的"康乾盛世"，我们自诩为"天朝大国"的那一段辉煌的历史，到后来的从中心走向了边缘，再到现在我们重新回到了世界第二大经济体，我们成为经济大国、政治大国。尤其这几年金融危机之下，中国各个方面都表现得岿然不动，对世界经济的复苏产生了重大的影响，所以国际地位就完全不一样了。在这个过程中，我们从独立走向富强，靠的是什么？就是马克思主义的中国化。实际上就是把先进的马克思主义理论和西方的思想理论引进来，同时不忘本国的传统文化,这一中国化也包括我们传统文化与实际的情况结合在一起。而真正马克思主义中国化的一系列成果,就表现在毛泽东思想、邓小平理论、"三个代表"重要思想和科学发展观,这些都是中国化的马克思主义创新成果。这些成果使中华民族重新从衰落、边缘的状态走向世界舞台,而且表现出了一个大国和一个民族的这种形象。可以说中国共产党一个很重要的贡献就是找回了中华民族应有的文化自信与自尊,这是中国共产党一个很重要的东西。所以我刚才讲《决定》阐发的"中国共产党是中华文化和传统文化的忠实的继承者",这个是有历史内涵的。

这30多年来,我们逐渐走上了中国的现代化道路,这就是中国特色社会主义的发展道路,也是中华民族走向伟大复兴的必由之路。在中国特色社会主义发展的过程中,展现了我们制度的优势,我们的政治经济制度,我们的思想文化的优势。我们走出了这样一条道路——中国特色社会主义发展的道路,这也使得我们的国际地位不断提升,不断展示着经济大国和政治大国之风貌,使得我们中华民族的自信心进一步提升。应该说国外尤其是西方的一些敌对势力,不同意识形态的这种对立,他们对我们中国特色社会主义的发展道路和中国特色社会主义制度,存在着质疑和批判,温和一点说是怀疑。他们认为,迄今为止,通向现代化文明的方式就是资本主义,说得更具体一点,就是新自由主义这样一种思想理论体系主导下通往的现代文明。他们对中国这样一种社会主义意识形态,以马克思主义为指导的社会主义意识形态,这样一个国家以及与此相适应的一系列经济制度、政治制度、文化制度,能不能走向现代化,始终持有怀疑态度。但是我们用30多年在经济、社会生活以及其他一切领域中取得的辉煌成就,证明了中国道路的优越性、中国制度的优越性。以前那些(持怀疑态度的人)特别是对立立场的人,我想他们也开始反省这个问题,他们也进一步用客观的心态来研究中国道路和中国制度,包括与中国经济社会发展的关联性,他们也在研究。

现代化文明的发展不是除了资本主义的这样一种意识形态、思想理论体系之外就别无道路了，还有中国这样一种思想理论和与此相适应的制度。从我们自身来讲，我们现在道路应该说是越走越宽广，我们的成就也越来越显著，自然，我们更加应该进一步来增强我们民族文化的自信。这一点是我们中华民族走向伟大复兴当中特别需要的一种精神支撑。所以，我们要进一步增强我们共同的理想信念，通过社会主义核心价值体系的建立，引领各种社会思潮去武装全党和全国各族人民，去形成这样一种共同的理想信念。同时，我们也需要通过深化改革来不断完善民主政治制度、基本的经济制度，还有我们社会文化建设里边的一系列制度，使我们的制度更加完善，进一步有效推动中国特色社会主义走向现代化，走向民族的伟大复兴。所以这既是我们一百多年来努力追求的一个目标，也是中国共产党人领导中华民族做出伟大贡献的地方，也是接下来我们需要更进一步在国际国内新的时代条件下努力增强的。

还有一个观点我想表达的是，《决定》当中阐发了许多新的观点和新的要求，这些应该说还没有成为现实，提出了走中国特色社会主义文化发展的道路，建设社会主义文化强国这样一个目标，但应该说还没有成为现实，起码社会主义文化强国，我认为还没有成为现实。应该说这就是一个动员令，是一个文化的期待。需要我们真正把《决定》当中提出的很多举措逐一实现，那么我们才能真正成为文化强国，增强我们的文化信心，这也成为我们走向民族伟大复兴过程当中的一个重要的精神动力。

再一个重要的现实意义就是，刚才我讲到了文化的自主性、文化的自足和文化自信，那么，还要讲到一个文化安全。那么这个问题应该说在当今的时代条件下是一个非常重要的问题。《决定》当中专门提出来，一方面我们应加强自身的文化建设，再一个就是我们中华文化要"走出去"。在第七部分提到"推动中华文化走向世界"中讲到了实施文化"走出去"工程，我想文化安全，不光是对内的

2011 年 10 月 27 日，中国社会科学出版社党委组织干部党员
学习贯彻党的十七届六中全会精神

文化要和谐统一，还要努力"走出去"，这样我们才能够有效地设置文化安全的这道防线。《决定》所体现的重大的现实意义和历史意义基本如此。

**记　者：**在今后文化大繁荣、大发展的环境里，您认为哲学社会科学出版事业又应该承担起什么样的责任，发挥着怎样的作用？

**赵剑英：**哲学社会科学是文化的重要组成部分，应该是文化当中最为基础核心的部分。因为哲学社会科学在我看来是思想的原创性东西，也是一个社会制度的基础，对于经济社会的发展，对于我们中华民族伟大复兴有着重要的意义。正因如此，繁荣发展哲学社会科学在《决定》里面专门写了很大一段。哲学社会科学出版事业也是文化的一个重要环节，那么这次《决定》的颁布，我们作为出版工作者，也感到特别兴奋，这对出版业的发展来说也是个重要的机遇。《决定》当中推出了一系列措施，将来都是要实现的，这对于文化业的扶持，包括出版业的扶持都是很好的机遇。与此同时，作为出版工作者，我们首先的一条就是要更清晰地认识到自己的使命，应该说机遇难逢，同时我们责任重大，我们应首先多出精品力作，把社会效益放在第一位，从这样一个角度推动我们的文化大发展、大繁荣。我们要组织、策划更多的精品力作来满足人民群众的多种需求，通过哲学社会科学研究的成果来满足，因为这些精品力作是衡量一个民族的理性思维深度和成熟度的一个重要标志。就拿德国来说，这个国家产生过很多伟大的哲学家，像黑格尔、康德，他们的许多著作研究都是世界文明的重要成果，这是他们的民族真正屹立于世界之林的精品之作。而我们中华民族历史上也有这样一系列的精神产品，那么我们在当代，尤其是处于这样的大变革的时代，中国特色社会主义实践也是一个呼唤精品力作、呼唤人才的实践活动。这个方面我们应该会产生一批大的思想成果。从出版角度看，我们应该组织策划更多的精品，这是我们应尽的责任。再一个，我觉得我们出版业当中有一项很重要的任务，就是我们要为社会主义核心价值体系的宣传和普及尽到责任，要组织策划一系列的成果，既要有深刻的思想内涵，又要有大众喜闻乐见的语言形式。

**记　者：**现在新闻战线都在积极开展"走、转、改"的活动，我们出版社作为媒体的一部分，刚才您讲到要组织更多的群众喜闻乐见的语言形式，这方面又有哪些计划呢？

**赵剑英：**我们有这方面的打算，并且专门开了会，对活动进行了部署。我们也挑选了出版社在近几年当中比较适合人民群众尤其是基层老百姓看的社会科学方面的书，准备跟北京市的山区、一些边远的地区，也有城市的社区进行联系，最近我们就要把这些书送到基层去。以前我们就搞过这样的图书捐赠活动，第一次送书就有3万多册，我们现在有两个点，每个点都有3万多册的图书，另外还会向革命老区送出图书，这是我们出版工作者应尽的责任。我有个设想，把它叫作"社科农村书连锁"。当然我们也会争取一下国家的政策。我们送图书下乡，一是要做好社会主义核心价值体系方面的宣传，我们要出作品，同时我们要把一些知识性强、对老百姓有用的社会科学图书送到基层，包括城市社区、农村。此外，我们还有个重要的责任，就是要把优秀的尤其是当代中国优秀的哲学社会科学的成果推介到国外，要积极地参与到中华文化"走出去"的工程。当然这里边有大量的工作要做，这里边有许多技巧性的东西，要讲我们中国的故事，表达我们中国的立场，同时又需要用国际化的语言让国外的受众接受这样一种方式，包括语言等。我们现在正在开展这样的工作，我们跟剑桥出版社、施普林格出版集团都在洽谈，拟共同建一个出版平台。我们有一个具体的计划，最近就要推出两套，一个是《当代中国人文社会科学名著》，一个是《当代中国学者代表作文库》，就是把当代中国优秀学者的成名作和代表作汇集起来建成一个文库，这应该是哲学社会科学当中颇具代表性的作品。还有一个就是我们马上要推出的《中国哲学社会科学学科发展报告》，这是一个大型连续的出版系列，它展示的是当代中国乃至从1949年前后当代中国学术伴随着中国革命建设和改革发展这样的一个历程和当代中国哲学社会科学学术思想成长与发展的历史。这两个在全国来说我们都是首家，这对于我们展示中国哲学社会科学的话语权，增强中华文化的软实力具有重要的意义。我们现在即将推出的是中文版，之后我们会选择一些作品来组织外译出版，这样也便于国外进一步地了解中国哲学社会科学到底是什么样的情况。这个项目是中国社会科学院党组非常重视的，也列入哲学社会科学创新工程之中。因为它是代表国家哲学社会科学研究水平的整体性的展示，对国外的学者也好，国外的民众也好，都是一个了解中国哲学社会科学成长的很好的窗口。因为当代中国哲学社会科学是中国经济、政治、社会发展在学术上的一个反映，从一定程度上折射了中国特色社会主义的经济建设和文化建设水平。所以这种文化输出应该是我们中华文化"走出去"一个重要的组成部分，我们会对这个工作特别重视，以这种方式为我们国家建设文化强国，推动社会主义文化的大发展、大繁荣做出我们应有的贡献。

**记　者：**刚才赵社长从《决定》出发，对丰富马克思主义文化理论和中国特色社会主义理论体系的理论意义和现实意义皆做了全面的阐述，还谈到了文化自觉，文化的自主、自足、自信、自强和文化安全，最后联系到社科出版社自身，结合出版行业的特点来阐述了我们对于六中全会精神的贯彻落实，使我们对相关内容有了更为深入、全面的理解，非常感谢您！

# 文化强国：学术出版
# 使命光荣，大有可为[*]

党的十七届六中全会提出了走中国特色文化发展道路、建设社会主义文化强国的战略目标，对作为文化重要组成部分的哲学社会科学研究和出版业的发展具有重要指导意义。本报记者日前围绕相关问题采访了中国社会科学出版社社长、总编辑赵剑英。

## 实施学术精品战略　做亮做强学术品牌

**《中国社会科学报》**：赵社长，您好！中国社会科学出版社作为一家以出版人文社会科学学术著作为主的国家级出版社，是如何统筹规划，实现进一步繁荣发展的？

**赵剑英**：出版学术精品，引领学术前沿，是我社的优秀传统和一直奉行的出版宗旨。近年来，我社坚持正确的出版导向，坚定不移地走哲学社会科学专业出版之路，高度重视优秀出版品牌建设，积极探索管理体制机制创新，特别是乘党的十七届六中全会精神之东风，积极参与、服务于中国社会科学院哲学社会科学创新工程，抢抓机遇，深化改革，加强管理，在重大出版项目策划、努力实现学术品位与经济效益双赢等方面均取得了可喜成绩。

我社大力实施学术精品生产战略，策划出版了一批高水平的重

---

* 2012 年 3 月 14 日，接受《中国社会科学报》记者颜伊的专访。

大学术项目，学术影响力持续攀升。我们策划出版了院创新工程资助项目《中国哲学社会科学学科发展报告》大型系列丛书，力图全面科学地展现当代中国学术发展道路，首批 12 种一推出就广受学界好评。主动组织出版了南京大学重要成果《中国人文社会科学图书学术影响力报告》系列图书 3 种，引起学界和媒体广泛关注。新成立了马克思主义编辑室，策划出版了《中华人民共和国史论丛》（9卷）、《中国马克思主义研究前沿》、《马克思主义学术文丛》等。出版了历经 13 年研究的《商代史》（11 卷），填补了该领域空白。在奉献传世经典《摩诃婆罗多》之后，又出版了三部我国唐代由印度传入的佛教经典《梵汉对勘维摩诘所说经》《梵汉对勘入菩提行论》及《梵汉对勘入楞伽经》，堪称绝学经典。其他如《中国国家博物馆古代艺术系列丛书》、《中国考古学》、《当代中国学者代表作文库》、《社会认识与社会形态研究丛书》、《哈佛燕京学社藏纳西东巴经书》（10 卷）、《约翰·罗尔斯著作集》、《两希文明哲学经典译丛》、《哲学基础理论研究丛书》、《剑桥哲学史》（6 卷）、《西方学术经典文库》、《中国外交研究丛书》、《中国经学思想史》（4 卷）、《云南通史》（6 卷）、《王国维集》（4 卷）、《世界民族》（9 卷）、《世界佛教通史》（12 卷）、《非洲研究文库》、《民国学术经典丛书》等，不胜枚举。此外，还申报、承担了社科规划办"国家哲学社会科学成果文库""国家社科基金后期资助项目"等多个出版项目。

　　学术精品力作的不断推出，为我社在学术界和出版界赢得良好口碑，学术品牌建设取得显著成效。我试以一组数据略作说明。根据南京大学最新发布的出版社学术影响力数据资料，中国社会科学出版社的综合学术影响力在全国 581 家出版社中排名第五。其中，外国文学和宗教学类图书中，我社排名前三。我社在没有特殊的政治、教学资源，且建社历史相对较短的情况下，取得这样的成绩实属不易，反映了在改革以来中国哲学社会科学创新历程中我社的出版地位和影响力。

## 脚踏实地锐意改革　创新管理体制机制

**《中国社会科学报》**：请问您在加强管理、探索管理体制机制创新方面是如何做的？

**赵剑英**：的确，近几年我社学术品牌影响力的提升，离不开我们坚定不移地推进改革。2010 年我社转企改制的全面完成，为我社今后的体制机制改革创造了条件，但这只是深化体制机制改革迈出的第一步。适应市场经济环境，进行公司化改造，建立现代企业制度，是我们更为重要的改革任务。

编辑部门作为图书生产的龙头，其管理体制机制的改革创新具有基础性导向性意义，我们就编辑部门深化体制机制创新完成了新的改革方案，于今年实施。方案将实施以学科为重组编辑部机构方向成立若干学科出版中心，并根据我社图书结构和市场情况及未来发展趋势，设立新的出版机构。最重要的是实行"三个统一"的编辑工作考核机制，即努力探索数量增长与质量提升、社会效益与经济效益、个人当前利益与出版社长远发展相统一的发展道路。实施绩效考核，设立优秀策划奖、优秀图书奖、质量奖等，加大优秀图书和多类获奖图书的奖励力度，引导编辑等人员既重视图书的经济效益，更重视图书的社会效益，从而为确保我社走专业化、可持续发展之路，奠定坚实科学的制度基础。

在推进编辑部门改革的同时，我社也加大了对其他部门的管理。发行部门要确立今年的发行目标，进行内部管理考核制度的改革，把着力点放在馆配、网络销售及传统渠道销售拓展等。今年还将引进成熟人才，进一步加强发行工作的领导，修订并严格执行发行工作绩效考核制度。在出版印制部，出台了新的《关于加强图书生产管理的补充规定》，首先对承接我社印刷业务的印刷厂以及供纸公司以至排版公司、设计公司重新实地考察，进行资质认定，合理布局，推动集约经营，减少浪费，进一步降低生产成本。同时，健全管理措施，完善激励机制，强化奖惩力度，加快生产周期，确保和促进图书生产工作的完成。另外，重新修订了全社考勤制度，下发全社规章制度汇编。大力整顿劳动纪律，严格落实岗位责任制，特别是加大了奖励和责任追究力度。

## 服务院创新工程　拓展创新项目

**《中国社会科学报》**：中国社会科学院正在大力实施哲学社会科学创新工程，中国社会科学出版社如何为哲学社会科学创新工作服好务、做贡献？

**赵剑英**：中国社会科学出版社作为展示我院优秀成果的重要窗口，自院创新工程启动实施以来，积极贯彻落实创新工程所体现的改革创新精神及其相应措施，抓住机遇，主动配合，多次召开选题会、编辑大会，策划和组织一系列重大项目，参与服务于创新工程及其各项成果的发布，为我院顺利实施创新工程贡献自己的力量。

一方面，我社积极配合院创新工程的实施，主动策划和组织重大项目，打造新的出版品牌。2011 年 9 月至今，我社积极申报院创新工程出版资助项目，目前已列入创新工程学术出版大型项目的有《中国哲学社会科学学科发展报告》、《中国社会科学院马克思主义理论学科建设与理论研究系列丛书》、《中国国情调研丛书》、"剑桥古代史""新编剑桥中世纪史"翻译工程、《剑桥基督教史》等。另一方面，我社紧抓已有的高水平系列丛书和学科年鉴的出版工作，增强我社的学术影响力，如《中国社会科学院文库》《中国社会科学院学者文选》《中国社会科学博士论文文库》《中国社会科学院年鉴》《中国经济学年鉴》等。

**需要指出的是，图书编辑策划含有丰富的创造性劳动。策划、创意、组织就是职业图书出版编辑的创新劳动内涵。而且这种劳动需要职业生涯的积累和经验，是学术研究不可替代的。它具有引导、**

组织科研的作用。一个好的出版创意和出版成果，可对学术研究、教学以及知识普及等发挥重大影响力和导向作用。因此，我认为，好的图书出版项目应当可以作为"创新项目"，分享创新劳动智力报偿政策，而不仅仅是得到出版资助。创新项目的内涵应进一步解放思想，予以拓展。

## 出版是一项高尚和光荣的事业

《中国社会科学报》：目前中国图书出版市场竞争日益激烈，您如何考虑出版社的未来发展？

**赵剑英：**中国社会科学出版社是一块金字品牌，但在新的时代背景下如何再创辉煌？这是我长期以来一直在思考的问题。我认为，我社今后的发展要坚持以下几点。

一是坚定不移地走哲学社会科学专业出版之路，把中国社会科学出版社建设成为名副其实的中国哲学社会科学学术出版的主力军和重镇，成为中外优秀哲学社会科学成果的荟萃之地，进一步做亮做响专业出版品牌。这是我社可持续发展的生命所系与价值所在。二是调整图书出版结构，加大重点图书、优秀图书的比例，加大我院以及重点高校科研成果的比例，加大单本图书发行量，加大市场效益好的图书比例。同时大力推进信息化建设和数字出版进程，加强大众分社的建设和数字出版分社建设，发挥后发优势，实现跨越式发展。三是按现代企业管理要求深化改革，加强管理，实现管理体制和制度创新。在全社全部严格实行绩效考核制度，在用人制度和分配激励制度上实现创新。引进优秀人才，大胆重用德才兼备的青年人才。四是坚持科学发展、积极稳妥的发展步伐，不急不躁，埋头苦干，投身激烈的市场竞争。出版需要理想，需要眼光，更需要脚踏实地的谋划、经营和实干。在发展速度与发展质量之间，我们更重视质量。没有质量的速度，结果会适得其反。

《中国社会科学报》：采访的最后，您能否概括一下对学术出版的认识？

**赵剑英：** 出版是人类文明传承和传播的重要载体，是一项高尚和光荣的事业。中国特色社会主义伟大事业和建设文化强国，不仅需要学问家、思想家和谋略家，也需要出版家。在出版界多元经营扩张的战火四起、硝烟弥漫之际，我们深信，**只要我社坚守专业学术出版定位不动摇，牢牢坚持精品生产战略，五年、十年必然会有自己乐见的成效，必将为繁荣发展哲学社会科学和建设文化强国做出我们应有的贡献。**

# 深化管理体制机制改革
# 扎实推进"三个统一"发展道路[*]

　　随着中国文化体制改革的不断深入，转企改制后的出版社面临着新的机遇和挑战。党的十七届六中全会研究部署深化文化体制改革、推动社会主义文化大发展大繁荣的措施，提出走中国特色文化发展道路、建设社会主义文化强国的战略目标，为出版社的发展带来了无限生机。如何通过管理体制机制改革实现又快又好发展，这对时代浪尖上的出版人来说是一个重要课题。近日，记者围绕"管理强社"及相关问题采访了中国社会科学出版社社长兼总编辑赵剑英。

**加强品牌建设　开创学术品位与经济效益双赢新局面**

　　《中国社会科学报》：赵社长，您好！感谢您在百忙中接受采访。中国社会科学出版社成立于1978年，可以说是在改革开放伟大进程中发展成为人文社会科学学术著作的出版名社。近年来，随着文化体制改革不断深入创新，形成了新的出版环境。请您谈谈学术出版在当前面临着怎样的新形势。

　　**赵剑英：**党的十七届六中全会提出走中国特色文化发展道路、建设社会主义文化强国的战略目标，给作为文化重要组成部分的哲

---

[*]　2012年9月12日，接受《中国社会科学报》记者刘玉萍的专访。

学社会科学研究和出版业带来了难得的机遇和无限生机。文化体制改革、出版社转企改制赋予我们更多自主权和发展契机。同时，国家社科基金、国家出版基金以及中国社会科学院哲学社会科学创新工程出版资助力度都有大幅增长，学术出版的环境和条件正得到较大改善。当然，我们也面临着挑战，包括实现社会效益和经济效益双赢，要积极应对日趋激烈的业内竞争的考验，出版样态日益多样化，国际合作出版十分活跃，等等。

《中国社会科学报》：在机遇与挑战并存的形势下，贵社是如何实现社会效益与经济效益双赢并开拓更广阔的市场的？

赵剑英：在转企改制的大背景下，我社领导班子认真分析新的出版形势以及自身的优势与不足，进一步理清发展思路，确立了新的发展目标。坚持哲学社会科学专业学术出版定位，高度重视优秀出版品牌建设；同时积极探索管理体制机制创新，积极参与服务于院创新工程，抢抓机遇，深化改革，加强管理，尤其在推出更多优质哲学社会科学成果，努力实现学术品位和经济效益双赢方面，迈出了可喜的步伐。

我社的基本定位是：展示中国社科院优秀成果的重要窗口，立足社科院，服务社科院；全国哲学社会科学出版重镇，我社可能是哲学社会科学学术出版最集中的出版机构；中外优秀学术文化的重要交流平台，三十多年来在图书"引进来"和"走出去"方面成绩显著。这三点既是我们的定位，又是我们努力的目标。根据南京大学最新发布的出版社学术影响力数据资料，中国社会科学出版社所出图书的综合学术影响力在全国581家出版社中名列前茅。

在出版高水平的学术著作的同时要努力提高经营水平。必须坚持在增强学术影响力和扩大社会效益的基础上追求经济效益，搞经营的多元化；在提升和光大出版品牌的基础上寻求量的增长。

## 加快管理体制机制创新  "三个统一"构筑学术出版新高地

《中国社会科学报》：管理制度是否科学，管理制度的实施有效决定着企业的运营效率乃至成败，对如今的出版社来说更是如此。贵社是如何深化管理体制机制创新，实现"管理强社"的？

**赵剑英：** 坚持正确的发展导向，探索管理体制机制创新是我长期以来思考和探索的问题。我社必须走"三个统一"，即社会效益与经济效益、数量增长与品牌提升、个人当前利益与全社长远利益相统一的发展道路。根据这一理念，我们推行了一系列体制机制改革措施。如今年我社以学科方向为主导成立了 7 个专业出版中心，并实行"三个统一"的编辑工作考核机制，按照这一总思路调整图书出版结构。**为此，我们设置相应的考核指标，以实现图书结构的调整。考核指标与相应的激励措施相配合，通过利益调控的办法落实"三个统一"发展思路。**

经过一段时间的运行，改革的效果比较明显。图书结构明显改善，各出版中心主任和编辑争取指标要求的选题更加积极，竞争也更加主动。**我们正在进一步完善这套方案，继续深化管理体制机制改革，真正步入一条有内涵、有质量的科学发展道路，而不是盲目追求数量扩张，盲目追求多元化经营。这一体制和机制为专业学术出版道路奠定了很好的基础，是我社作为全国哲学社会科学学术出版重镇的保障。**

## 调整图书结构，实施"一体两翼"发展战略

**《中国社会科学报》：** 除了学术图书，贵社还正在尝试出版大众读物。在新的出版环境中如何科学地生产和管理这两类出版物？

**赵剑英：** 在这个问题上我们根据"三个统一"发展理念，确立了"一体两翼"的发展格局。"一体"就是专业学术出版，不断出版有重要学术影响力的图书是我们立社的根本。"两翼"即大众出版和数字出版。

走哲学社会科学专业出版之路，进一步做亮做响专业出版品牌是我社可持续发展的生命所系与价值所在。我们将继续加大重大重

点出版项目和优秀图书的策划组织力度，进一步做好国家哲学社会科学成果文库，以及国家社科基金后期资助文库的出版；放眼全国学术界，争取全国重点高校科研机构的重点项目；积极承担和服务好我院创新工程出版项目。目前我们的重大出版项目进展顺利。例如，由院创新工程出版资金和国家社科基金资助的"剑桥古代史""剑桥中世纪史"翻译工程，由全国相关优秀的人才承担，正顺利推进，今年可以推出若干卷。"剑桥哲学史""剑桥基督教史"翻译工程也启动。《中国哲学社会科学学科发展报告》大型丛书也在积极推进。

同时，将进一步加强有市场影响力的大众图书的开发出版，努力推出优秀的普及类图书，提高市场占有率和影响力，将专业与普及很好地结合起来。《简明中国历史读本》就是优秀的学术普及读物，两周发货7万余册。我们还要做进一步宣传，加大发行力度。上半年我们还上了其他大的项目，市场反应和前景也较好。数字出版是"创新业态"的重要尝试，也是图书出版的一个重要趋势。我们要迎头赶上，大力推进。要积极利用好国家现有的优惠政策，积极探索新的发展途径。另外，努力将图书"引进来"和"走出去"结合起来。近年来，我社的图书"走出去"工作取得突破性进展，与一些世界著名出版机构建立了合作出版关系。

**《中国社会科学报》**：作为学者型管理者，您如何在实践中实现"学者"与"管理者"的完美统一？

**赵剑英**：出版是人类文明传承和传播的重要载体。出版的生命力来源于出版人对人类优秀文化的传承和创新的价值追求，来源于他对出版事业的热爱以及使命感与责任感。编辑出版工作绝不仅仅是学术研究的终端环节，编辑策划工作以其自身的思维方式和创造性劳动，可以促进甚至引领学术研究，为文化积累和创新做出贡献。这要求出版人既要有价值和精神追求，还要有敏锐的学术感觉；既要有实际推动中国哲学社会科学创新的能力，还要放眼世界，加强国际出版合作，努力扩大中国哲学社会科学的国际影响力和话语权。

　　学术影响力、文化影响力和社会影响力是我社的安身立命之本，而钻研经营管理也是出版人必须不断思考的课题。无论是出版内容资源的集聚还是开发运营，无论是做好主业还是业态的开拓，无论是国内国际的出版合作，等等，都需要善于经营管理。目前，我社发展势头很好，我们要抓住难得的发展机遇，继续保持创业发展、抢抓机遇的工作状态，按照"认真、负责、规范、高效"的工作要求，营造上下一心、奋发有为、积极向上的工作氛围和企业文化。我们坚信，除了做到以上这些，再加上院党组、各职能局、研究所以及全国学术界的关心与支持，我们一定会不辱使命，不辱品牌，推动我社可持续地科学发展。

2013

# 办国内外一流权威的
# 专业学术出版社<sup>*</sup>

非常荣幸也非常感谢各位接受我们的聘任邀请，成为中国社会科学出版社专家委员会委员。下面我介绍一下我社2012年工作情况和2013年的工作重点，请各位委员予以指导！

## 一　2012年主要工作

对中国社会科学出版社来说，2012年是抢抓机遇的一年，深化改革的一年，加强管理的一年，团结一致、凝聚力量、奋发有为的一年。在全社同志的共同拼搏、辛勤努力下，我们取得了较为丰硕的成果。2012年，全社立项选题共2235个，比上年增加38.9%，其中重点选题占比达33.6%；签约合同1664个，比上年增加29.8%，占总选题量的74.1%；实际出书1442种，比上年增加48.4%；使用书号1583个，比上年增加55.8%。总的来说，收大于支，资金链运行良好。以上这些数据均创建社以来历史新高。

概括地讲，2012年我社的工作成绩体现为综合实力和竞争力显著增强。综合实力得到增强具体表现在选题数量、出书数量、产值规模、总收入的大幅增长，以及好书比例的增加，学术影响力和社会影响力的增强。竞争力的增强主要表现在我们的体制机制发挥出优势，我们队伍的精神面貌大为改观，工作积极性和主动性明显增

* 2013年1月30日，在中国社会科学出版社专家委员会聘任仪式上的讲话。

强，尤其在争取大的、好的项目上，以及与中国社会科学院各所、其他高校的联系上，队伍的战斗力增强，竞争力大为提高。

如果要用最简单的词来描述 2012 的工作特点，我用三个词：增长、拼搏、团结。

总之，在哲学社会科学专业出版的道路上，在量与质、经济效益与社会效益相统一的发展道路上，2012 年，我社迈出了可喜的步伐，呈现出良好的发展势头。中国社会科学出版社正乘着这一势头向哲学社会科学学术出版的强社、大社迈进。

具体来说，2012 年我们主要做了以下工作。

（一）践行科学发展观，厘清我社发展思路，明确提出"六个坚持"的发展定位

通过综合分析业内外的形势，以及我社的品牌、历史与现状，经过反复思考、锤炼，确立我社的发展思路，即"六个坚持"：一是坚持走哲学社会科学专业出版的发展道路；二是坚持"三个统一"，即"社会效益与经济效益、数量增长与品牌提升、个人利益与我社长远发展相统一"的发展理念；三是坚持"一体两翼"的发展格局；四是坚持"提升品牌，增长补贴，开拓市场，创新业态"的发展路径；五是坚持牢牢立足社科院，面向中外学术界的发展视野；六是坚持努力成为展示中国社会科学院优秀成果的重要窗口，全国哲学社会科学出版重镇，中外优秀学术文化的重要交流平台的发展目标。

**"六个坚持"对我社未来发展意义重大，重要性在于它明确了我社的发展定位和发展方向。是对学术出版的规律性认识，是对学术出版当中一系列矛盾的破解。**

（二）深化管理体制机制改革，实现制度创新

根据"三个统一"的发展理念和"一体两翼"的发展格局，深化我社体制机制改革，实现制度创新，这是推动我社发展的关键一招。**调整编辑部机构设置与出版方向，成立七大专业出版中心以及**

大众分社、数字出版中心，科学设置新的编辑部考核方案，在已有方案的基础上继续完善编辑绩效考核机制，考核方案主要突出了四个考核指标：专业选题、重大重点选题、中国社科院的选题、经济效益好选题，以调控编辑的策划出版方向，调整和优化图书结构。一年来的实践证明，改革的效果非常明显，这也证明改革方案的总方向是正确的。

（三）高度重视专业学术出版，下大力气抓重大出版项目；重点图书、优秀图书比例明显增长

2012 年，我社重大项目的申报数量与质量明显提升。

一是高度重视国家级出版项目的策划、申报与出版。我社承担"十二五"时期国家重点图书出版规划 18 个项目的出版工作，有 12 个项目申报增补获通过；申报"新闻出版改革发展项目库"，入选 1 项；申报总署"国家重点出版工程项目"41 项，其中 3 项入选。申报 2012 年度"国家哲学社会科学成果文库"，有 9 项入选；申报"国家社科基金后期资助项目"（两批），有 22 项入选。

二是倾力策划组织中国社会科学院创新工程大型出版项目。我社共申报 2012 年院创新工程大型出版项目 17 项，并且完成申报 2013 年院创新工程大型出版项目 30 项。这些项目的学术价值和质量厚重，规模也有扩大，都是非常优秀的重大重点出版项目。另外，我社还积极落实所承担的院创新工程学术出版资助项目及时出版，2012 年第一批（我社有）23 种、第二批 14 种、第三批 31 种。在我院第三批文库与资助项目中，我社承担项目所占的比例都比较高，这次争取到的资助金额占总额的 51%。

三是除了以上这些重大项目外，我们的编辑还非常主动和努力，组织了不少国家社科基金项目成果以及全国重点高校的优秀成果出版。经过统计，各类重点选题达 740 多个，占到 2012 年总选题量的 33.6%。这是非常不容易的，保证了我们专业学术出版的基础、特色与学术质量。

四是大力推进我社自主策划的重大出版项目。

剑桥古代史、中世纪史翻译工程顺利推进。2012 年召开两次会议，社科院武寅副院长作为首席专家，每次都出席会议，提出要求。目前这一项目进展顺利，总体翻译进程过半，2013 年可以出版几卷。

推动《剑桥基督教史》系列项目启动，与社科院宗教所所长卓新平以及参与这个项目的学者开会研究项目推进计划。

继续培育和打造《中国哲学社会科学学科发展报告》这一出版品牌。目前这一项目的进展态势不错，明确了三个子系列：各学科六十年学术史、三年一度的学科前沿报告以及年度学科前沿报告（内部出版）。其中，三年一度的学科前沿报告由我社与院科研局一起推动，这个项目已经立项。

计划 190 卷的《中国社会科学院学部委员专题文集》顺利启动，统一由我社出版，这个项目对于我社品牌建设意义重大。最近先期拟推出 32 卷。

启动《社科学术文库》（第二批），继续收集整理出版院获奖成果，既能丰富我社已有的这些老品牌，又能扩大我院获奖成果的影响力。

另外，《马克思主义经典作家专题摘编》《马克思主义专题研究文丛》两套大型丛书以及新启动的一套马克思主义译丛，还有《中国社会科学博士论文文库》和《中国社会科学博士后文库》等，这些项目在 2012 年都有新进展或加进新书目。

2012 年我们还启动了法学所学科发展报告项目；争取到院重大项目《中国政治思想史》（13 卷本）；争取到院文库项目《苏联通史》（8 卷本）。这些项目竞争都比较激烈，拿下这些项目充分表明我社对优质成果的高度重视。一方面给作者留下了良好形象，争取了作者团队；另一方面展示了我社实力和作为一个大社应有的气魄。

总之，抓重大出版项目是根本、是战略，是我社作为哲学社会科学专业出版重镇以及学术出版本体地位的保障。近年来我社学术影响力明显增强，根据南京大学人文社会科学评价中心，用文献计量学的方法，按引用转载量统计得出的出版社学术影响力数据资料，我社的综合学术影响力在全国近600家出版社中名列前茅。与排名靠前的其他几家出版社相比，我社是人文社会科学学术著作出版最为集中、规模最大的。这表明，我社学术出版特色明显，是名副其实的国内一流学术出版社。

（四）加强图书质量建设

质量就是生命，就是形象。加强图书质量管理始终是我们的重点工作。

2012年，一方面着力加强中国学术出版规范建设。这是国家新闻出版总署邬书林副署长和中国社会科学院李扬副院长给我社提出的任务。我们立了课题，在充分了解国内外学术出版规范的基础上，进一步修订完善我们的出版规范。作为学术出版社，重视学术规范是我们的传统，我们要更加注重学术规范建设，进一步提高图书的学术质量。另一方面制定和完善图书质量检查通报制度。每个月公布一次编校质量情况，加强对图书编校质量的及时跟踪和通报。制定并实施了《关于加强图书生产管理的补充规定》，进一步细化图书生产管理。制定《中国社会科学出版社排版技术标准规范》，对图书内文、版权页的排版标准进行了明确规定。总之，对编辑出版工作中存在的问题及时梳理，能解决的及时解决。

（五）大力推进大众分社和数字出版工作

2012年，我们有序推进大众分社工作，2012年大众分社上报选题316个，出版图书241种。

2012年我们积极探索，明确我社数字出版的工作内涵和方向。数字出版的浪潮正猛烈拍打着传统出版社。2012年我社数字出版工作在以下四方面取得显著成绩：（1）推动手机移动阅读；（2）推动我社名牌产品的数字加工，推向市场，与多看公司签约，推进电子书上网项目的合作；（3）配合社科院调查与数据中心，成立《社科智讯》编辑部；（4）改进和支持社内办公环境的电子化。

（六）狠抓图书"走出去"工作

2012 年，我们高度重视图书"走出去"工作，采取一系列措施。"走出去"工作取得新进展。为加强"走出去"工作，我们成立编译中心，配备专门的团队负责协调推进"走出去"工作。在北京国际图书博览会召开期间，组织举办了一次隆重的中国社会科学出版社重点图书对外推介会。功夫不负有心人，2012 年我们终于实现突破，与国外出版社签约 20 个合作出版项目。

## 二　2013 年的工作思路与重点

2013 年，我们以"六个坚持"为指导，着力推动图书生产的专业化、精品化、数字化、国际化和大众化。

（一）专业化

专业化即坚持走哲学社会科学专业出版的发展道路。立足学术出版，在人文社会科学领域精耕细作。专业出版是我们的特色，也是我们的立命之本；既是重要的战略资源，又是重要的经济资源。我们一定要先做专，打造国内外一流权威的哲学社会科学专业出版品牌。

（二）精品化

内容始终是我们立足哲学社会科学专业学术出版的根本，是我们立于不败之地的基础。因此，在做好"专"的基础上要做"精"，我们要立足高端，多出具有社会影响力和学术影响力的精品。

2013 年，要继续优化选题结构，努力提高专业选题和重点选题的比例。捕捉和策划具有原创性和重要学术价值的选题，推出更多代表国家水准、具有世界影响、经得起实践和历史检验的优秀成果。

2013 年，除了积极推进剑桥史系列和学科发展报告的出版外，还有一系列重点项目。比如，《理解中国》丛书包括《中国道路》《中国理论》《中国制度》《中国政治制度》《中国法律制度》《破解中国经济发展之谜》《中国社会巨变和治理》《中国的价值观》《中国的民主道路》《中国的法治道路》《中国经济改革的大逻辑》《中国人的宗教信仰》《中国的和平发展道路》等，作者包括李捷、李培林、蔡昉、卓新平、李林、张宇燕、房宁、韩震、谢春涛等著名学者，这个项目得到了这些著名学者的积极响应。这也是一个很好的"走出去"项目，中国社会科学院国际合作局表示会鼎力支持这个"走出去"项目。现正顺利推进，计划今年10月出版一批。

（三）数字化

数字出版是今年我社极为重要的一项工作，在一定程度上可以说，今年应当是我社的数字出版年。

第一，建设数字信息化办公平台。实现我社内部工作网络化是数字出版的第一步。办公系统实现数字化，选题、编校、出版印制、发行等生产环节之间的沟通和衔接就会更加顺畅和便捷，各项数据的梳理就会更加准确和迅速，可以增强工作的刚性，大大提高工作效率。

第二，规划和加强数字出版业务。尽快推动我社品牌图书的数字化。精心策划和重点建设《中国社会科学院学者文选》等文库，这是我社的宝贵资源。可以以此为基础，向全国开放拓展，吸纳全国优秀学者的著作。

第三，以数字出版为新的载体，主动策划组稿，探索新型的编辑策划方式和道路。数字出版是一个创新的平台，要策划好的产品内容。我们要策划品牌栏目，如专题论文集，将学界各学科每年关于热点话题的论文结集出版，建立规模比较大的数据库，在学界必将产生很大的影响。而且，还可以作为很好的"走出去"项目，让国外了解中国的学术动态。争取将此作为我社的一个品牌来建设，将其建设成内容原创性、学术权威性的产品。

第四，与百道、多看、网易、亚马逊以及浙江移动加强合作，扩大业务规模。

（四）国际化

现在国际出版已经发展到了一个非常活跃的阶段，也是国际学术研究的一个新趋势。学界特别看重出版社是否具有很强的"走出去"能力，将其看作一家出版社竞争力和综合实力的一个重要指标。

2013年我们要做好以下重点项目：一是中国社会科学院著名学者代表作"走出去"项目，将其作为院里的项目，由我们策划，与院科研局、国际合作局共同推动。二是《理解中国》丛书"走出去"项目。三是认真梳理我们已经出版的精品图书，将它们推出去。此外，加强与国外出版商的联系，进一步拓展合作对象，争取在数量和质量上取得更大突破。

在"引进来"方面，每年要引进出版一两本比较抢眼的、有影响力的、能够登上年度排行榜的图书。解放思想，以更加开放的学术视野，大胆追踪国际政界、学界等领域，以更加敏锐的问题意识精心捕捉国际上好的选题。

（五）大众化

大众化不是泛泛的大众阅读，而是相对于学术精品来定位的。我们的大众化是出版人文社会科学的普及性读物，是既具有知识性、学术性，又具有市场影响力和市场占有率的大众读物。今年积极鼓励大众分社解放思想，大胆创新，围绕突出问题、难点问题，大胆地与著名学者、政界人士、高端作者组稿策划。努力策划时政类、学术类大众化精品。

为实施以上五大战略，我们要深化管理体制和考核机制改革，按照现代企业制度的要求，全面实施全员合同聘用制、干部聘任制，实施新的薪酬体系，从而进一步解放和激励广大员工的图书策划和编辑生产积极性。

## 三　携手学者开放办社，共谋发展

要把中国社会科学出版社办成国内外一流权威的学术出版社，

需要国内外专家学者的积极参与和大力支持。

学术出版是学术研究的终端，学术出版的一个重要特色就是以学者为主体，为学者服务，学人办社，专家办社。各位委员都是学科带头人，在人文社会科学不同研究领域取得了重要学术成就，具有很高的学术声望。社科出版社的发展需要你们的热情参与、鼎力支持和倾心指导。我们相信，有你们的支持和帮助，我们就能实现又好又快的发展。

作为学术出版者，为各位学者服务，将你们倾注智慧和心血的学术成果以图书的形式完美地呈现出来并广泛传播，更好地发挥社会效益，是我们的职责。希望各位专家学者将自己的优秀成果拿到我们这里出版，并推荐更多重大科研成果出版项目与优秀书稿。也希望帮助我们策划更多优秀选题，携手合作，创造出更多学术精品。出好书是我们的最高和永恒的追求！

恳请各位委员凭借你们广阔的学术视野和深厚的学术造诣，为更好地推进我社出版工作的专业化、精品化、数字化、国际化和大众化建言献策。多听取我们的工作汇报，为我们制定发展战略、规划年度重点选题及其他重大决策提出具体的意见建议。今后，我们希望更加细化专家委员会工作机制，如按学科成立专家委员会小组，便于更好地发挥专家学者的智慧和力量。

尊敬的各位委员，各位专家学者，党的十八大为我国哲学社会科学的研究和成果出版带来前所未有的机遇。让我们乘着这一东风，增强责任意识，携起手来，共同努力，为繁荣哲学社会科学出版事业，建设中国特色社会主义文化强国做出更大贡献。

# 全面推进管理体制机制改革，
# 推动我社发展再上新台阶<sup>*</sup>

今天召开的这次会议是中国社会科学出版社转企改制的关键阶段的一次重要会议。会议的主题是：深入学习贯彻党的十八大精神和习近平总书记系列重要讲话精神，牢牢把握"六个坚持"的发展定位，着力实施主营业务的"五化战略"，全面推进体制机制改革，凝聚力量，攻坚克难，在2012年成绩的基础上再创佳绩，为把我社建设成为国内外一流权威的专业学术出版社继续奋斗。

2012年，我们抢抓机遇，深化改革，加强管理，在全社同志的共同努力下，取得了非常喜人的成绩，出版社呈现出蒸蒸日上的发展势头，呈现出良好的发展前景。2013年，面临难得的机遇和各种新的挑战，我们要更加坚定信心、奋发有为，坚持"稳中求进"的工作总基调，走平稳健康可持续的科学发展之路，进一步提高我社的整体实力和竞争力。

## 一 深入学习贯彻党的十八大精神和习近平总书记系列重要讲话精神，坚持正确的出版导向，扎实推进各项工作

党的十八大精神不仅要原原本本地学习，还要结合习近平总书记一系列重要讲话和批示精神，在掌握精神实质上求深入。陈奎元①院长在院党组会上一再强调，只有把习近平总书记的一系列重要讲

---

\* 2013年2月25日，在中国社会科学出版社2013年工作会议上的讲话。

① 陈奎元，时任全国政协副主席，中国社会科学院院长、党组书记。

话精神学习好，才能抓住党的十八大精神的要领，才能及时跟上党中央的节拍和步伐。

我们要以中宣部、新闻出版总署以及中国社会科学院党组关于学习宣传党的十八大精神的要求为指导，反复学习领会新一届中央领导集体根据新的国内外形势提出的新思想、新判断、新决策、新部署，以此作为我们的出版导向，扎实推进我社各项工作，自觉担负起学术出版在文化强国建设中的光荣使命。

通过学习，一方面更加清晰地掌握中国特色社会主义的源流以及形成和发展的脉络，更加准确地认识和把握中国特色社会主义的真谛，坚定社会主义理想信念，提高政治素质和马克思主义理论水平。深化对党的基本路线、方针政策的理解，牢牢把握正确的出版方向，在一些涉及民族、宗教、政治、主权领土等敏感问题以及其他社会热点的选题上不犯错误。另一方面挖掘好的选题，组织策划深入研究阐释中国特色社会主义道路、理论体系、制度，弘扬社会主义核心价值体系，阐释"中国梦"等一批主题出版物，以及能够"走出去"，反映中国发展成就，展现中国良好形象，彰显中华文化软实力的优秀作品。

我们还要以党的十八大报告"深化文化体制改革，解放和发展文化生产力"的精神为指导，全面推进我社体制改革，提高科学化管理水平。认真学习和落实党中央"八项规定"和习近平总书记关于"实干兴邦"的重要讲话，转变工作作风，"实干兴社"，以实干促学习，以实干促发展，以实干带转变，展现新气象，创造新业绩，达到新境界。

## 二　确立良好的发展心态和科学发展方式，走平稳健康持续发展之路

2012 年中央经济工作会议提出，今年"将以提高经济增长质量和效益为中心，稳中求进，开拓创新，扎实开局"，还提出"实现尊

重经济规律、有质量、有效益、可持续的发展"。所以我社提出今年"稳中求进"的总基调，就是要为健康发展、可持续发展定调，不贪大求快，华而不实。

平稳健康持续发展体现在：一是高度重视品牌建设。即要始终坚持"品牌至上"观念，珍惜品牌，爱护品牌，光亮品牌。不做有损品牌的事，不说有损品牌的话。从去年的总收入及其结构可以说明，我们是靠品牌吃饭的，品牌是我们的第一资源。品牌是经济效益之源。

二是不搞盲目扩张，不以赶超为目标。学术出版社的特点决定了我们的增长必须是有质量、有内涵的增长。否则，牺牲质量、没有社会效益和学术影响力的增长是没有意义的，最终会毁掉品牌，不可能持续发展。我们必须坚持学术出版的本体地位，把分内的、得以安身立命的事情办好。全社同志一定要有良好的发展心态，不被别人花里胡哨的招式所迷惑，始终保持清醒的头脑，苦练内功，夯实基础，抢抓机遇，稳中求进。坚持走有质量、无水分的科学发展之路。

## 三 牢牢把握"六个坚持"的发展定位，着力实施主营业务（图书生产）的五大战略

2012年，通过综合分析业内外的形势，以及我社的品牌、历史与现状，经过反复思考、锤炼，确立我社的发展定位、发展思路与战略，即"六个坚持"。"六个坚持"是关于我社未来发展的"顶层设计"和发展定位，得到院党组领导的充分肯定和全社同志的认同，在业内也引起关注和好评。从2012年我社的发展实践证明，它破解了学术出版中的一系列矛盾，是对学术出版的规律性认识，必须牢牢坚持不松懈。

在"六个坚持"指导下，今年在业务拓展上，我们要大力推进专业化、精品化、数字化、国际化和大众化。

（一）专业化

专业化的核心是做好做强专业出版。

首先要鼓励编辑按专业策划、编稿，发挥所学专业优势，努力提高专业选题的比重，逐步建立专业出版中心自己的品牌图书。

其次要继续加强专业人才队伍建设。在双向选择基础上，各出版中心的编辑进一步按专业进行调整，并按专业需要招聘编辑。激励编辑围绕学科策划组织选题，提高专业选题的比重。

（二）精品化

精品化的核心是出版学术水准高、编校质量好、影响力大的图书，重点是抓好重点选题。

2012年我社各类重点选题达740多个，占到去年总选题量的33.6%。今年我们要更加积极主动地抓重大项目的策划和出版，努力提高重点选题的比例。同时要注意，重点项目只是精品的一个主要方面，还应在一般意义上强调精品，要强调编辑考核方案中关于重点选题、优秀选题的指标任务的完成。

要落实好去年立项的重点、精品项目的如期高质量出版；要积极筹备今年中宣部、新闻出版总署、国家社科规划办等国家级重大精品项目的申报工作，力争扩大我社每年申报获批国家级重大出版图书项目的品种和规模；要认真做好第二批中国社会科学院创新工程大型出版项目的论证和实施。重大出版项目的申报、论证是一项很细致的工作，去年底我们向院里申报了30个项目，今年我们要组织全社各出版中心编辑配合后续申报工作。把选题做细，把论证做精，把各个环节做实。

除了申报，还要大力推动若干重大出版项目的出版进程：第一，《剑桥古代史》《新编剑桥中世纪史》2013年计划出版几卷？这项工作要稳中推进，务求高质量。第二，要大力推进《中国哲学社会科学学科发展报告》大型学术丛书的策划与出版进程。史学方面的"当代中国考古学研究""当代中国近代史研究""当代中国古代史研究系列""当代中国世界史研究系列"和"当代中国边疆史地研究"项目各负责人要抓紧落实。正在组稿的要抓紧，力争早日启动。社科院社会学所"中国社会发展报告"系列即将启动，今年争取有10本书稿完成。国际片，今年要继续落实《非洲研究学科发展报告》《国际组织研究学科发展报告》。要在适当的时候召开国际片领导和作者会议，进一步明确选题名称和撰写要求，加快出版进程。第三，"台湾地方志"项目，社科院已经统一立项，这个项目还要申请国家社科基金重大委托课题。

除此以外，要继续做好《中国社会科学院学部委员专题文集》《社科学术文库》《博士论文文库》《中国社会科学博士后文库》"马工程"以及中国社会科学院研究生教材等重点项目的出版工作。

（三）数字化

数字出版是今年我社极为重要的一项工作，我在年终总结中曾说过，今年是我社的数字出版年。

第一，建设数字信息化办公平台。这项工作我们已经酝酿了一段时间，实现我社内部工作网络化是数字出版的第一步。办公系统实现数字化，选题、编校、出版印制、发行等生产环节之间的沟通和衔接就会更加顺畅和便捷，各项数据的梳理就会更加准确和迅速，可以增强工作的刚性，大大提高工作效率。要完成 ERP 信息系统及 OA 系统一期的建设。3 月正式启动这项工作，争取 7 月上线试运行。

第二，完成文件档案系统及内容管理系统的建设。

第三，完成对我社网站的改版，做好英文网站更新和维护，进一步扩大我社国内外的影响力。

第四，继续与中国移动通信公司加强手机阅读项目的合作，今年力争达到1000 本的上线数量，销售额争取超过 100 万元。继续和多看公司开展电子书项目的合作，2013 年计划上线 100 本图书，制作本社专题和电子杂志，宣传本社图书。

此外，还要策划品牌栏目，策划《中国社会科学院文库》产品，开发移动客户端产品（APP）。

**需要强调的是，数字出版绝不是数字出版中心一个部门的事情，全社上下都要强化数字出版意识。树立"一个生产过程，两种产品形态"的意识，数字出版理念要融入策划、编辑、出版、发行等每一个环节。**

（四）国际化

国际化包括两个方面，"走出去"和"引进来"。

现在国际出版已经发展到了一个非常活跃的阶段，是国际学术研究的一个新趋势。学界特别看重出版社是否具有"走出去"能力，将其看作一家出版社竞争力和综合实力的一个重要指标。今年我们将"走出去"图书列入编辑考核指标体系中。

一是落实 2012 年社科院"走出去"和国家社科规划办"中华外译"项目获得资助的 7 本专著的翻译工作。按照进度要求，组织翻译工作。

二是做好我社图书对外宣传工作。要精选我社近年英文图书书目，向国外出版社寄送，并准备相关英文书目、英文目录供伦敦书展、北京国际图书博览会和法兰克福书展等使用。认真筹备 2013 年北京国际图书博览会，做好书展及版权洽谈的准备工作，做好相关图书的宣传策划工作。

三是要把几个重点项目落实下去：一是中国社会科学院著名学者代表作项目，将其作为院里的项目，由我们策划，与院有关所共同推动。二是《理解中国》丛书，包括《中国道路》《中国理论》《中国制度》《破解中国经济发展之谜》《中国社会巨变和治理》《中国的民主道路》等，作者包括李捷、李培林、蔡昉、卓新平、李林、张宇燕、房宁、韩震、谢春涛等一批知名专家学者，现正顺利推进，第一批计划今年 10 月出版。

另外要探讨与南非在出版方面的合作，要加强与"走出去"项目资助单位的沟通协调，加强与国外出版商的联系。争取"走出去"项目在数量和质量上取得更大突破。要重点加强与国外著名出版商合作，不能饥不择食，降低我社的声望和地位。

在"引进来"方面，预计引进学术前沿专著 5 种，包括《哈耶克文集》（约 9 种）、《布坎南经济学系列》（3 种）、《荷兰视角译丛》和《国际学术前沿观察系列》（约 3 种）等。今年还要重点引进出版一两本比较抢眼的、有影响力的、能够登上年度排行榜的图书。所以大家要继续解放思想，以更加开放的学术视野，大胆追踪国际上政界、学界等领域的名人，以更加敏锐的问题意识精心捕捉国际上好的选题，争取今年再上新台阶。

同时，原版图书的引进和版权维护工作也不能放松。如《西方现代思想丛书》《国际学术前沿观察》《知识分子图书馆》《发展研究译丛》《法国文学系列译丛》等。

要继续招聘外语人才，充实编译中心队伍。

（五）大众化

大众分社要解放思想，创新体制机制，围绕突出问题、难点问题，大胆地与著名学者、政界人士、高端作者组稿策划，努力策划时政类、学术类大众化精品，逐步塑造符合出版社要求的市场品牌。尽快建立大众分社管理体制机制。切实解决管理流程、考核体系、营销配置、激励机制以及现有框架下用人机制等关系分社未来发展的重大问题，实现目标化、规范化、市场化运作。

今年，大众分社要争取实现单品种销量超过 5000 册的图书达到10 种以上。

大众分社今年要重点组织好《攻坚》系列图书、《红色阅读》系列图书、《中国历史》小丛书（再版）、公务员考试教材系列的出版、发行和招投标工作。还要争取梁文茜①女士授权，组织出版《梁实秋

---

① 梁文茜，梁实秋先生的长女。

全集》。

此外，要进一步加强与优质文化公司的合作，力争取得更好的经济效益。

## 四　深化管理体制机制改革，提高管理的科学化水平

一是深化管理体制和考核机制改革。继续完善编辑考核方案，探索编辑部管理体制改革，试点分社制。分别制定行政职能部门、发行部、出版部、数字出版、大众分社、编译中心、编审室目标管理办法和绩效考核方案。

二是深化用人制度改革。按照现代企业制度要求，全社人员实行聘用制，干部实行聘任制、任期制。解决考核不合格人员"出不去"的问题。解决干部"能上不能下"、人员"能进不能出"的问题。实施合同管理，全社人员在签订劳动合同的同时，签订上岗协议，作为兑现薪酬、绩效考核的依据。

三是薪酬体系改革。要充分调研国有企业、出版行业的薪酬制度和收入水平，参考创新工程考核办法，并结合我社的历史和实际，制定科学的薪酬体系。新的薪酬体系要体现多劳多得、优劳多得的分配原则。为吸引和留住人才，我们的薪酬水平可以比同行业平均水平稍高一些，但薪酬结构要更加合理，加大绩效工资的比例。

要积极探索为我社职工建立配套的福利制度，如企业年金和补充医保制度等。

这里，我重点谈一下奖金分配。**企业就是要用机制管人，拿绩效说话。先比绩效，再比收入。对高绩效、高收入的，不眼红；对不创造绩效的，不搞平衡。这是基本理念，不会动摇。路是一步一步走出来的，事是一件一件做出来的。大家要更好地认识工作与报酬的关系。我们要从思想上认识到过去分配制度上积累下来的弊端，不能再走过去那条老路。以往事业单位模式下的分配方式，只会让一个企业的分配机制走向僵化，最终会导致公平的缺失。现代企业**

制度下的分配制度，是奖励那些想做事、能做事，并且做成事的员工，具体到出版社，就是要激励那些想创造"两个效益"，并且创造了良好效益的员工。我希望大家首先要问自己的是，我为出版社贡献了什么，然后再问，出版社给了我什么。

今年还要完善其他各项管理制度。如，每月召开一次编印发协调会，提高各部门之间的沟通、协调和配合，及时交流信息，解决图书生产中出现的问题。

## 五　加强图书质量建设

质量就是形象，就是生命，图书质量管理，我们任何时候都不能放松。

一要严把学术质量关，提高图书出版的学术门槛，严格遵守学术出版体例规范。李扬副院长在专家委员会聘任仪式上再次强调了学术规范的重要性，并要求我们在学术规范上把关。在选题立项和书稿审核时，编辑和各级领导要仔细掂量学术分量，认真把好学术水准关。在图书国际化的大背景下，学术规范显得越发重要。学术不规范，会使我们的学术水平大打折扣，也有损我们的形象。

二要加强对图书编校质量的管理，坚持每月及时跟踪和通报编校情况，梳理编辑出版工作中存在的问题，并及时解决。

此外，今年要推进校对科的改革。引进竞争机制，增加人员力量，加强新员工培训，加大工作量的同时，提高校对质量。适当提高校对、质检人员的待遇。

## 六　面向全国社科界，争取更多出版资源

今年，要继续以"牢牢立足社科院，面向中外学术界"为指导，加强与我院各所及全国社科界的联系。

一是主动发掘院内资源，积极争取各研究院所、各职能部门的理解、支持和帮助，争取更多的政策支持。

二是要更好地发挥专家委员会的作用。今年，我们举行了第二届专家委员会聘任仪式，新聘任 60 多位院内外著名学者。专家委员会是我们的宝贵资源，我们要完善相关工作机制，充分利用这些资源。

三是要鼓励编辑人员参加全国学术会议，搜集更多学术信息，绘制清晰的"学术资源分布图"。要加强与高校、科研院所等单位的联系。前些年，一些高校在科研评价体系中之所以没有把我们列入它们的权威出版社，其中一个原因，就是我们疏于联系，缺少交流。

四是要努力与地方高校出版社和学术期刊编辑部合作，尝试建立地方分社。就合作方式、利润分配、人员配备等问题作进一步筹划，尽快实施。这是我们充分利用地方社科学术资源、提升品牌的重要战略。

## 七　继续加强营销策划与发行工作，争取新的突破

**营销策划工作要想在前面，走在前面，主动策划产品，重点做好产品营销和品牌策划宣传工作。**

一方面，我们对自己的产品的数量、特点、特色，以及每本书的销售情况等信息梳理不够，好书宣传还不到位，产品营销严重滞后。今年，**我们要以广阔的学术视野和敏锐的市场眼光，加强产品信息开发，对图书信息进行梳理、分类、宣传、推广。强化读者对我社图书产品的认知，充分发掘和彰显我社好书、特色书的价值。这是"上游"工作，要为"下游"的发行工作提供详细准确的信息。**

另一方面，要做好品牌建设。一是通过发布会等活动，加强我社品牌形象宣传；二是结合我社实际和图书特点，主动策划一些活动，提高社会各界对我社品牌和形象的识别和熟悉度。

要进一步完善业务经理考核办法，使其更符合我社发行实际。要采取措施，加强管理。实体店、网店、馆配三大渠道业务继续拓

宽；配合 35 周年社庆，实施重点营销；加强库房管理，改善条件，提高物流效率；开展业务培训和学习，提高营销水平，继续充实发行业务经理的力量。要加强市场调研，丰富客户和有效读者信息。要树立大营销理念，从粗放型管理向精细化、人性化、服务型管理转变，创新营销策略与方法，积极尝试和培育电子商务和数字出版营销。要在现有工作基础上总结经验，查找存在的问题和不足，善于学习业内先进和有效的管理经验、营销策略与方法，深化内部管理机制改革，力争今年再创佳绩！

## 八　加强出版印制工作，确保完成全年生产任务

在图书生产规模继续扩大的形势下，要保障图书生产质量，精细核算生产成本。

要进一步转变管理理念，提高管理水平。要进一步加强基础生产数据的统计分析与及时上报；要进一步规范生产流程，使编印环节有序衔接，避免出片后的改动次数；要加强印后检查抽查，对不合格产品要追究相关责任人；要突出责任印制的责任意识，适当增加责任印制人员，安排专人在流程、工艺、抽检方面把关。

如何节约成本是印制部门的必修课，要高度重视。**在价格把关上，不能讲人情，而要讲行情**。要进一步节约图书生产成本，从价格和生产管理两方面控制生产成本，紧盯材料市场、工价行情，保证我社与价格合理、信誉度高的厂商合作，同时严格调控生产周期，尽快将图书投放到市场，减少人为原因造成的返工现象和材料浪费。

今年，根据中国社会科学院有关规定，凡获院资助的年鉴实行"统一印制、统一发行"，并由院委托我社代理印制和推广发行工作。出色完成全院 20 多种年鉴的印制工作也是提升我社出版品牌的重要契机。出版部要通盘考虑，全方位保证年鉴出版工作的顺利开展。

同时，要尝试数字印刷技术，寻找新的生产方式。

## 九　加强各行政职能部门改革，提高工作效率

办公室要进一步做好服务保障工作。配合社科院基建办组织完成好 158 号院的各项修缮工程；在筹划并组织好办公用房回迁工作的同时，要加强办公区功能建设，建立全品种书库、新书展览馆配室、设施展览室、书刊资料室、大小会议室、贵宾接待室、书稿档案室、健身房等。要对全社办公资产进行一次核查、清理。文字材料方面，要搞好大事记供稿及相关工作，并做好文件的传阅及立卷归档工作，做好"双周要报""工作通讯"的报道工作；筹划并建设好社文书档案室、书稿档案室。后勤管理方面，要提高物业管理水平，改善食堂伙食和用餐条件。另外，要做好安全、消防等工作。

财务处要进一步提高财务管理水平。要积极与出版部门及各个编辑中心配合，清理、筛选已完工图书并确认成本结转。继续重点跟踪几个出版中心的开支和成本状况，为我社制定政策提供必要的基础数据。要与发行部门配合，清理应收款项，规范账龄结构，提高财务管理水平。招聘引进财务人员，加强财务管理力量。

## 十　大力加强队伍建设和老干部工作，
### 加强党的建设和廉政建设

人才是我社实现可持续发展的根本保障。我社图书生产任务重，编校力量严重不足，再加上最近几年退休人员比较多，人才队伍建设任务很重。我们要着眼长远，培养一支健康向上、素质过硬、能征善战的队伍。

今年，根据各部门用人需求，采取多种渠道，继续招聘优秀人才，尤其是引进有工作经验和创新意识的成熟型人才。继续加强新入社员工培训，提高培训课程质量。落实编辑导师制，关心帮助新员工尽快成长，不断提高他们的专业学术素养和编校业务能力。要求青年员工讲政治，重学习，严格要求自己，精益求精。加强现有

人才队伍培养，开展中层干部人力资源、管理技巧等方面的培训。培养业务素质高、管理能力和执行能力强的人才，要建立合理的干部梯队，要完善职称职务晋升和分级等制度。做好兼职编校人员的配备和管理工作，建立实习生制度。

继续做好老干部工作，提高服务质量，增强离退休老同志的幸福感和归属感；要充分利用《老干部工作通讯》这个平台，起到沟通、交流和宣传的作用。

高度重视党建工作。今年党建工作有一项重要任务就是完成我社机关党委、各支部（含老干部支部）换届。

要进一步加强党风廉政建设，严防违法违纪事件。廉政建设对于企业至关重要，一刻不能放松。我们要筑牢思想防线，加强监督，堵塞漏洞。这方面我们过去也有教训，要警钟长鸣。全体职工，特别是领导干部，要绷紧弦，做表率。在物品采购、编辑、印制、发行各环节，要尽快建立健全制度，提高防腐能力。严禁收回扣，收到回扣，一律充公，统一处理。

## 十一　办好 35 周年社庆活动

今年是我社建社 35 周年，各个部门要积极配合，以项目策划为手段，以品牌建设为目标，做好宣传，搞好庆祝活动。

## 十二　加强作风建设和企业文化建设，营造和谐、健康、向上的氛围

一是要提高大局意识、使命意识和责任意识，进一步增强凝聚力。增强大局意识，最重要的是珍惜现有的大好发展局面，全社共下一盘棋。机遇就在眼前，全社上下一定要倍加珍惜。不在细枝末节上相互纠缠、斤斤计较，眼界要远，步子要实，心怀梦想，始终奔着使命远景，站在我社长远发展和品牌建设的高度处理各种关系，凝聚共识。全社上下团结一心，心往一处想，劲往一处使。无论哪

位同志，无论在什么样的工作岗位上，都要为提升社科出版社的品牌争做贡献。

二是要进一步增强敬业精神和提升主动意识。全体员工不仅仅是简单地做好事务性工作，还需要更加积极主动，把部门的工作当作自己的事情，去思考、去琢磨、想对策、求开拓。养成主动思考、认真研究的好习惯，锻炼敏锐的职业眼光。想在前面，干在实处。热爱出版事业，兢兢业业，将出版事业作为个人一生的职业价值追求。

三是要有规范意识、效率意识。没有规矩不成方圆。定规矩前要严肃论证，规矩定下来，执行要严丝合缝，不要讨价还价。布置的任务限期要有回应，答应的事情要办到办好。任务一旦明确，就要马上行动，不要做"寒号鸟"，"明日复明日"。我们社的各类会议，要务实高效，少说空话套话废话，开短会，开解决问题的会。开会要聚集主题，议而有果，议而有决，杜绝走过场的会。会上允许商议、争论，决策后要一种声音，一道命令，一致行动。

四要形成有出版社特点的良好工作作风。我们提出并大力倡导"认真、负责、规范、高效"的工作作风，我们倡导"实干兴社"，求真务实、埋头苦干的工作作风。在改进工作作风方面，我有两个提议：一是要提高个人素养。在组稿、交流、说话、办事过程中展示中国社会科学出版社的形象。要有人文素养、学术素养，自觉维护品牌形象。二是要处理好学术与经营的关系。我们出版社是企业，同时又是文化单位，既要讲学术，又要重效益。在商言商，如何体现出版社的商业意识，是一个很重要的问题。学术圈讲的是儒雅淡泊，商业圈重的是利益分明。我们在这二者之间要寻找到一种平衡，这是一种更高境界的商业。我们的工作人员在内心里要尊重学术、学者，要善于同他们打交道，进行交流和谈判。今年我们要组织这方面的专门培训。

2013 年是全党全国各族人民全面深入学习贯彻党的十八大精神

的开局之年，是新一届中央领导集体施政的开局之年，同时也是出版社转企改制的第四年，是我社深化改革、推动发展的关键一年。党中央提出了改革的新要求、新思路，全国上下展现出一种新气象、新面貌。这为我社的改革和发展带来良好的机遇和有利的环境，我们将乘新一届中央领导集体深化改革的春风，在党的十八大精神指引下，在社科院院党组的正确领导下，更加紧密地团结起来，继续保持稳中求进的工作总基调，树立强烈的机遇意识、忧患意识和改革创新意识，苦练内功、埋头苦干，切实全面推进体制机制改革，推动我社发展再上新台阶，以更好的成绩庆祝建社 35 周年。

# 深入贯彻"六个坚持"发展思路，做好近期重点工作<sup>*</sup>

马上就要到国庆假期，节前有些事情需要布置一下，一是向大家通报前一段时间的主要工作情况；二是布置新的工作需要大家很好地贯彻落实。

## 一 顺利完成西楼回迁工作

刚才办公室按照领导班子要求，作了搬迁时间表的说明，非常清楚，包括责任人、时间表等都安排得很好，有条不紊，紧张有序。去年搬到东楼都挺顺利的，特别值得肯定和表扬。而且还要感谢大家的是，在这么拥挤的环境下，我们的工作、生产基本上没有受影响，这充分体现了大家的大局意识、责任意识，这是我们出版社全体员工工作精神和凝聚力的一个重要体现。希望在回迁过程中，大家同样按照办公室的布置，积极配合，按照计划表、时间表，有条不紊地完成乔迁工作，尽量不影响我们的图书生产。搬迁工作是下个月最重要的工作之一，希望大家把这个精神传达好，有条不紊地做好这项工作。

## 二 认真做好党的群众路线教育实践活动第二环节工作

中央对党的群众路线教育实践活动要求非常严。我们出版社要切切实实按照中央和中国社会科学院党组的要求开展这项工作，确

---

\* 2013 年 9 月 22 日，在中国社会科学出版社中层干部会上的讲话。

实以这次活动为契机，解决出版社存在的实际问题，推动我们的工作，完成好群众路线教育实践活动。因此，这段时间大家都非常辛苦，社领导班子召开多次征求群众意见座谈会，认真梳理研究，制定改进措施。开展党的群众路线教育实践活动重点是要取得实效，将改进解决"四风"问题与解决工作生产中存在的实际问题结合起来。在这里我向大家通报一下，前段时间我们的第一环节工作，包括学习、专题研讨、召开座谈会、充分听取意见、集中意见、研究改进措施。上次测评的意见也反馈回来了，总体上对领导班子"好评""较好"这两项评价比例是非常高的，对领导班子工作是充分肯定的。同时也提了一些意见和建议，向领导班子成员进行了反馈，要求大家按照这些意见，来查找问题、剖析问题、进行整改。

最近，领导班子召开了几次会议，着重讨论如何做好下一步的群众路线教育实践活动。今天上午社领导班子会议传达了社科院督导组关于搞好教育实践活动第二环节，开好民主生活会的最新精神，再次讨论如何根据督导组的要求，切切实实搞好群众路线教育实践活动，明确聚焦"四风"问题，查找问题、分析原因、制定措施、建章立制、强化管理的工作思路，思想上高度重视。我社计划在10月中旬召开民主生活会，已经广泛征求了意见，支部也征求了意见。目前，召开了关于校对科改革、编印发协调和青年工作三个专题研讨会，领导班子成员之间开展了谈心活动，充分进行了交流，每位领导成员也与分管部门进行了交流、谈心，每个环节都很认真，态度诚恳，效果较好。

下一步重点是开好民主生活会，在这之前班子成员要写出党性剖析材料，主要领导要写两份，除了个人党性剖析材料之外，还要亲自撰写社领导班子的党性剖析材料，材料要交给督导组，达到要求了，才能召开民主生活会。在这个过程中，有的问题要边学习、边征求意见，边整改。我们打算在10月底针对群众意见反映比较突出的问题推出整改措施，制定若干加强工作的意见和决定。

第一，关于校对科改革工作。上周召开社长办公会专门研究校对科的问题。第一项是制定关于进一步加强校对工作的若干意见，里边包括校对管理体制、职能、费用标准等，其他的一些问题特别是职业发展问题等，社长办公会也进行了研究，并准备制定几条细则，出来后再次征求意见后下发，作为群众路线教育活动的成果。由李天明①同志负责意见稿的整理起草。

第二，加强青年培养工作。关于加强我社青年工作，在上次座谈会征求意见的基础上，要搞若干条意见出来，要有实打实的具体措施。青年的培养以各个部门为主，各位中层干部理解和配合支持非常重要。青年工作由机关党委负责。

第三，制定加强人力资源培训的整体计划。首先是举办青年员工的培训，不仅仅是入职、入社培训，还要制订整体计划。

第四，制定编印发协调办法。为加快生产出版周期，我们要加强编印发信息沟通和协调，畅通各出版环节，制定有关规定。在没有找到新库房之前，要充分发挥管理潜力，改革那些因信息不畅、工作机制缺陷等管理问题带来的弊端。该项工作由分管社领导牵头，编辑、发行、印制部门之间密切合作，加强沟通。

第五，制定公务接待制度。办公室要根据中央八项规定精神负责制定关于公务接待的几项规定，包括公务用餐标准等。

第六，制定关于社内人员因公出国的管理规定。以前社里都没有硬性的规定，中央的要求非常严，主要是针对国家机关。作为国有企业，我们也应当贯彻中央这个精神，勤俭治社，本着节约的原则尽量减少出国的各种花销。我们不是很富裕，还处于艰苦创业阶段，要杜绝一切浪费，一方面要贯彻中央的精神，同时结合我们出版社的工作实际，制定具体的实施方案。

第七，制定社领导密切联系群众的制度。要把密切联系群众作

① 李天明，时任中国社会科学出版社人事处副处长，现为中国社会科学出版社副社长。

为一条比较有约束力的规定，如分管领导与分管部门，怎么密切联系群众。有些大的工作要听取群众意见，要有制度性的专门安排。

第八，弘扬正气，加强班子团结。要建设一个政治方向正确，爱岗敬业，开拓创新，敢抓敢管，相互尊重，勇于担当，密切配合，执行效率高，以及民主和谐、作风正派的领导班子。

我梳理了以上8项要进一步加强的工作，要确实按照中央的要求，不走过场，不搞形式主义，认真做好这些问题的整改工作。通过这次机会，这样的载体，这样的方式，来解决我们出版社大家反映得比较多的问题，进一步推动我们的工作，进一步提高工作效率、效能。这是群众路线教育实践活动的基本内容和重点。

## 三 抓紧筹备35周年社庆活动

搬完家后就是社庆，重要的活动在11月。上午领导班子开会交流了一下，有以下几项工作需要马上布置。

举办社庆活动的总体思路是节俭，不搞大的活动，不多花钱，不讲排场，主要采取举办出版论坛、成果发布会和不同形式的座谈会等方式来庆祝我社建立35周年。

第一，举办首届中国社会科学学术出版论坛暨中国社会科学出版社建社35周年座谈会。这是我们35周年社庆的主活动，一天半天都可以，我们要通过这个活动打出中国社会科学学术出版论坛这个品牌。有同志提出，首届论坛我们自己办，第二届可以联合有关单位，如中国新闻出版研究院，扩大在业内的号召力，依托新闻出版广电总局，每年搞一次，不要贪大，办得层次高一些，我觉得可行。如果办得比较好，也可以请一些国外的出版社，借机扩大中国社会科学出版社在海外的品牌影响力。我们要请出版界同行和我们的老作者、学者，院领导和上级部门领导参加这个活动。打算在11月中旬，各部门主任联系一些知名作者，列出邀请名单。

第二，举办几次重要的图书发布会。发布会要拿点硬东西出来，把我们的精品图书展示出来。

一是院"马工程"成果发布会，这项工作也列入院"马工程"的工作内容。我们要与院"马工程"小组联系一下，11月在我社召开。主要是两个系列即《马克思主义经典作家专题摘编》和《马克思主义理论专题研究》，《马克思主义专题研究文丛》等另外几套成果也要进行展示。

二是中国哲学社会科学学科发展报告发布会。一是前沿报告，大家要赶一赶，最晚到12月拿出来。另一个是学术史系列到底能出来多少，有关责任人要盯紧。法学学科新进展11月底能出30种。这套书法学研究所抓得很紧，要求也很严，法学所也是想把它作为拳头产品来推出，不仅在社科院起到示范作用，在全国法学界也有权威。这套书对推动学科发展报告相关工作，具有一个很好的示范和"广告"作用，因此一定要做好这套书的宣传工作，举行发布会时要请院领导和新闻出版署领导到会。还可以请北清人师①法学院的领导和知名学者及有关政法部门领导。

三是2012年《中国经济学年鉴》出版暨年鉴发展工程启动会议。我们要把"年鉴发展工程"这个牌子打出去，请一些社科院的所长来。年鉴出版的同时，由李扬②副院长宣布院年鉴工程启动，具体由出版社来抓，院里规划启动40—50种，牵涉布局、动员问题，这两个会可以结合一起。目前，年鉴管理办法院里也已经通过了。

第三，精品图书、社史的展示。挑选一百种精品图书，统一制作腰封，在社庆期间展示。再一个是社史、图片、大事记的整理，具体由营销部门和相关分管社领导负责。图书的挑选、制作，还有社史荣誉室的布置都要抓紧，工作任务非常重。

第四，离退休老干部座谈会。初定于11月底或12月初召开，老干部支部同志反映，老同志非常关心社庆。另外，西楼装修好

① 指北京大学、清华大学、中国人民大学、北京师范大学四所高校。

② 李扬，时任中国社会科学院副院长。

了，老同志要求回社看看。我们欢迎老同志回来，应当开一个座谈会，听取我们的工作汇报，同时，欢迎老同志为社里发展积极建言献策。

第五，月底还有一项大的活动，我们要承办院里的"六名"①会议。院全体党组成员将出席，各所局主要领导参加，规格很高。虽然准备工作任务重，时间又比较紧，办公室压力比较大。但是，这是我们展示自己的好机会，我们一定要抓住。一方面我们乔迁新居，要展示我社新的环境面貌。另一方面，我社35周年社庆，届时我要做一个发言，展示一下我社近几年改革发展成果。

院领导指示，以后原则上院里的科研会议，除特殊情况外，都要在院内开。我们新装修的会议室有条件承接院里及各所的会议，这是我们的一个优势。目前，会议室的准备工作量很大，电子设备、桌椅的采购、安装调试等工期都要尽量往前赶。其他部门要积极配合办公室的工作，做好搬迁工作。

社庆筹备活动的各项安排都要具体落实到个人，包括来宾的联系、会议室布置、社庆活动材料的准备以及后勤保障等，确保各项工作做得周到细致，不出纰漏。

## 四　深入贯彻"六个坚持"的发展思路，培育学科优势和特色产品

近几年，我们形成了比较成熟和明确的发展思路即"六个坚持"。营销部门最近几天编制出版社简介小册子，我们又对"六个坚持"作了进一步的修改和完善。"六个坚持"是一个严密的逻辑体系，从理念到路径，再到战略，再到路径，从哲学上说，这是"实践观念"，是理论与实践的统一，不是虚的，不是空喊口号。

第一条是坚持走专业出版道路，第二条是"三个统一"，社会效

---

①　"六名"是指名报、名刊、名社、名馆、名网、名库。

益、经济效益，个人当前利益与出版社可持续发展相统一。以"三个统一"发展理念为指导，我们实施"五化"发展战略即专业化、精品化、数字化、国际化、大众化。这些战略的实施就需要体制保障、机制保障即管理考核方案。

今年暑期工作汇报会上，各位出版中心主任的发言表明，专业化、精品化取得更加明显的成效。我们的选题结构、图书结构，按照出版的定位、总目标得到进一步改进。此外，前不久北京国际图书博览会上我们"走出去"签约 8 项，上半年共签约 16 项，可以说"走出去"步伐不断加快。我社图书世界馆藏影响力在国内出版社排名第六，体现了多年来我社"走出去"工作的成效。数字化我们也在大力推进，随着西楼装修结束，我们的数字化硬件和软件设施将逐步到位，数字化的进程将不断加快。

我们初步形成了专业化的体制分工和考核要求，下一步编辑工作的重点，应当要进一步增强社科出版社图书产品以及整体品牌影响力和竞争力。建议在七大出版中心（包括编译中心）的基础上，把加强专业特色和产品特色作为一项重点工作攻关。每位出版中心主任要认真思考和策划，你们的学科范围内，在学界当中影响很大的，得到该学科领域普遍认可的，学者研究必须要看的，必须参考的学术精品有哪些？你们哪些学科在业内是具有领先优势的。这是下一步努力的方向，我们要在全国出版社当中做到人无我有。这方面，我们显然还有距离。我们要提高专业出版品牌，还没有形成优势学科和比较强的特色产品。我们必须培育这些特色，培育"王牌"。如原来我们宗教学科就比较厉害，但要巩固。

从现在开始，尤其是明年，各出版中心主任，要认真梳理以往的产品。**从"面面俱到""蜻蜓点水"中走出来，开始有计划地培育和强化学科重点方向和特色产品。总之，学科优势和特色产品是我们下一步提升品牌影响力和竞争力的重点**，如果能做到这一点，我们目前国内第五、国际第六的排名将会继续上升。

# 打破旧体制　建立现代企业薪酬制度<sup>*</sup>

　　今天召开中层干部会议，是为我社在未来三个月内将要进行的人力资源管理改革做一个动员。经过一段时间的酝酿、准备和比较，社长办公会最终决定由北京正略钧策管理顾问有限公司来承担这次改革的设计和实施工作。今天他们也来到现场，我首先代表中国社会科学出版社向正略公司的领导和同志们表示欢迎和感谢！

　　社科出版社建社 35 年来，积累了大量的财富和无形资产，我社学术出版的品牌在国内外也获得了较高的认可与好评，可以说品牌的底子还是比较扎实的。2010 年我社完成了改制，走出原有事业单位体制的"安乐窝"，开始迎接激烈市场竞争的挑战。总体上看，这几年的发展势头不错，年生产图书品种数、发行量和回款数等均有大幅提升，在一些权威机构评估中排名比较靠前，说明社科出版社的学术影响力和市场竞争力是能够经受住考验的。但是，在出版行业快速推进现代企业管理改革的浪潮中，我们的步伐迈得还不够快、不够坚定，与我们的行业地位十分不相符。应该说我们虽然在单位性质上转为企业，但是实际上仍然延续着之前事业单位的管理体制，在应对复杂多变的市场时显得有些力不从心，身躯与行为比较笨重和僵硬。这些体现在日常管理中，就是部门之间扯皮推诿、岗位职责不清、办事效率低；员工对自身的权责利认识不到位，对收入分配的公平感低，对出版社的满意度和组织承诺也受到影响。正是基

---

　　* 2013 年 11 月 14 日，在中国社会科学出版社人力资源管理改革动员会上的讲话。

于这样的背景，社长办公会讨论决定启动一次彻底的、自上而下的、全员参与的人力资源管理改革，打破过去陈旧的体制、方法、惯例和思维方式，并重新建立起一套体现现代企业精神、满足市场竞争要求的组织和人力资源管理制度，释放我们的品牌和人才潜能，通过管理强社，实现向规范、灵活、高效管理方式的转变。

考虑到这次改革涉及出版社的方方面面，从组织架构到岗位设置，从绩效考核到薪酬体系；考虑到我们社现有人员现代企业管理专业程度不够，社长办公会决定引进外智，委托专业的管理咨询公司承担此次改革方案的设计。经过慎重考量和认真比较，社长办公会最终决定委托正略公司担任本次项目的咨询方，完成改革方案的制定工作，人事处负责对接。

正略咨询公司是国内成立最早的咨询公司之一，具有20年以上超过5000个案例的经验积淀，拥有一套系统完善的咨询工具。在文化传媒行业，曾为人民邮电出版社、外研社和人民交通出版社等设计组织和人力资源管理变革方案，积累了较为丰富的行业案例经验。此次项目组共4名核心成员，全部拥有硕士学历以及人力资源管理的第一线工作经历。其中，宋克春先生毕业于中国人民大学，现为正略咨询合伙人、副总裁；韩剑民先生毕业于中科院研究生院，现为正略咨询合伙人，曾担任新京报社人力资源部主任；葛晓宇女士和邵光强先生分别毕业于吉林大学和山东大学，现均为正略咨询高级咨询顾问。从今天开始，在接下来的几个月中，他们将全程参与和支持我社的人力资源管理变革项目，提供专业的人力资源咨询服务。此次改革项目约历时两个半月，争取在春节前完成，具体各个环节的进度和安排正略公司一会儿会详细介绍。正略公司今天下午就将开始访谈，希望大家配合他们开展工作，帮助项目组掌握最真实的第一手资料。

任何的改革都会带来阵痛，尤其是当改革触及个人切身利益时。这次改革涉及面广、力度大，刀子动得很彻底，必然会影响和冲击到每一个人，但改革是必然出路，不改革就不可能带来大发展。通过此次改革，我们要达到两个目的：一是要进一步提升管理水平，为出版社更好更快更优质地发展积蓄力量；二是调整结构，理顺关系，让每一个人成为自己绩效和薪酬的主人翁，做到心里有谱、心中有数。所以，希望大家做好思想准备，积极投入到方案的讨论和设计中来，及时反馈，坦诚沟通，真正从内心理解、接受和认同改革。

这次改革社领导下了大决心，这是社科出版社脱胎换骨的大好机会，如果这次改革进行得不到位、不科学、不贴合实际，那就不仅仅是人力、物力和时间资源的浪费，更有可能使管理体制成为制约我社发展的掣肘，今后这样的机会很难再有。这一段时间恰逢年底，又赶上35周年社庆，大家手里的事情都很多，但无论如何，都希望大家积极配合项目组，同时各部门负责人要把这次动员会的精神及时准确地传达到每位员工，做好本部门的动员工作。如果有什么问题，也请随时和项目组、人事处保持沟通，不要把疑问和不满窝在心里再带到工作中。

# 坚定不移地推进专业化和精品化战略<sup>*</sup>

2013 年 12 月 26 日，我社召开 2013 年度部门述职会议，各部门负责人汇报 2013 年度工作总结及 2014 年度工作计划。会议由社长兼总编辑赵剑英主持，部门负责人及社长办公会成员参加。

赵剑英高度认可了全社 2013 年度所取得的成绩，并向大家的努力奉献表示赞许和感谢。他说，今年我社的品牌影响力和经济实力继续稳步提升，社会经济双效益齐头并进，这些成绩与全社职工的辛勤奉献是分不开的。社领导班子充分看到和高度肯定中层干部在各自岗位上的汗水和辛劳。

## 一 我社 2014 年的几项重点工作

1. 继续坚定不移地推进编辑业务的专业化和精品化战略

自我社按学科划分出版中心以来，专业化取得了很大的进展，这说明专业化的方向是正确的。各出版中心要继续在专业化的基础上推进精品化，培育自己的优势学科和特色产品，并依此积攒口碑吸引资源。要坚定不移地将培育王牌学科和优势产品作为推动精品化战略的抓手和载体，提升出版中心和出版社整体的品牌吸引力和学界认可度。为此，要做好如下工作：

（1）巩固老客户。老客户即老作者和老的学科基地、学科点，范围涵盖院内外。

* 2013 年 12 月 26 日，在中国社会科学出版社年度部门述职会议上的讲话精神。

（2）开拓和占领新的学科点和基地。要"走出去"，参加学术会议，"跑点跑码头"，更加深入和频繁地与学界交流；要盘点学科与学术资源地图，做足功课，弄清楚每个学科的重点高校、研究基地和顶尖专家，熟悉学术分布和学术资源地图。这是各出版中心2014年的一项重点工作。

（3）巩固老的品牌书和好书。各出版中心要盘点本中心传承下来的一些好书，老书新做，维护好出版社的宝贵资源，可以在建社35周年主题目录上找。

（4）巩固连续出版物。必须牢牢守住连续出版物，看守好战略产品。面对同业出版社竞争时，要有宽阔胸怀和大社气魄，敢于和作者谈条件，必要时积极寻求社内支持。

（5）紧密与中国社会科学院各所的联系。历届大奖评选结果表明，社科院作为专业研究机构，其学术成果总体水平较高，主持的重大课题数目较多。要进一步推进与各所的联系，收复失地和占领新的阵地，在争取阵地上寸步不让。

2. 各个部门要制定 5 年或 2015—2020 年的中长期发展规划

规划要把握几个要点：

（1）国际化战略。国际化战略要上升为整个出版社的发展战略。国际化的内涵很多，首先是中国学者和图书的国际影响力。未来学术和出版业的发展趋势是要走向国际舞台，国内顶尖学者正在努力进入国际学术圈。在这个方面，出版社可以做到杂志做不到的事情，我们要把更多国内的学者推向世界。要提高与国外知名出版社合作的广度、深度及层次，选择大的、有重要国际影响力的出版机构进行合作。其次，努力争取国际知名学者的原创成果在我社出版，这是作为一个国际知名出版社的标志。可以聘请国际知名学者做我们的审稿和选题推荐专家，吸纳更多的国际化元素。要舍得花重金引进高端的双语兼修的国际化人才，要吸引国外著名高校的毕业生来我社工作。最后，建立国际分社也是未来出版社国际化布局的重要谋划，是出版社走向国际的重要窗口，这项工作做得越早越好。

（2）数字化战略。数字出版是未来出版的发展趋势，国外数字出版已经开始盈利，国内出版社也正在努力朝这个方向转变。今后出版社的利润增长要瞄准电子书市场，争取做到纸质出版和电子出版平分秋色。数字出版也要上升为出版社的整体战略，要渗透到图书编辑、出版和发行的各个环节，数字产品和纸质产品要同步面世，全社各个部门都必须高度重视。

需要注意的是，专业化、精品化、国际化、数字化不是分离的，而是相互渗透的。任何一本精品图书都要兼顾国内外市场和纸质、数字两种业态，统筹谋划，总体推进。

3. 大力推进学术影响力战略工程

学术影响力包括国内和国际学术影响力。影响力的构成包括很多方面，其中基础是市场。在这一方面，图书馆有着十分重要的地位，要走进国内知名高校的图书馆，并建立一支专门的馆配队伍，服务直接客户，社领导也要带头"走进去"。同时，国内的营销宣传也是增强影响力的重要载体。在国外影响力方面，要继续走进、了解国外图书馆，增加我社图书在国外图书馆的馆藏量，有步骤、有层次地进入华文世界和外文世界的图书馆。另外，要加强英文网站的建设，专人负责，进一步充实内容，及时更新，充分利用英文网站推介图书和出版社活动。"走出去"工作要有战略思维，加强管理，有耐心、有计划地实施和推进。

4. 建立强大、庞大的作者、专家和客户数据库

数据库是增强工作针对性的基础。第一，发行工作要加强专业性，密切联系一些大的图书馆、资料室和研究基地，了解有效客户，建立直销的读者数据库，同时和编辑们密切联动。第二，要建立和维护作者库。除了编辑个人建立维护自己的作者数据库之外，出版社提供资源集中管理，加强服务，开发联谊活动，密切联系。对于

出版社评选的优秀图书奖，给作者颁发证书和奖金。要建立全球范围内的作者和客户数据库。

### 5. 加强服务

编辑和营销部门要加强对作者和客户的服务，在交流中要不卑不亢，有品位和内涵，要有竞争意识，通过拼品牌、拼服务、拼编校质量，增强出版社的核心竞争力。要把作者、读者、图书馆满意度纳入绩效考核体系。

## 二　2014 年工作的具体意见和要求

### 1. 总编室

（1）要密切跟踪重大项目，增强重大项目的推进和检查意识。

（2）在重大项目申报奖项方面，要选准选好报送图书，报上去之后及时跟踪，不要一报了之。

（3）加强兼职编辑管理，开拓和组建一支优秀的兼职编辑队伍。

（4）要做好老书、好书的维护工作，关注和清理一些老书的合同问题，加强合同管理工作。

（5）进一步加强质检工作。社里会统一考虑费用和人员问题。

（6）加强管理职能建设，一般工作人员不再看稿。

（7）简化合同和选题审批程序，提高规范意识和服务意识。

### 2. 人力资源部

（1）重点加强编辑队伍建设，面向国内外引进高端成熟的编辑人才，提高招聘门槛和人员待遇。

（2）培训工作常态化。除了一般性的培训之外，着重提高在转变观念、接受新的出版理念方法上的培训，设计相关课程，邀请专家作讲座，提高编印发人员的队伍素质。

（3）深化管理体制机制改革。在机构、薪酬、绩效改革方面保持原有体制中好的部分，再进行有益的创新。

（4）干部队伍建设。加强领导班子和中层干部建设，在梯队建设上下功夫，充分尊重、信任和培养年轻人。

（5）推进博士后工作站工作，建立和高校博士后流动站的联系，将博士后工作站建设成为我社重要的人才培养和储备基地。

（6）做好出版社未来5—7年的人力资源工作发展规划。

3. 财务部

（1）继续加强对成本支出和财务运行的分析工作，细化到个人和出版中心，提供完整翔实的数据支持。

（2）进一步规范财务报销程序。

（3）在有些工作中进一步增强服务意识，走在前、想在前，提高工作的主动性。

4. 出版部

要在流程、质量和项目跟进上有明显改进，工作更加深入和细致，将成本管理纳入重要工作。

5. 办公室

办公室工作要增强主动性，更加深入细致，提高服务质量。

6. 数字出版中心

（1）巩固提升纸质书的销售，开发电子书资源，培养新的增长点，提供增值服务。

（2）转变观念，推动未来生产形态的转变，可以面向国外。

7. 大众分社

（1）改善品种。

（2）增强市场和社会影响力，拓展读者面。

（3）关注盈利。要用市场化的方式运作，吸引年轻人，做一些高端的政治、经济和文化类图书。敢于向名人组稿，社里会提供政策和资金支持。

8. 年鉴分社

（1）年鉴品种争取发展到40—50种，吸引院内外的资源，培育成为新的制高点。

（2）发行重点要关注馆配。

（3）参照国内外优秀年鉴，尽快出台年鉴撰写标准。

## 9. 发行部

（1）馆配、网络销售和海外市场销售要继续推进。

（2）物流问题一定要在 2014 年得到解决。

# 做专、做精、做强，建设富有竞争力的新型文化企业*

2013 年 11 月 26 日，首届中国社会科学学术出版论坛暨
中国社会科学出版社建社 35 周年座谈会

　　在党的十八届三中全会胜利闭幕之际，今天我们召开首届中国社会科学学术出版论坛暨中国社会科学出版社建社 35 周年座谈会，深入学习贯彻党的十八届三中全会精神，研讨如何更好地做好学术出版，推动文化强国建设无疑具有重要的意义。我首先代表中国社会科学出版社全体干部职工，对百忙之中莅临会议的各位领导、学

---

　　* 2013 年 11 月 26 日，在"首届中国社会科学学术出版论坛暨中国社会科学出版社建社 35 周年座谈会"上的发言。

界前辈、专家学者、出版业界同人和媒体朋友们表示热烈的欢迎和衷心的感谢!

学术出版是人类思想文化传承的载体,不仅如此,它也以自身职业的视野、经验以及创意和组织活动引领推动着人类思想文化的创新。从这个意义上说,学术出版也是人类思想文化进步的重要动力之一。在近代以来中国启蒙与现代化进程中,学术出版发挥了十分重要的作用。在当代中国,中国特色社会主义文化的繁荣发展在学术出版中得到重要而深刻的体现,学术出版也为中国特色社会主义文化的繁荣进步做出了重要贡献。谈到当代中国的学术出版事业,不能不提到中国社会科学出版社。

中国社会科学出版社诞生于1978年6月14日,正值当代中国拨乱反正、解放思想、开启改革开放大潮的伟大历史转折时期。在建社35周年的今天,党的十八届三中全会刚刚胜利闭幕,在新的历史基础和起点上,又一次开启全面深化改革的大幕。全会提出改革的总体目标,到2020年完善和发展中国特色社会主义制度,推进国家治理体系和治理能力现代化。我体会,这是一个进一步积累经验、完善理论和制度、展示制度优势、体现国家竞争力的时期。这是中华民族伟大复兴一个十分重要的关键时期。中国社会科学出版社无疑是历史的幸运儿、弄潮儿。改革开放的35年,我社有幸与其同行,一直行走在这亘古未有的伟大社会变迁的历史进程中,参与并见证了当代中国翻天覆地的伟大变化与发展,参与并见证了当代中国哲学社会科学的繁荣发展。而党的十八届三中全会开启的新一轮全面深化改革的伟大历史时期,必将为中国文化和出版事业的繁荣和发展带来新的广阔空间,也必将为中国社会科学出版社的发展注入新的生机与活力,成为我们发展的新起点。党的十八届三中全会使我们对国家的未来,对中华民族的伟大复兴,也对哲学社会科学事业,对中国社会科学学术出版的未来充满信心!

35 年来，伴随中国改革开放的不断深入，出版业经历了市场经济、文化产业、转企改制、信息技术革命和数字出版等诸多深刻的实践变革，几代社科出版人艰苦创业、艰辛探索学术出版社会效益和经济效益相统一的发展之路，积累了丰富而深刻的出版经验，取得了可喜的成绩。

35 年来，我们始终坚持正确的出版方向，在宣传马克思主义基本原理研究成果和中国特色社会主义研究成果方面，在弘扬主旋律，巩固马克思主义意识形态阵地上，在坚持社会主义先进文化的发展方向上推出了大量有重要影响力的成果，发挥了作为党和国家意识形态重要阵地的作用。

35 年来，我社始终坚持专业学术出版的基本定位，出版了大量学术文化精品，现当代许多学术大师都在我社出版过重要著作。同时我社还引进了许多国外优秀学术名著。我社出版的第一本书《提高生产率》是美国唐纳德教授卡内基·梅隆大学演讲词的中译本，第一本"走出去"图书是与英国培格曼出版公司合作出版的《中国概况》，于 1982 年签约，这些图书反映了第一代社科出版人的开放视野和强烈的时代感。我社策划出版的第一套大型丛书《当代中国》（前 79 卷）以及《中国社会科学博士论文文库》《社科学术文库》都反映了第一代社科出版人的高屋建瓴与远见卓识。

可以说，在改革开放以来的新历史时期中，哲学社会科学成果出版，无论是在数量上还是就学术影响力、社会影响力而言，我社均是最重要的出版社之一。35 年来，我社形成了深厚的学术出版传统，树立起了响亮的学术出版品牌，成为国内权威、国际知名的哲学社会科学学术出版机构。

35 年来，我社形成了老中青相结合的传帮带的专业编辑队伍，专业经营管理队伍和专业市场营销队伍，为在新的历史起点上的新发展提供了人才基础与保障。

　　35 年来，我社从 8 万元起家，发展到现在年出书 1500 种的规模。利润和职工收入逐年增长。规模虽不算大，但发展质量较好。需要指出的是，这是在国家没有一分拨款，既无行业或特殊的政治资源，也无任何教材教辅，做纯学术出版的情况下取得以上成绩的，我们深感其中的艰辛。不仅如此，当前，我社形成了良好的企业发展氛围，干部职工目标坚定，思路清晰，团结一心，实干苦干，人气旺盛。可以说，社科出版社目前正处于历史上最好的发展时期，呈现出良好的发展势头。

　　这些成绩，归功于历届社科出版社领导与职工的艰苦创业和辛勤奉献，归功于中国社会科学院党组的正确领导，归功于院属各职能局、各研究所以及全国哲学社会科学界的大力支持与信赖，归功于中宣部出版局、国家社科基金规划办和国家新闻出版广电总局一直以来的关心、帮助与支持。在此，请允许我代表全社广大干部职工对你们表示最崇高的敬意和衷心的感谢！

　　成绩已经过去，重要的是面向未来。当今出版业是与科技高度融合的行业，变化日新月异，业内竞争更加激烈。在全面深化改革的大形势下，文化领域即将展开新一轮改革，将对出版业的发展提出新的挑战与要求。从党和国家的要求看，同一些兄弟出版社的发展相比，我社取得的成绩实在是微不足道。而且现在还存在许多与现代企业制度相距甚远的问题，都需要在深化改革、加强管理中予以解决。但是，我们身逢东方大国伟大崛起、中华民族伟大复兴的历史性时刻，有信心和决心把中国社会科学出版社办得更好，把她做专、做精、做强。同时我们要进一步解放思想，胆子要大，步子要稳，苦干实干。积极探索学术出版主业基础上产业的适度多元化，发展新型业态，把我社打造成主业突出、基础牢固、业态多元、股权结构开放多元、按照现代企业制度治理的、富有竞争力的新型文化企业，为中国学术出版事业，为国家文化软实力和社会主义文化强国建设做出自己应有的贡献！

　　回顾历史，我们深感荣耀。面临新的机遇与挑战，既有兴奋与喜悦，更有巨大的压力。我们要变压力为改革发展的动力，紧跟时代和行业发展的步伐，把社科出版社的发展融入建设文化强国和民族文化伟大复兴的历史洪流中去，勇立潮头、勇于担当、奔竞不息。

# 党的群众路线是马克思主义的
# 集中体现和党的生命线<sup>*</sup>

　　按照中央和中国社会科学院的部署，中国社会科学出版社于 7 月 22 日召开了党的群众路线教育实践活动动员大会，对我社教育实践活动进行了动员和布置。按照实施方案，目前全社党员干部正在集中学习关于党的群众路线的理论知识和文件材料。受社机关党委委托，今天我汇报一下关于学习贯彻党的群众路线的一点体会，供同志们参考。

## 一　党的群众路线是马克思主义唯物史观、
## 群众史观和认识论的集中体现

　　党的群众路线是马克思主义的一个基本观点，是马克思主义唯物史观、群众史观科学理论一个重要内容。马克思主义认为，人的活动是历史的逻辑起点，历史是由人民群众创造的。马克思说："我们首先应当确定一切人类生存的第一个前提，也就是一切历史的第一个前提，这个前提是：人们为了能够'创造历史'，必须能够生活。"① 恩格斯说："如果要去探究那些隐藏在……历史人物的动机背后并且构成历史的真正的最后动力的动力，那么问题涉及的，与其说是个别人物，即使是非常杰出的人物的动机，不如说是使广大

　　* 2013 年 7 月 31 日，面向全社党员干部做关于中国社会科学出版社党的群众路线教育实践活动的专题报告。
　　① 《马克思恩格斯选集》第 1 卷，人民出版社 2012 年版，第 158 页。

群众、使整个的民族……"① 毛泽东说："人民，只有人民，才是创造世界历史的动力。"② 坚持人民群众的历史主体地位是发现和尊重历史人类的发展规律的前提。

　　马克思、恩格斯创立的科学社会主义是以唯物史观和群众史观为基础的，以人民群众为出发点和归宿。高度发达的生产力、共同富裕和人的全面自由发展三大原则构成科学社会主义的基本内涵，社会主义、共产主义最终目标是实现广大人民群众的利益，它又是无产阶级自我解放的历史过程，也就是说是依靠人民群众的智慧和力量实现的。恩格斯说："凡是要把社会组织完全加以改造的地方，群众自己就一定要参加进去……"③ 列宁说："社会主义不是按上面的命令创立的。它和官场中的官僚机械主义根本不能相容；生气勃勃的创造性的社会主义是由人民群众自己创立的。"④

　　马克思主义是科学的世界观和认识论、方法论的统一，群众路线是唯物史观这一反映人类历史发展客观规律的重要内容，它必然又是科学的认识论和方法论。毛泽东说："在我党的一切实际工作中，凡属正确的领导，必须是从群众中来，到群众中去。……然后再从群众中集中起来，再到群众中坚持下去。如此无限循环，一次比一次地更正确、更生动、更丰富。这就是马克思主义的认识论。"⑤

　　因此，依靠人民，坚持人民群众的历史主体地位和人民利益至上的原则是马克思主义的应有之义。正如胡锦涛指出的："相信谁、依靠谁、为了谁，是否始终站在最广大人民的立场上，是区分唯物史观和唯心史观的分水岭，也是判断马克思主义政党的试金石。"⑥

---

　　① 《马克思恩格斯选集》第 4 卷，人民出版社 2012 年版，第 255 页。
　　② 《毛泽东选集》第 3 卷，人民出版社 1991 年版，第 1031 页。
　　③ 《马克思恩格斯选集》第 4 卷，人民出版社 2012 年版，第 521 页。
　　④ 《列宁全集》第 33 卷，人民出版社 1985 年版，第 53 页。
　　⑤ 《毛泽东选集》第 3 卷，人民出版社 1991 年版，第 899 页。
　　⑥ 胡锦涛：《在"三个代表"重要思想理论研讨会上的讲话》，人民出版社 2003 年版，第 16 页。

## 二　群众路线是党的生命线和根本工作路线

中国共产党坚持以马克思主义为指导，自觉把群众路线作为自己的生命线和根本工作路线，在长期革命与建设实践中，与人民群众结成天然的鱼和水、血与肉、舟与水、种子与土地的关系。

中国共产党是马克思主义与代表先进生产力的工人阶级相结合而诞生的，是在人民群众的哺育下不断发展壮大的。在革命年代，苏区人民满怀深情"十送红军"，延安人民用小米哺育革命政权，沂蒙山红嫂用乳汁救活我军受伤战士，人民群众用独轮车推出淮海战役的胜利……多少感人的故事印证，正是由于得到广大人民群众的真心拥护，党才能在艰难的革命道路上从胜利走向胜利。在和平年代社会主义建设时期，为抗击自然灾害而形成的抗洪精神和抗震救灾精神，展现了新时期干群一心、党群一心、军民一心、上下一心、前方后方一心的动人场景。

人民群众不仅是党的力量之源，也是党的智慧之泉，只有尊重人民群众的首创精神，集中人民群众的智慧，党所领导的革命与建设事业才会充满生机与活力。抗日战争时期，人民群众发明地雷战、地道战、麻雀战，令日本侵略者难以立足。改革开放之初，小岗村创立家庭联产承包责任制，极大地解放了农村生产力的发展；"温州模式""苏南模式""广东模式"等新生事物的出现，催生了社会主义市场经济的繁荣，这些无不来自党领导下的人民群众的伟大创造。正如邓小平所说："改革开放中许许多多的东西，都是群众在实践中提出来的。"[1]"乡镇企业是谁发明的，谁都没有提出过，我也没有提出过，突然一下子冒出来了，发展得很快，见效也快。家庭联产承包责任制也是由农民首先提出来的。这是群众的智慧，集体的智慧。"[2]

---

[1]　《邓小平思想年编：1975—1997》，人民出版社 2011 年版，第 711 页。

[2]　《邓小平思想年编：1975—1997》，人民出版社 2011 年版，第 711—712 页。

历史充分说明，党来自人民、植根人民、服务人民，人民是党的生命，是党永远立于不败之地的根本。脱离人民群众，损害人民利益，与民争利，党就会丧失生命。苏联解体就是最好的例子。苏联在只有 20 万名左右苏共党员时，领导人民推翻沙皇反动统治；在只有 200 万名左右的党员时，领导苏联人民打败法西斯德国；而在拥有 1500 万名左右的党员时，却垮台了。因为，85% 的人民群众已经认为苏联共产党代表的是官僚的利益。由此可见，党的先进性和党的执政地位不是一劳永逸、一成不变的，过去先进不等于现在先进，现在先进不等于永远先进，过去拥有不等于现在拥有，现在拥有不等于永远拥有。最根本的是要保持党的先进性和纯洁性，坚持党的群众路线，密切联系群众。因此，习近平总书记说："历史和现实都告诉我们，密切联系群众，是党的性质和宗旨的体现，是中国共产党区别于其他政党的显著标志，也是党发展壮大的重要原因，能否保持党同人民群众的血肉联系，决定着党的事业的成败。"[1]

## 三　高度重视当前党内存在的脱离群众的各种问题

中央明确提出，总体上看，当前各级党组织和党员、干部贯彻执行党的群众路线的情况是好的，党群干群关系也是好的。但是，面对世情、国情、党情的深刻变化，精神懈怠危险、能力不足危险、脱离群众危险、消极腐败危险更加尖锐地摆在全党面前，党内脱离群众的现象大量存在，一些问题还相当严重，形式主义、官僚主义、享乐主义和奢靡之风尤为突出。

"四风"问题突出地表现为三个倾向。一是高高在上、轻视群众，把群众置于对立面。如记者调查采访某市规划局主管信访工作的副局长时，竟被质问："是准备替党说话，还是准备替老百姓说话？"这种非此即彼的话语表达割裂了党和群众的统一关系。二是弄

---

① 《习近平谈治国理政》第 1 卷，外文出版社 2018 年版，第 366—367 页。

虚作假，欺骗群众，具体表现为知行不一、不求实效，文山会海、花拳绣腿、贪图虚名、损害党和政府的公信力。欺骗群众有时表现为将党群之间的"鱼水关系"变成"蛙水关系"，需要时跳进去，不需要时就跳出来。三是与民争利、损害人民群众的利益。具体表现为铺张浪费、挥霍无度，大兴土木、节庆泛滥，生活奢华、骄奢淫逸。这些都是在挥霍人民群众用辛勤劳动创造的财富，无不是与民夺利的表现。各种群体事件的爆发往往是漠视人民群众的利益引起的。这些问题，没有一个不违背我们党的性质和宗旨，没有一个不为群众深恶痛绝的。

得民心者得天下，失民心者失天下。人民群众是最淳朴、真诚的，人民群众的眼睛是雪亮的。贴近人民群众，与人民群众打成一片，群众就会与党心连心、同呼吸、共命运。反之，轻视人民群众必然会遭到人民群众的鄙视，对人民群众吆五喝六、横眉竖目，必然会遭到人民群众的冷漠对待，脱离人民群众必然会遭到人民群众的无情抛弃。

## 四　充分认识开展党的群众路线教育实践活动对做好哲学社会科学学术出版工作提出的新要求

中央和院党组对党的群众路线教育实践活动高度重视，我社全体党员干部要充分认识开展党的群众路线对做好哲学社会科学学术出版工作提出的新要求，结合具体工作，把教育实践活动搞好。这里我再强调几点。

一是坚持为人民群众出好书的服务理念。哲学社会科学出版工作是中国特色社会主义文化的重要组成部分，在提高中国文化软实力、丰富人民群众精神文化生活、提升人民群众的思想道德素质和精神境界、引领社会风尚上起着十分重要的作用。坚持党的群众路线，坚持为人民服务的根本宗旨，具体到哲学社会科学出版工作，就是要为人民出好书，为国家出好书。具体来说有以下几点：（1）弘扬主旋律，推出更多研究阐发和普及中国特色社会主义、社会主义核心价值观和中国梦的研究成果，为广大人民群众坚定中国特色社会主义道路自信、理论自信和制度自信，树立正确的价值观，形成积极向上的社会心态和风尚提供重要支撑。（2）策划出版更多在研究方法、学术观点、理论体系上具有重大创新的哲学社会科学的优秀成果，为人民群众提高理论素养提供高质量的精神食粮。（3）与著名学者、政界人士、企业家、高端作者组稿策划，努力策划时政类、学术类大众化精品，逐步塑造人民群众喜爱的市场品牌。

二是把好图书出版的政治关、学术关和质量关。为人民出好书首先要把握正确的出版方向，保证学术水准和图书质量。但是，目前我社有的党员干部不大关心政治，缺乏政治敏锐性和鉴别力，坚守马克思主义阵地的意识和能力不强，对有明显政治问题的选题茫然无知；有的理论和业务水平不高，对图书中出现的观念、观点、常识等方面的错误或抄袭的情况不能及时发现，出版后受到各方面的批评；有的只看到经济效益，不关心社会效益，对图书质量把关不严，出了问题就推卸责任。社科出版社的各级领导干部和编辑都一定要认真排查这些问题，牢固树立马克思主义群众观，坚定中国特色社会主义理想、信念，始终站在广大人民群众的立场，主动把握人民群众和广大学者的精神文化需求，做好选题策划，把好图书出版的政治关、学术关和质量关。立足党和国家意识形态重要阵地，不出与马克思主义为指导的意识形态相抵触、不利于国家稳定和民族团结的图书；立足全国哲学社会科学名社，不出脱离实际、大谈空谈、缺乏理论和思想深度、粗制滥造的图书；立足全国哲学社会科学学术出版的主力军和引领者，不出抄袭剽窃、不符合学术规范的图书。

三是树立市场意识，加强图书选题的主动策划能力。为人民群众出好书，就要有市场意识，市场反映了人民群众的文化消费需要。我社有的党员或编辑深入研究学术发展动态和学术出版规律的意愿不强，满足于来料加工，不主动策划优秀选题，这个问题严重影响我社的品牌建设。全体党员干部要认真学习党的群众路线，增强自主策划的意识和能力。我们还要组建自己的研发队伍，成立研究策划室。我们要招聘一些既有理论研究能力，又有策划才能，能够及时洞察国内外新形势，跟踪学术动态的人才，将理论研究、选题策划与市场开拓相结合，这样策划出来的一定是为人民群众所喜爱的图书，一定能产生很强的学术影响力和社会影响力。

四是深化体制机制改革，激发全体职工的积极性和创造性。集中解决群众关心的问题是开展党的群众路线教育实践活动的重要内容，具体到我社，就是要深入普通员工，解决大多数普通员工的问题。做好这一工作，最根本的是解决好体制机制问题，为职工提供一个竞争有序、活力迸发、积极向上的发展环境，彻底激发全体职工的积极性和创造性。目前，我社绩效考核等管理体制机制改革进展仍比较慢，一些党员干部思想观念落后，对改革有畏难情绪是一个重要原因。我们要以开展党的群众路线教育实践活动为契机，继续推进和完善企业聘任制和各部门绩效考核方案，建立新的薪酬体系，体现多劳多得、优劳多得、奖勤罚懒的分配原则。

五是以整风精神改进工作作风。改进工作作风、培育良好的企业文化是我社近几年一直强调的一项工作。但是目前我社少数党员干部的工作作风还存在一些问题，集中表现为管理松散、作风漂浮、视野狭窄、心胸狭隘、胡搅蛮缠、推卸责任、自由散漫、迟到早退、大手大脚、铺张浪费、缺乏效率、得过且过等。需要引起全社党员干部的警惕。全社党员干部要坚定共产主义的理想信念和全心全意为人民服务的根本宗旨，把为民务实清廉的价值深深植根于自己的思想和行动中。贯彻"照镜子、正衣冠、洗洗澡、治治病"的总要求，认真查找和解决自身存在的问题，保持共产党员的先进性和纯洁性。

同志们，党的群众路线教育实践活动是党的十八大的重大部署，是我们党在新形势下坚持党要管党、从严治党的重大决策，是推进中国特色社会主义的重大举措，也是我社改进工作作风，提高学术出版工作的质量和效率的重要契机。我们要以"思想认识提高了没有，存在的问题找到了没有，找到的问题解决了没有，出版工作改进了没有"为检验标准，不搞形式主义，不走过场，扎实推进。

我们相信，有中央的高度重视和统一部署，有院党组的坚强领导，有社机关党委的积极组织，有大家的共同努力，我社党的群众路线教育实践活动一定能顺利推进，取得圆满成功。

# 做学术出版的砥柱中流

## ——写在中国社会科学出版社建社 35 周年之际<sup>*</sup>

10 月 18 日，一份报告摆在了中国社会科学出版社社长赵剑英的面前。

"2013 年度《国家哲学社会科学成果文库》评选结果揭晓，社科社推荐入选八项，排名第一。"

《成果文库》由全国哲学社会科学规划办公室设立，推出的成果集中代表了中国哲学社会科学研究的最高水平。

连连的喜讯，让社科社的 2013 年变得难忘。这一年，她 35 岁。

### 逆水行舟中的追求

学术著作出版难，有如逆水行舟。

在市场经济大潮的裹挟下，学术资源迅速市场化。以往的游戏规则改变了，学术出版面临更加尴尬的局面。何去何从，社科社面临着抉择。

在综合分析了业内外的形势、自身的品牌、历史与现状后，社科社确立了坚持走人文社会科学专业学术出版的发展道路，决定向中国社会科学院优秀成果发布的重要窗口、全国哲学社会科学出版

---

* 《光明日报》2013 年 11 月 22 日，该报记者庄建撰稿。

重镇、中外学术文化交流的重要平台的发展目标迈进。"出版是人类文明的载体，学术出版是一个国家文化软实力的体现。坚持人文社科优秀学术著作出版方向，是一种追求，更是一种使命。"这是赵剑英的情怀，也是全社员工的共识。

坚守学术出版之路曲折而且坎坷。没有教材、教辅出版资源，没有学习文件类行政发行资源，也没有相关政策的支持，但社科社坚持探索、实践，把学术出版做成了主业，使出版学术精品成为自己的优长，靠大量学术精品，积蓄起文化传统，打造了专业学术出版社的品牌，在出版界、知识界、学术界树立起了良好的社会声誉和形象。"努力做全国唯一以出版人文社会科学学术著作为主业的专业学术出版社"，这是让全社员工感到最有底气的实力。

## 学术出版做出了门道

随着国家科研投入的增长，学术出版资源变得丰富。"不能因追求品牌和学术影响力的提升，不顾经济效益；也不能盲目追求出书数量的扩张而牺牲自己的品牌。每个员工不能涸泽而渔，只顾自己的利益而不顾社里的长远发展，同时社里的发展也要兼顾每个员工个人的利益"，在处理这些关系中彷徨过的社科社，从实践中得出了正确的认识。

社科社始终保持着一份清醒：视品牌为第一资源。赵剑英说，"学术出版社的特点决定了我们的增长必须是有质量、有内涵的增长，牺牲质量、没有社会效益和学术影响力的增长毫无意义，最终会毁掉品牌"。

社科社进行了管理体制机制的创新。以坚持专业出版特色为导向，根据学科重新调整和划分了编辑部机构设置与出版方向，成立了七大专业出版中心以及数字出版中心、大众分社、年鉴分社；完善编辑岗位责任制，科学设置新的编辑部考核方案，突出专业选题、重大重点选题、社科院重点选题、经济效益好的选题等社会效益指标，加大对其政策倾斜力度，以调控编辑的选题策划方向，调整和优化图书结构。将出版导向、理想目标具体化为政策制度，化为个人的价值追求，成为编辑策划组稿的指导方向。坚持学术出版的本位，走有质量、无水分的科学发展之路，成为全社上下的自觉，考核标准成为员工的行为规范。

在坚持学术出版主业，学术影响力和社会影响力进一步增强的基础上，社科社出书品种三年来累计增长76.52%，总收入累计增长74.3%，纯利润也显著增长。

## 对守望者的回报

"国家崛起和民族复兴的标志是文化的强大与复兴。出版是文化最重要的载体之一，作为出版人，我们在中国哲学社会科学繁荣复兴中找到了自己的责任与担当。"社科社的守望，终有回报。在中国哲学社会科学研究已经企及的高地，社科人幸福地采摘着果实。

由"当代中国学术史""学科前沿报告""年度学科报告"三个系列组成的社科社自主策划的大型丛书《中国哲学社会科学学科发展报告》，是当代中国学术研究和创新的一项基础性工作，具有占领学科制高点的重要意义。其全面梳理新中国成立前后直至当今学术发展的历史与前沿，展示当代中国学术发展道路。丛书的作者均为国内各个学科的领军人物和著名学者。中国当代学术思想史专家张岂之先生对该套丛书给予高度评价。学术交流时，台湾学者得知这套丛书的研究和出版情况时，大感惊讶，钦佩大陆学者学术史研究走在前面，做得系统，并表达了合作的意愿。

传统品牌图书"剑桥史系列"，继《剑桥中国史》《新编剑桥世界近代史》之后，《剑桥古代史》《新编剑桥中世纪史》的翻译工程已经启动。同时启动的还有《剑桥基督教史》。

囊括了中国社会科学院学术大师最有代表性著述的《中国社会

科学院学部委员专题文集》，已经出版 37 卷。"中国社会科学年鉴发展工程"，已扩展至 15 个行业或学科的年鉴，5 年内，将扩展至 40 个学科，形成整体规模优势。

中国社会科学院《马克思主义理论学科建设与理论研究工程系列丛书》、《中国社会科学院学者文选》《中国社会科学院文库》《中国社会科学博士论文文库》《中国社会科学博士后文库》《社科学术文库》等也都是社科社的特色产品。

《中国历史地名大辞典》与《摩诃婆罗多》分别获得中国出版政府奖图书奖。《老子古今》《马克思传》则获得中国出版政府奖提名奖。《中国经学思想史》获第四届中华优秀出版物奖图书奖。《马克思主义哲学形态的演变》《中国古代政教关系史》等入选"三个一百"（人文社科类）原创图书出版工程。新近推出的《中华人民共和国国家历史地图集》（第一册），凝聚了几代学人的心血，历时三十余载，具有里程碑意义。《商代史》（11 卷）及《新中国经济学史纲（1949—2011）》等也在社科学术界产生重要影响。

自主策划的选题，成为社科社学术影响力的重要支撑。围绕当代中国改革发展现状，以国际视野及理论思考为基础，由赵剑英策划的《理解中国》丛书，是一套向世界阐明中国道路、中国制度、中国理论的科学性、合理性、有效性的图书。蔡昉[1]的《破解中国经济发展之谜》，李培林[2]的《中国社会巨变和治理》，李捷[3]的《中国改革开放史》和《中国道路》均在其中，作者均为国内一流学者。

与此同时，社科社以更加开放的学术视野，大胆追踪国际学界领衔学者，以更加敏锐的问题意识精心捕捉国际上好的选题，相继重点引进了《哈耶克文集》、《布坎南经济学》系列、《荷兰视角》

---

[1]　蔡昉，时任中国社会科学院副院长，学部委员。
[2]　李培林，时任中国社会科学院副院长，学部委员。
[3]　李捷，中国社会科学院原副院长。

译丛和《国际学术前沿观察》系列等图书。

专业图书、精品学术图书的规模出版，形成了强有力的学术影响力和社会影响力。南京大学运用文献计量学方法对人文社会科学图书学术影响力进行科学研究的结果表明，中国社会科学出版社的综合学术影响力在全国近600家出版社中排名第五。教育部第六届高等学校科学研究优秀成果奖（人文社会科学），社科社在全国获奖出版社中名列第二。社科社承担的国家社科基金后期资助项目的数量近两年在各出版社中连续排名第一。

# 实干兴社
# 以哲学思维经营学术出版[*]

在市场经济条件下，出版社如何将文化理想与商业理性完美结合，是每个出版人，尤其是出版社的领导者在管理中需要思考的大问题和大智慧。在这个问题上，学哲学出身的赵剑英始终坚守以学术的情怀做学术出版，运用哲学思维，重点抓顶层设计，在经营管理上破解学术出版的矛盾与难题。

### 学术出版要破解三对基本矛盾

**《中国社会科学报》**：您曾经说过，出版业有三对基本矛盾：社会效益与经济效益的矛盾、数量增长与品牌提升的矛盾、个人当下利益与出版社长远发展的矛盾。做学术出版更是如此。中国社会科学出版社如何处理这三对矛盾？

**赵剑英**：出版社在发展的过程中常常会遇到一个困境：降低出版品位，迎合大众，经济效益可能一时凸显，但是要想长期保障良好的社会效益却非常难。市场化环境下的学术出版社首先要养活自己，还能有经济效益，同时又要产生好的社会效益，实事求是来说十分艰难。我们不像有的出版社那样规模很大、资产丰厚，拿出巨资在学术出版上推出几个引人注目的产品，但尽管如此，学术出版

* 2013 年 11 月 16 日，接受《中国社会科学报》记者陈静、董建秋的专访。

仍不是它们的主业而只是点缀。我们也不像有的出版社那样依靠教材、教辅，有相关行业资源或政策的支持，利润渠道多元并且丰厚。我们的学术出版就是主业、是基础，做学术精品是我们的优长。基于此，我们探索出了"三个统一"的发展理念，既要养活自己，又要有增长，同时还要出精品，要通过运用经济考核的手段抓图书学术质量、编校质量、印制质量，抓学术影响力和社会影响力。在这样的理念指导下，中国社会科学出版社近几年来表现出良好的发展势头，进入比较高的发展层次。

**具体来说，首先是高度重视品牌建设。始终坚持品牌至上观念，珍惜品牌、爱护品牌、光亮品牌。不做有损品牌的事，不说有损品牌的话。品牌是我们的第一资源，是经济效益之源。其次是不搞盲目扩张、不以赶超为目标。学术出版社的特点决定了我们的增长必须是有质量、有内涵的增长，牺牲质量、没有社会效益和学术影响力的增长毫无意义，最终会毁掉品牌。我们必须坚持学术出版的本位，把分内得以安身立命的事情办好。我常常对社里的同志说，一定要有良好的发展心态，不要被别人花里胡哨的招式所迷惑，要始终保持清醒的头脑，苦练内功，夯实基础，抢抓机遇，稳中求进，坚持走有质量、无水分的科学发展之路。**

### "六个坚持"破解学术出版难题

《中国社会科学报》：在"三个统一"的整体思路下，贵社的发展目标是什么？

**赵剑英**：2011年以来，通过综合分析业内外形势，结合本社历史、品牌和现状，我们确立了"六个坚持"的发展定位与思路。主要包括：一是坚持走哲学社会科学专业出版的发展道路；二是坚持经济效益与社会效益、数量增长与品牌提升、个人利益与我社长远发展相统一的发展理念；三是坚持专业化、精品化、数字化、国际化和大众化的发展战略；四是坚持增加收益、提升品牌、开拓市场、创新业态的发展路径；五是牢牢立足中国社会科学院，面向中外学术界的发展视野；六是坚持努力成为哲学社会科学领域国内一流、世界知名的学术出版机构的发展目标。

"六个坚持"是关于我社未来发展的顶层设计和发展定位，得到了中国社会科学院党组领导的充分肯定和全社同志的认可，在业内引起关注和好评。我社的发展实践证明，它破解了学术出版中的一系列矛盾，是对学术出版的规律性认识，必须牢牢坚持。

## 实干兴社　让绩效说话

**《中国社会科学报》**：贵社如何理顺内部管理机制，顺利度过转企改制后的过渡期，并牢固树立现代企业制度？

**赵剑英**：制度建设是企业生产力的根本保障。探索建立现代企业制度，是我社转企改革努力实现的既定目标。企业就是要用机制管人，拿绩效说话。先比绩效，再比收入。对高绩效、高收入的同志不眼红，对不创造绩效的同志不搞平衡。这是基本理念，不能动摇。我们提出并大力倡导认真、负责、规范、高效的工作作风，倡导实干兴社、求真务实、埋头苦干的工作作风。路是一步步走出来的，事是一件件做出来的。要从思想上深刻认识并革除过去分配制度积累下的积弊。现代企业制度下的分配制度，是奖励那些想做事、能做事、做成事的员工，具体到我们出版社，就是激励那些想创造两个效益、能创造效益、创造了良好效益的员工。

近几年来，我社努力深化体制机制改革，大胆推进制度创新，为学术出版提供强有力的制度保障。首先，根据学科专业标准，成立了七大专业出版中心以及数字出版中心、大众分社、年鉴分社，自主策划、组织出版了大量高质量的学术精品书籍，如《中国哲学社会科学学科发展报告》、《中国社会科学院学部委员专题文集》、《商代史》（11卷本）、《中华人民共和国国家历史地图集》等。其次，加强了考核机制的变革，科学设置新的编辑部考核方案，在已有方案的基础上继续完善编辑绩效考核机制。新的考核方案主要突出了社会效益的指标，以调控编辑的策划方向，调整和优化图书结构。把出版导向、理想目标具体化为政策制度，化为个人的价值追求，成为编辑策划组稿的指导方向。

## 把学术出版作为文化事业来做

**《中国社会科学报》**：出版社既是企业，也是文化单位，在企业文化建设方面，您有着怎样的考虑？

**赵剑英**：我认为，一个高水平学术出版社的企业文化，要求员工首先具备大局意识、使命意识和责任意识，进一步增强凝聚力。要把学术出版作为文化来做，不在细枝末节上斤斤计较，眼界要远、步子要实，心往一处想、劲往一处使。其次是要进一步增强敬业精神和主动意识，养成主动思考、认真研究的习惯，锻炼敏锐的职业眼光。想在前面，干在实处，将出版事业作为个人一生的职业价值追求。再次，要有规范意识和效率意识。定规矩前要严肃论证，规矩定下来执行时要严丝合缝。最后，要形成良好的工作作风，处理好学术与经营的关系。在商言商，如何体现出版社的商业意识，是一个重要问题。学术圈讲的是儒雅淡泊，商业圈重的是利益分明。我们要在这二者之间寻找一种平衡，这是一种更高境界的商业。我们的工作人员在内心里要尊重学术、学者，要善于同他们打交道，进行交流和谈判。

# 坚守学术出版 走哲学社会科学专业出版之路<sup>*</sup>

今年北京国际图书博览会期间，百道网曾经对中国社会科学出版社社长赵剑英做过一次专访，请他以社科出版社的情况为例，谈中国学术图书"走出去"的一些路径和方法。11 月 26 日是社科出版社建社 35 周年社庆日。我们为此再次对赵剑英社长进行了专访。中国社会科学出版社依托中国社会科学院，面向全国学术界，以学术出版立身，近几年出版了一系列有分量的重大人文社科精品。因此我们以学术出版为题，请他和大家分享一下社科出版社长期以来一直坚守学术出版的艰难历程和成功经验。

**百道网：**中国社会科学出版社在 35 年的发展过程中，都经历了哪些阶段？学术出版在其中一直处于核心地位吗？

**赵剑英：**社科社 35 年的发展大致可以分为三个时期。其一是艰苦创业时期，大概在 1996 年以前。我社是由胡乔木同志提议，经邓小平、李先念、华国锋等党和国家领导人批示同意，于 1978 年 6 月 14 日建立，在百废待兴的年代，我们最初只有员工十几个人，资金 8 万元，办公室数间平房。在这样艰难的条件下，老一代社科出版人艰苦创业，艰辛探索，历经曲折，走出了一条不平凡的道路。这

---

* 2013 年 11 月 16 日，接受百道网的专访。

一时期，我们专注于学术出版，倾心打造了一批厚重的学术精品，形成了自己深厚的学术出版文化传统，为我社赢得了很强的学术影响力和良好的社会声誉，在学术界树立了响亮的中国社会科学出版社的品牌，为出版社发展打下坚实的基础。1993 年首批被中宣部和国家新闻出版署授予"全国优秀出版社"荣誉，全国仅 15 家。

其二是转型探索时期。伴随改革开放的进程，面对市场经济的浪潮，国家对出版业发展政策进行调整，企业化管理的改革实践为学术出版带来巨大挑战，社科出版社步入一个艰难的转型期。要想在激烈的市场竞争中求生存，就必须追求经济效益。因此，如何将学术出版与企业经营相结合，深化体制机制改革，是这一时期面临的主要问题。

其三是转企改制后的发展期。经过一段时间艰难的探索，其间也经历过规模扩张的曲折，新一代社科出版人认清新的出版形势，确立新的发展思路，在哲学社会科学专业出版的道路上，在量与质、经济效益与社会效益相统一的发展道路上呈现良好的发展势头，学术影响力和社会影响力进一步提升，综合实力和竞争力显著增强。

**百道网：** 您是如何把握中国社会科学出版社学术出版定位的？

**赵剑英：** 我 2007 年调到社科出版社当总编辑，2011 年担任社长，正赶上社科出版社发展的转型期。我们社领导班子通过综合分析业内外的形势，以及我社的品牌、历史与现状，明确提出坚持走哲学社会科学专业学术出版的发展道路，大力推进专业化、精品化战略，确立成为中国社会科学院优秀成果的重要窗口、全国哲学社会科学出版重镇、中外学术文化交流的重要平台的发展目标。

中国学界公认的权威学术出版社有五家，分别是人民出版社、商务印书馆、中华书局、中国社会科学出版社、生活·读书·新知三联书店，其中有的还是百年老店。但是这几家出版社的方向和特点是有较大差异的，人民出版社不用说了，中华书局重点出版历史、文化典籍方面的图书；商务印书馆重点出版语言类、辞书和汉译名著；三联书店偏重思想文化类。与这几家兄弟出版社相比，我社是专门的人文社会科学学术的出版社。我社可能是改革开放以来出版人文社科著作最集中的，数量也是最多的，目前年出书量达 1500种。因此，可以说我社是全国人文社会科学研究成果重要的发布窗口，我们所出的图书在一定程度上可以反映当代中国学术的现状与水平，从中可以窥见当代中国学术界的状况。学术出版是我们的定位，要坚持学术出版道路不动摇。只有把我们的主业和定位牢牢把住，社科出版社才能最后立于不败之地。

**百道网**：您是如何破解学术出版与企业经营之间的矛盾，在激烈的市场竞争中坚守学术出版的？在专业性的建构上做了哪些努力？

**赵剑英**：我认为，在社会主义市场经济条件下，学术出版中有三对基本矛盾，即社会效益与经济效益、品牌提升与数量扩张、职工的当下利益与出版社长远发展之间的矛盾。这些矛盾处理好了，出版社才能平稳持续发展。

20 世纪 90 年代以前，我们是事业编制，不用担心经济效益，每年出书 150—200 种，一个编辑每年就编五六本书，最多十来本书，因此，可以本本做得很精。转企改制后，我们要兼顾经济效益。现在国家对科研的投入很多，学术出版资源很丰富。我们必须抓住这个机会，扩大出书规模。但也有一段时间，我们在追求数量扩张时，对图书的专业性有所忽视，影响了社会效益。现在正处于这样的发展阶段，就是保持量的扩张与质的增长相统一。

"三个统一"就是要在三对矛盾之间保持一种张力。我们不能只追求品牌和学术影响力的提升，不顾经济效益；也不能盲目追求出书数量的扩张而牺牲自己的品牌。每个员工不能涸泽而渔，只顾自己的利益而不顾社里的长远发展，同时社里的发展也要兼顾每个员工个人的利益。

依据"三个统一"发展理念，我们进行了一系列的管理体制机制创新。以坚持专业出版特色为导向，根据学科重新调整和划分了编辑部机构设置与出版方向，成立七大专业出版中心以及大众分社、数字出版中心、年鉴分社、编译中心，旨在夯实专业化基础。同时完善编辑岗位责任制，加大对专业选题、重大重点选题、经济效益好的选题的政策倾斜力度，以调控编辑的选题策划方向，调整和优化图书结构。我们要求编辑按专业策划编稿，发挥所学专业优势，努力提高专业选题的比重，逐步建立专业出版中心自己的品牌图书。如我们规定每位编辑每年所有选题中必须有60%以上的专业选题，否则年度考核就不合格。我认为，抓社会效益是出版社工作中的主要矛盾，经济效益相对容易抓，出迎合大众口味的书，经济效益肯定会上来。

**百道网**：您觉得这些年来社科社推出的学术产品在市场上体现出强烈的差异化特征吗？

**赵剑英**：是的，近两年我们推出的一些精品图书是其他兄弟出版社都没有的，我简要列举几种。

首先是大型丛书《中国哲学社会科学学科发展报告》，它分为三个子系列，一是"当代中国学术史"；二是三年发布一次的"学科前沿报告"，三是每年发布一次的"年度学科报告"（内部出版）。这套书是全国唯一的，三个系列有机衔接，全面梳理中华人民共和国成立前后直至当今学术发展的历史与前沿，展示当代中国学术发展道路。这是当代中国学术研究和创新的一项基础性工作，具有占领学科制高点的重要意义。

该丛书我们从2008年就开始策划，学术史系列已出版18卷，近代史系列16卷，法学系列45卷，国际学科系列8卷等都正在出版。此外，《中国哲学社会科学学科发展报告》18卷也正在出版，可以说，整套丛书已经具有相当规模。该丛书的作者都是国内各个学科的领军人物和著名学者，他们对该套丛书的写作都非常重视。如《当代中国逻辑学研究》写了三年，开了五六次讨论会，写出来以后相互交流、切磋，讨论写得全不全，评点是不是客观公允。

该套丛书在学术界的反响相当不错。当代学术思想史专家张岂之先生给予该套丛书高度评价，并为该丛书撰写序言。我国台湾地区也非常重视学术史研究，台湾"中研院"也牵头撰写了一部学术史。当得知我们这套丛书的研究和出版情况后，台湾学者对大陆学者的学术史研究走在前面并做得这么系统感到惊讶，并表达了与我们在这方面的合作意愿。

又比如，我社的传统品牌图书"剑桥史"系列，继《剑桥中国史》《新编剑桥世界近代史》之后，正在组织外语与专业双优的学者翻译出版《剑桥古代史》《新编剑桥中世纪史》，共33卷，3000多万字，"剑桥基督教史"项目（多卷本）也已启动。几套系列丛书的出版必将在我国学术界各个学科引起强烈的关注。

还有中国社科院的重大项目，如《中国社会科学院学部委员专题文集》192卷，现在已经出版37卷，该丛书囊括了社科院学术大师最有代表性的著述。我社正在启动"中国社会科学年鉴发展工程"，该工程将现有的年鉴扩展为学术年鉴和行业年鉴，在现有15个行业或学科年鉴的基础上，力争用5年的时间，扩展至40个以上，做大做强年鉴品牌，形成整体规模优势。还有"中国社会科学院马克思主义理论学科建设与理论研究工程"系列丛书（共5套，每年出20卷）、《中国社会科学院学者文选》《中国社会科学院文库》《中国社会科学博士论文文库》《中国社会科学博士后文库》《社科学术文库》等都是我社的特色产品。

我社还出版了很多获得国家级、省部级大奖的学术精品，如获得中国出版政府奖图书奖的《中国历史地名大辞典》和印度梵语经典《摩诃婆罗多》。其中，《摩诃婆罗多》历时17年的艰辛后出版问世，这是印度原典以外的唯一译本。《中国历史地名大辞典》由

30 余位学者历时 20 载编纂出版。还有获得中国出版政府奖提名奖的《老子古今》《马克思传》；获第四届中华优秀出版物奖图书奖的《中国经学思想史》；入选"三个一百"（人文社科类）原创图书出版工程的《马克思主义哲学形态的演变》《中国古代政教关系史》等；我们最近还推出了《中华人民共和国国家历史地图集》（第一册），凝聚了几代学人的心血，历时 30 余载，具有里程碑意义；此外，还有 11 卷本的《商代史》及《新中国经济学史纲（1949—2011）》等一批在社科学术界产生重要影响的精品图书。

此外，我们还有一些大众化的图书也很受读者喜爱，如中国社会科学院历史研究所老中青三代学者编著的《简明中国历史读本》，江泽民同志亲自作序。该书入选 2012 年度"大众喜爱的 50 种图书"，发行 10 万余册。

这些图书都是具有重要学术价值的精品书，凸显了出版对于学术研究的引领和组织作用，发挥了出版工作的独特价值。

**百道网**：新的发展思路指导下，社科出版社近几年的社会效益如何，取得了哪些成绩？

**赵剑英**：这几年，我们通过调整发展思路，深化体制和机制改革，专业书、精品图书的比例大幅增加，学术影响力和社会影响力显著增强。这一成效突出表现于以下几个影响指标。

例如，2010 年发布的《中国人文社会科学图书学术影响力报告》显示，中国社会科学出版社的综合学术影响力在全国 581 家出版社中排名第五，这是南京大学运用文献计量学方法对人文社会科学图书影响力科学研究的结果。再例如，由教育部正式公布的第六届（2010—2012 年）高等学校科学研究优秀成果奖（人文社会科学），我社荣获其中一等奖 2 项，二等奖 10 项，三等奖 25 项，总计 37 项，在全国获奖出版社中名列第二。又例如，近几年我们承担中宣部、新闻出版总署等国家级重点出版项目、重大项目的数量在全国出版社中都一直领先。如在 2013 年度《国家哲学社会科学成果文库》评选中，我社推荐入选共 8 项，位居各出版社之首。《成果文库》经全国哲学社会科学规划领导小组批准，由全国哲学社会科学规划办公室设立。该文库要求严格，入选率很低，推出的成果集中代表了现阶段我国哲学社会科学研究的最高水平。还有，我们承担国家社科基金后期资助项目的数量也一直名列前茅，近两年在各出版社中连续排名第一。

因此，我认为，只要方向对了，目标对了，措施跟进，出版社就会稳步发展。

**百道网**：立足学术出版，出版社的经济发展成效如何？

**赵剑英**：单论经济规模，我们没法与大的出版集团相比。我们图书生产规模还比较小。这是因为我们是纯学术出版社，没有任何教材教辅或其他政策资源。但是，近年来，我们的发展速度很快，出书规模和企业收入大幅增加，2009—2012 年，出书品种三年来累计增长 76.52%，总收入三年来累计增长 74.3%，纯利润三年来也显著增长。我们的发展质量还是比较高的，主要体现在发行回款、品牌收入和数字出版收入增长较快，人均效益不错。

这些经济效益是在我们坚持学术出版主业，学术影响力和社会影响力进一步增强的基础上取得的。我们没有教材教辅，也没有国家的财政拨款。我个人认为，一个学术出版社一分钱拨款都没有，能够取得社会效益和经济效益双丰收，实属不易。社科出版社一路探索过来，已进入一个良性的发展轨道，呈现出良好的发展势头。

**百道网**：北京外国语大学中国文化走出去协同创新中心依据 Online Computer Library Center（全世界图书馆联机书目）数据发布《2013 中国图书世界馆藏影响力报告》，社科社在全国 581 家出版社中排名第六。这充分表明，社科出版社在图书"走出去"工作中取得显著成效，请问在将中国学者推介到国际学术圈子的工作上，社科社是如何布局和展开的？

**赵剑英：** 这个国际影响力是指出版社出版的书被国外收藏的数量。这是一个很独特的评判国内出版社学术出版成果的视角。我们感到很荣幸。这两年我社与国际上大的出版集团，剑桥大学、施普林格等出版社都有签约，去年签约20多种，今年能完成将近40种。

随着中国的强大，作为经济大国、政治大国的崛起，肯定要有相应的学术成果、思想成果走到国际舞台上去。一是国外渴望了解中国，二是我们也要主动地推介出去。所以我感觉到现在对国内学者最有吸引力的就是把他的著作推介到国际学术舞台。如果这种产品多了，我们整个中华民族、整个国家的影响力就上去了，这也是中国对世界的贡献。而且现在我觉得到了这一步的时候了。

学术"走出去"关键是要打造一批有分量的学术著作，我认为，围绕当代中国改革发展现状，以国际视野及理论思考为基础，向世界阐明中国道路、中国制度、中国理论的科学性、合理性、有效性就非常具有价值。现在我们正在推《理解中国》这套丛书，全是国内一流学者写的，高屋建瓴、深入浅出，同时适合外国人的阅读方式。第一本书就是蔡昉写的《破解中国经济发展之谜》，第二本书是李培林的《中国社会巨变和治理》。李捷的《中国改革开放史》和《中国道路》计划明年出版，第一期策划20多本书。这套书的定位很明确，国内要做到权威阐释，同时要"走出去"，这些大学者虽然都很忙，但都欣然答应撰写。此外，我们还有其他精品如王曾瑜[①]（等）的《中国古代社会生活史：宋辽西夏金》列入剑桥大学出版社的《中国文库》，这个文库评审是非常严格的。

**百道网：** 具有较严格的学术规范是学术精品的一个重要指标，

---

① 王曾瑜，中国社会科学院荣誉学部委员，中国社会科学院历史研究所研究员。

社科出版社是如何加强学术规范建设的？

**赵剑英：** 作为学术出版社，重视学术规范是社科出版社的传统。我们始终重视学术规范建设，保证图书的学术质量。2012 年，我们组织有关人员，在充分调研国内外学术出版规范的基础上，进一步修订完善我们的出版规范，从思想内容、文字、版式、体例等方面进一步提高规范要求，如参考国外图书规范，增加主题式索引。

在工作中，我深刻认识到机遇前所未有，挑战也前所未有。我觉得社科出版社是大有可为的，做好书是出版人的价值追求，也是一种责任和使命。

**2014**

# 告诉世界一个真实的中国

## ——《理解中国》丛书出版前言

　　自鸦片战争之始的近代中国，遭受落后挨打欺凌的命运使大多数中国人形成了这样一种文化心理：技不如人，制度不如人，文化不如人，改变"西强我弱"和重振中华雄风需要从文化批判和文化革新开始。于是，中国人"睁眼看世界"，学习日本、学习欧美以至学习苏俄。我们一直处于迫切改变落后挨打、积贫积弱，急于赶超这些西方列强的紧张与焦虑之中。可以说，在一百多年来强国梦、复兴梦的追寻中，我们注重的是了解他人、学习他人，而很少甚至没有去让人家了解自身、理解自身。这种情形事实上到了1978年中国改革开放后的现代化历史进程中亦无明显变化。20世纪八九十年代大量西方著作的译介就是很好的例证。这就是近代以来中国人对"中国与世界"关系的认识历史。

　　但与此并行的一面，就是近代以来中国人在强国梦、中华复兴梦的追求中，通过"物质（技术）批判""制度批判""文化批判"一直苦苦寻求着挽救亡国灭种、实现富国强民之"道"，这个"道"当然首先是一种思想，是旗帜，是灵魂。关键是什么样的思想、什么样的旗帜、什么样的灵魂可以救国、富国、强国。一百多年来，中国人民在屈辱、失败、焦虑中不断探索、反复尝试，历经"中学为体，西学为用"、君主立宪实践的失败，西方资本主义政治道路的破产，"文化大革命"的严重错误以及20世纪90年代初世界社会主义的重大挫折，终于走出了中国革命胜利、民族独立解放之路，特别是将科学社会主义理论逻辑与中国社会发展历史逻辑结合在一起，走出了一条中国社会主义现代化之路——中国特色社会主义道路。经过最近三十多年的改革开放，中国社会主义市场经济快速发展，经济、政治、文化和社会建设取得伟大成就，综合国力、文化软实力和国际影响力大幅提升，中国特色社会主义取得了巨大成功，虽然还不完善，但可以说其体制制度基本成型。百年追梦的中国，正以更加坚定的道路自信、理论自信和制度自信的姿态，崛起于世界民族之林。

与此同时，我们应当看到，长期以来形成的认知、学习西方的文化心理习惯使我们在中国已然崛起、成为当今世界大国的现实状况下，还很少积极主动向世界各国人民展示自己——"历史的中国"和"当今现实的中国"。而西方人士和民族也深受中西文化交往中"西强中弱"的习惯性历史模式的影响，很少具备关于中国历史与当今发展的一般性认识，更谈不上对中国发展道路的了解，以及"中国理论""中国制度"对于中国的科学性、有效性及其对于人类文明的独特价值与贡献这样深层次问题的认知与理解。"自我认识展示"的缺位，也就使一些别有用心的不同政见人士抛出的"中国崩溃论""中国威胁论""中国国家资本主义"等甚嚣尘上。

可以说，在"摸着石头过河"的发展过程中，我们把更多的精力花在学习西方和认识世界上，并习惯用西方的经验和话语认识自己，而忽略了"自我认知"和"让别人认识自己"。我们以更加宽容、友好的心态融入世界时，自己却没有被客观真实地理解。因此，将中国特色社会主义的成功之"道"总结出来，讲好中国故事，讲述中国经验，用好国际表达，告诉世界一个真实的中国，让世界民众认识到，西方现代化模式并非人类历史进化的终点，中国特色社会主义亦是人类思想的宝贵财富，无疑是有正义感和责任心的学术文化研究者的一个十分重要的担当。

为此，中国社会科学出版社组织一流专家学者编撰了《理解中国》丛书。这套丛书既有对中国道路、中国理论和中国制度总的梳理和介绍，又有从政治制度、人权、法治，经济体制、财经、金融，社会治理、社会保障、人口政策，价值观、宗教信仰、民族政策，农村问题、城镇化、工业化、生态建设，以及古代文明、哲学、文学、艺术等方面对当今中国发展和中国历史文化的客观描述与阐释，使中国具象呈现。

期待这套丛书的出版，不仅可以使国内读者更加正确地理解100多年中国现代化的发展历程，更加理性地看待当前面临的难题，增强全面深化改革的紧迫性和民族自信，凝聚改革发展的共识与力量，也可以增进国外读者对中国的了解与理解，为中国发展营造更好的国际环境。

## 附录　告诉世界一个真实的中国——《理解中国》丛书在美发布*

当地时间 5 月 28 日，题为"告诉世界一个真实的中国——《理解中国》丛书新书发布暨研讨会"活动在纽约的美国图书博览会亮相。

这次会议上发布的《理解中国》丛书有《中国社会巨变和治理》《破解中国经济发展之谜》《中国的民主道路》《中国经济改革的大逻辑》《中国的环境治理与生态建设》《中国人的宗教信仰》《中国的法治道路》《中国的价值观》《中国战略新布局》9 本中文版和 5 本英文版图书。

《理解中国》丛书是中国社会科学出版社策划、中国社会科学院统筹实施的一个重点项目。该丛书由中国社会科学院等单位的著名学者撰写，旨在从学术的角度系统阐释中国道路、中国理论、中国制度的基本内涵，研究和回答中国改革开放和中国特色社会主义的

---

* 2015 年 6 月 2 日，原载中国社会科学出版社微信公众号。

重大问题。除以上9种外，中国社会科学出版社不久还将推出《走向人人享有保障的社会》《中国特色解决民族问题之路》《中国梦世界分享》《中国的和平发展道路》《中国的人口政策》等。

国家新闻出版广电总局副局长吴尚之说，《理解中国》丛书是外国朋友了解中国的入门书，它是中外文化交流的一座重要桥梁，是世界人民认识当代中国的一个重要载体。

中国社会科学出版社社长兼总编辑赵剑英在开幕致辞中指出，该丛书紧紧围绕中国改革开放、中国道路、中国发展，组织策划一批国外读者感兴趣的，有助于国外读者了解研究当代中国的政治、经济、社会、文化等方面的研究性著作，能够更大发挥哲学社会科学图书在建构国家形象中的作用，对于增强中国国际学术话语权具有重要意义。

"《理解中国》丛书新书发布暨研讨会"是中国作为主宾国举办的系列活动中5场最重要的活动之一，也是最重要的学术研讨活动。研讨会围绕"中国经济体制改革的大逻辑与中国经济新常态"和"中国的环境治理与生态建设"展开了深入探讨与交流。《理解中国》丛书的作者中国社会科学院城市发展与环境研究所所长潘家华和中国社会科学院经济学部研究员张晓晶做了精彩发言。原欧洲研究所所长周弘研究员也以邮件形式发来演讲稿，就中国社会保障体制改革等问题向与会专家阐述自己的研究成果和观点。

参加本次研讨会的嘉宾还有国家新闻出版广电总局新闻报刊司司长李军，国家新闻出版广电总局进口管理司司长蒋茂凝，国家新闻出版广电总局反非法和违禁出版物司副司长杨梦东，国家新闻出版广电总局进口管理司对外合作处处长赵海云，国家新闻出版广电总局办公厅副处长王钧宇，施普林格（Springer）纽约办公室主任威廉·柯蒂斯（William Kurties），福特汉姆法学院（Fordham Law School）教授卡尔·明泽（Carl Minzner），国际货币基金组织高级经济学家孙涛，国际关系协会资深专家黄严忠，联合国可持续发展司政策研究部主任大卫·奥康纳（David O'Conner），特拉华大学能源、气候与环境政策杰出教授约翰·拜因（John Byrne），美利坚大学世界环境与政治系朱迪斯·萨皮诺（Judith Shapino），萨克拉门托大学访问学者安–凯伦·尼曼–坎特（Ann-Keren Neeman-Kantor）。中国社会科学出版社副总编辑曹宏举主持了本次研讨会。

会展期间，赵剑英社长还接受了新华社、《人民日报》、《中国新闻出版报》、《中国社会科学报》、《出版人》、纽约 NPR 电视台等媒体记者的采访。

在采访中，赵剑英说，策划《理解中国》丛书目的是讲好中国故事，传播中国声音，立足中国立场，用好国际表达。为此，出版社邀请了中国一流专家学者，从不同学科和研究领域的角度，阐释中国道路、中国理论、中国制度、中国改革、中国发展、中国文化，通过深入浅出、高屋建瓴的语言对其进行准确和权威的阐述，希冀向世界建构历史的和当代的中国形象。

赵剑英说，在国外，一些人不了解中国，一些人不理解中国，一些人用他们的认识指责中国，我们要有责任、有担当，把客观的中国传递给世界。这套书就是我们的回应，我们的担当，我们的自觉意识；也是党的十八大以来中国学术"走出去"的一项重要成果，是中国理论、中国制度、改革开放的重要成果，是讲好中国故事、传播中国声音的重要成果。

在谈到《理解中国》丛书的策划过程时，赵剑英说，这套书他在 3 年前参加伦敦书展时就开始策划了，力求创新，引领学术。学术出版界一直在认真贯彻落实习近平总书记提出的"讲好中国故事，传播好中国声音"的指示精神。丛书各卷的主题是当下国内外各界人士对中国最关心的问题；邀请的专家也是各个领域最权威的。该丛书是一个开放系列，目前已经出版了 9 本，今后会陆续推出更多。这套书的出版恰逢其时，正因为走在前面，在 3 年前就开始策划，才能做到恰逢其时。这也反映了社科出版社具有理论自觉性和政治敏锐性，以及策划者的责任担当。

中国社会科学出版社在本次书展上还展示了《当代中国发展经验》丛书和《中国社会科学院学部委员专题文集》，这两个系列同样集中了一批国内最优秀的专家学者，极具学术价值、创新价值和现实意义，是了解改革开放后中国学术思想、创新成果以及中国优秀文化的一流著作。

# 稳中求进　改革创新　强化管理<sup>*</sup>

## 一　指导思想

第一，稳步发展。最近几年我们的发展速度比较快，积累了一些矛盾，如管理问题、队伍建设问题等，也因此引发我们对发展规模的思考和争论。什么样的规模才是最合适的，我认为，这要根据国家的发展形势来判断，形势主要有三点：一是，我国正处在大国崛起的关键时刻，国家高度重视文化软实力建设，文化地位越来越重要。今后，国家对哲学社会科学投入逐年增加，对课题的资助力度还会继续加大，科研成果数量也会增多。就中国社会科学院来讲，对创新工程的资助力度也越来越大，成果也越来越多。二是近几年我们奋发有为取得了优异成绩，在院内外积累了很好的声誉。我们得到了院领导的充分肯定和大力支持，今年院党组领导亲临我社指导工作，院里的出版资助力度也比较大。三是我们有自己的品牌优势，在全体职工近几年的共同努力下，中国社会科学出版社的品牌在学术界的影响力进一步增强，在当前这样好的形势下，从理论上讲，我们的品牌转化成经济效益的可能性更大。

因此，可以说，社科出版社发展目前仍处于机遇期。我们要用发展的眼光看问题，要看长远，看未来，要看到当前国家的发展形势和出版业的发展态势，在动态平衡中发展，在前进中不断解决问

* 2014 年 1 月 21 日，在中国社会科学出版社中层干部会议上的讲话。

题，在解决问题中推动发展。

我们要坚持"稳中求进"的工作思路，把发展步子放慢，在发展中调整。把队伍建设跟上，把编辑校对问题解决好，立足长远建设队伍。要坚守学术出版主业，这是基础、是根本、是生命，要争取更大的市场份额和发展空间。同时，也要积极探索多元化的发展方式。

第二，深化改革。管理体制和考核机制改革包括岗位、薪酬改革是根本性和基础性的，改革能释放巨大的发展能量，我们在这方面欠账较多，时间比较紧迫。长期以来，管理方式属于事业型的，没有向企业转换。一是机构的问题，新设一些机构。强化一些机构；新增物流部、国际合作部、战略发展部、市场部、质检部等。二是管理体制机制的根本性改变。对于出版社的长远发展，这是一项基础性和导向性的工作。

第三，强化管理。管理问题是出版社的一个老问题。从领导班子成员到中层干部，要把该管的事情管起来、管好，强化管理职能建设。

第四，干部队伍建设。2014年，要重点抓好从中层干部到领导班子干部队伍建设，建立一支想干事、能干事、干成事的干部队伍。要立足于出版社事业发展的需要，大胆提拔年轻干部，把一些素质不错的、有潜力的人大胆放到岗位上去，在使用中培养，在锻炼中提高。做好高管队伍建设，增加生产、运营和营销总监。

## 二　具体工作

第一，积极争取副牌；在大众分社的基础上搞出版副牌，这是社领导班子的一项重要工作。

第二，大力抓编辑队伍建设。重点是成熟和高层次人才，作为人力资源部考核的工作。

第三，大力加强营销宣传工作。现在是信息时代、传媒时代，不是"酒香不怕巷子深"的时代了。一定要做好营销宣传工作，动用媒体的力量，加大宣传频次和密度，每个月都要有发布会，比如学科发展报告，出一本就开一次发布会。加强营销宣传和品牌宣传。加强市场部的人才队伍建设。

第四，大力抓兼职编校队伍建设。我个人倾向于成立校对公司，成本上可以降低。大力加强兼职编辑队伍建设和管理，一定要重视，该管的一定要管。院里退休的大量优秀的编辑人员，我们要积极争取过来，这是十分宝贵的编辑资源。总编室一定要抓好这项工作，要把这项工作作为总编室的一项考核内容。

第五，大力抓物流。一是一定要找到新的库房，二是要加强管理，抓好物流管理的制度建设。及时将样书送到作者手里，尽最大努力为作者服好务。发行部要把物流工作作为一项十分重要的工作，物流和库房问题要得到根本性解决。

第六，大力抓封面设计。封面设计不是小事，非常重要。图书订货会上，我比较了我们与其他几家出版社的封面设计，我认为我们能够借鉴的地方有很多。封面代表书的形象和内涵，我们要有自己的基本风格，提高风格层次。内容重要，形式也非常重要。

第七，大力抓老书的品牌维护工作。比如《唐代的外来文明》等好书都丢了，其他出版社挖走了我们不少好书。总编室要做好梳理管理工作。

第八，继续牢牢立足社科院，面向全国学术界。坚决、坚定、更加密切与社科院的关系，一是收复失地，二是占领新的阵地。我们欠账太多，有些所长现在还在说，我们与各研究所联系不够。在心中画出清晰的学术科研地图，深入、全面、有重点地挖掘全国学术出版资源。

第九，建构特色和优势产品。我们的品牌影响力最终是要靠出好书和高端的作者资源，专业化和精品化最终要落实到社会上的影响力和认可度，影响力和认可度靠推出一些有影响力的产品。各出版中心主任一定要梳理努力的方向和强项，有自觉的意识，自觉建构自己的优势学科。这一点要进一步量化，进入考核机制。

第十，"走出去"工作。探索收购国外出版社，院里表示支持。收购什么样的，要论证，要调研。开始探索国际合作出版的新路径，招聘两到三位双语优秀的高端人才，要有国际化元素。建立一支稳固的翻译队伍，与高校外语学院加强合作，建立翻译基地，签合同。"走出去"工作业绩要与出国考察机会等相挂钩。

数字出版和国际出版绝对是方向，包括大众出版，都是密不可分的。

第十一，大力加强产品经理岗位建设，这是一项基础工作，是市场营销的基础工作。

还有数字出版问题、流程问题以及财务、发行工作。要挖掘发行红利。

稳中求进，改革创新，强化管理，实现平稳的显著的增长，不仅表现在数量上，更多体现在发展的品质和内涵上。

# 深入学习习近平总书记系列重要讲话精神，切实贯彻落实到出版工作中<sup>*</sup>

2014 年 11 月 5 日，中国社会科学出版社机关党委书记、社长兼总编辑赵剑英主持召开社机关党委中心组学习会，学习《中共中央关于全面推进依法治国若干重大问题的决定》（以下简称《决定》）、《关于十八届四中全会〈决定〉的说明》精神，习近平总书记在党的十八届四中全会上的报告和重要讲话精神，习近平总书记在党的群众路线教育实践活动总结大会上的重要讲话精神，以及习近平总书记和中央领导同志关于意识形态工作重要批示精神，赵剑英作中心发言。

## 一 要从整体上把握习近平总书记系列重要讲话精神和十八届四中全会精神的内在逻辑

只有准确把握习近平总书记最近的一系列重要讲话精神和党的十八届四中全会精神之间的内在关联性，才能真正理解其精神实质。

习近平总书记最近的一系列重要讲话精神包括在党的群众路线教育实践活动总结大会上的重要讲话、在党的十八届四中全会上的报告和重要讲话、在文艺工作座谈会上的重要讲话、在全军政治工作会议上的重要讲话以及习近平总书记和中央领导同志的有关批示，与《中共中央关于全面推进依法治国若干重大问题的决定》是有内在联系的，或者说是经习近平总书记深思熟虑，集中反映了新一届

---

* 2014 年 11 月 5 日，在中国社会科学出版社机关党委理论学习中心组会上的讲话。

中央领导集体从严治党治国治军的新思想。

习近平总书记在党的群众路线教育实践活动总结大会上的重要讲话是治党管党、从严治党的一个纲领性文件，特别是对从严治党提出了许多新思想、新要求。党的十八届三中全会的主题是全面深化改革，推进国家治理体系和治理能力的现代化。党的十八届四中全会的主题是依法治国，依法治国是党的执政方略，是中国共产党长期执政和国家长治久安的重要保证。正如习近平总书记所讲，两者是有紧密的内在逻辑的，可以说是一个总体战略部署在时间上的顺序展开，十八届四中全会《决定》是十八届三中全会《中共中央关于全面深化改革若干重大问题的决定》的姊妹篇。

开展党的群众路线教育实践活动是改进党的作风，全军政治工作会议是整治军队的不正之风，文艺工作座谈会是改进文风，三者也是有机统一的，最根本的就是要改变整个社会风气，在全社会树正气。全军政治工作会议在古田召开，意义非常重大。习近平总书记特别强调，要彻底肃清军中腐败现象和不良风气，体现了从严治军的重要思想。在文艺工作座谈会上，习近平总书记强调，文艺不能在市场经济大潮中迷失方向，文艺不能当市场的奴隶，不要沾染铜臭气，直接回应了文艺界的一切向钱看、低俗的现象。

## 二　习近平总书记在党的群众路线教育实践活动总结大会上的讲话是从严治党的又一个系统性、纲领性文献

如何面对"四大挑战"，解决"四个不足"，始终保持党和群众的血肉联系，是党的建设面临的一个重大问题。党执政要靠人民群众支持，要代表人民群众的利益，体现为人民服务的宗旨。我们党在长期执政过程中出现了种种问题，面临脱离群众甚至走向人民群众反面的危险。党的群众路线教育实践活动的根本指向就是要解决党的作风问题，贯彻党的群众路线，为人民群众谋福利。党与人民群众，就像安泰与大地的关系，失去人民群众的支持，党就会失去执政地位。

习近平总书记的重要讲话非常深刻，体现了强烈的忧患意识。他指出，"党的执政地位和领导地位并不是自然而然就能长期保持下去的，不管党、不抓党就有可能出问题甚至出大问题，结果不只是党的事业不能成功，还有亡党亡国的危险。……在党言党、在党忧党、在党为党，把爱党、忧党、兴党、护党落实到工作生活各个环节，敢于同形形色色违反党内政治生活原则和制度的现象作斗争。……不正之风离我们越远，群众就会离我们越近。我们党历来强调，党风问题关系党的生死存亡。古今中外，因为统治集团作风败坏导致人亡政息的例子多得很！……作风建设是攻坚战，也是持久战。……作风建设永远在路上，永远没有休止符，必须抓常、抓细、抓长，持续努力、久久为功。……增强从严治党的系统性、预见性、创造性、实效性，使从严治党的一切努力都集中到增强党自我净化、自我完善、自我革新、自我提高能力上来，集中到提高党的领导能力和执政能力、保持和发展党的先进性和纯洁性上来"。① 他还讲了如何从思想建党到组织建党再到制度治党。这些都是从严治党的新观点新要求。

习近平总书记的重要讲话表明从严治党的力度之大，决心之大，前所未有。他指出，"各级各部门党委（党组）必须树立正确政绩观，坚持从巩固党的执政地位的大局看问题，把抓好党建作为最大的政绩。如果我们党弱了、散了、垮了，其他政绩又有什么意义呢？……对各级各部门党组织负责人特别是党委（党组）书记的考核，首先要看抓党建的实效，考核其他党员领导干部工作也要加大这方面的权重"。② 如果党自身管不好，怎么应对当前面对的诸多严峻问题？在党的群众路线教育实践活动总结大会上的讲话，是习近平总书记关于党要管党，从严治党，加强党的建设重要论述的集中表达。

---

① 习近平：《在党的群众路线教育实践活动总结大会上的讲话》，人民出版社2014年版，第13、21、24、25、29页。

② 习近平：《在党的群众路线教育实践活动总结大会上的讲话》，人民出版社2014年版，第16页。

### 三 深刻认识全面推进依法治国的重要意义和重大创新

全面推进依法治国对党的建设具有十分重要的意义。《决定》指出，依法治国是坚持和发展中国特色社会主义的本质要求和重要保障，是实现国家治理体系和治理能力现代化的必然要求，事关我们党执政兴国，事关人民幸福安康，事关党和国家长治久安。可以说，依法治国对党的建设至关重要，依法治国是加强和改善党的领导、巩固党的领导和长期执政地位的必然要求。从严治党不仅要从思想上、组织上抓，最根本的是用制度来规范和保证。制度管长远、管根本，依法治国、依法执政是党自我革新、自我发展必然要走的重要一步，是党和国家长治久安的根本保障。

《决定》明确了党的领导与依法治国之间的关系。《决定》指出，党的领导和社会主义法治是一致的，社会主义法治必须坚持党的领导，党的领导必须依靠社会主义法治。党的领导离不开社会主义法治，依法治国是党领导人民治理国家的基本方略，依法执政是党治国理政的基本方式。同时，依法治国也离不开党的领导，没有党的领导，依法治国就失去了方向。《决定》指出，党的领导是中国特色社会主义最本质的特征，是社会主义法治最根本的保证。……我国宪法确立了中国共产党的领导地位。坚持党的领导，是社会主义法治的根本要求，是党和国家的根本所在、命脉所在，是全国各族人民的利益所系、幸福所系，是全面推进依法治国的题中应有之义。

《决定》提出许多新的观点和举措。《决定》指出，依法治国要坚持五个基本原则，包括坚持中国共产党的领导、坚持人民主体地位、坚持法律面前人人平等、坚持依法治国和以德治国相结合和坚持从中国实际出发，这些原则阐明了中国特色社会主义法治道路。后面几个部分都是讲法治建设，包括立法、执法、司法公正、增强法治观念、法治队伍建设等，还提出设定宪法日、建立宪法宣誓制度、违宪审查等举措，这是中国特色社会主义法律制度的创新，是总结中国特色社会主义法治实践和探索经验的成果，我们要请法学方面的专家给我们作进一步的讲解。

## 四　深刻领会以习近平同志为核心的党中央对意识形态工作的新要求

党的十八大以来，党中央对意识形态工作高度重视。2013 年 8 月 19 日召开全国宣传思想工作会议，习近平总书记强调了意识形态工作的极端重要性。这次，习近平总书记又做出批示，对意识形态问题提出新要求，再联系到最近刚刚召开的文艺工作座谈会，以及国家新闻出版广电总局召集的出版工作通气会，这些都表明，中央对思想文化工作高度重视。全国宣传思想工作会议是研究和解决思想理论方面的问题，文艺工作座谈会是研究探讨文艺方面的问题，都是要解决精神层面的问题。当前意识形态斗争非常激烈，境外敌对势力伺机渗透，煽风点火。国内人们的思想严重分化，缺乏共识。这些问题事关国家安全，一个执政党最怕在重大问题上态度不坚定，我们一定要贯彻中央对意识形态工作的要求，加强学习，在重大意识形态问题上，态度明确，与党中央保持高度一致。

## 五　要把习近平总书记系列重要讲话精神和党的十八届四中全会精神切实贯彻到出版工作中

全体党员干部和职工一定要在思想上政治上与以习近平同志为核心的党中央保持高度一致。不该说的不说，不该做的不做，绝不与党中央在政治上唱反调，不与党的领导和中国特色社会主义制度唱反调，这是底线。此外，作为国家重要的学术出版阵地，我们绝不能给错误思想提供传播空间，做到守土有责，守土尽责，加强阵地意识、大局意识和政治意识。具体来说，就是要学习习近平总书记和中央领导同志有关批示精神和最近国家新闻出版广电总局关于出版工作的通气会精神，要把这些精神落实在选题立项和书稿内容把关，包括初审、复审和终审工作中。各位编辑要加强学习，用最新的理论成果武装自己的头脑，否则缺乏鉴别力，对错误思想无法判断。当然也不能"草木皆兵"，关键是要提高理论水平和政治水平，提高鉴别力。

积极弘扬主旋律，发挥正能量，主动有所作为。我们成立专门的马克思主义理论编辑室，是中国马克思主义理论成果的出版和传播的重要窗口，这一点我们在院里五家出版社甚至全国出版社中做得还是不错的，我们要充分发挥马克思主义阵地作用。坚持以马克思主义、毛泽东思想和中国特色社会主义理论为指导，出版更多优秀的马克思主义理论成果；出版更多阐释党的十八大、十八届三中全会、四中全会精神的理论成果，还要重点策划关于研究社会主义核心价值观、中国梦和中国传统文化方面的理论成果。习近平总书记对传统文化尤其儒家思想很重视，重视马克思主义与中国优秀传统文化相结合的问题，要将马克思主义植根于中华优秀文化的土壤。这些都是我们应该努力去做的，这方面做得好的，做出成绩的，在年终绩效考核时要给予表扬和奖励。

敢于与错误思想做斗争，要旗帜鲜明。作为一家国家级的出版社，作为中国哲学社会科学学术出版的专业出版社，我们应该多出一些对错误思想进行回应和批判的书。这没有什么不好意思的，绝不能遮遮掩掩。比如，我们出版的社科院原副院长李慎明、求是杂志社社长李捷主编的《还历史的本原》一书，有针对性地选取了若干历史虚无主义的错误论点，摆事实讲道理，有理有论有据地加以澄清。

加强理论学习。要联系起来深入学习党的十八大、十八届三中全会、十八届四中全会精神和习近平总书记系列重要讲话精神，全体职工特别是领导干部一定要加强学习，否则思想上跟不上新的形势。我们一定要适应新的形势下党在思想领域的新进展和意识形态斗争的新形势新要求，否则跟不上新的形势。我们要请意识形态工作方面的专家和法学专家做形势报告。比如依法治国，我们要深入理解其重大意义、五大基本原则和创新点。我们还要策划更多反映全面深化改革和全面推进依法治国新观点新举措方面的书稿。最近，我们请法学所所长李林撰写两本书稿。一部是《中国法律制度》，写得高屋建瓴，适合"走出去"，可以作为国外读者了解中国法律制度的入门书；另一部是阐释当代中国法律制度创新变革的书，再加上法学学科新发展报告，我们可以搞一个发布会，重点宣传一下。

学习从严治党的新精神，把党的作风建设落到实处。按照习近平总书记的要求，要在"三严三实"上下功夫，落小、落实、落细。党的群众路线教育实践活动最根本的就是要解决作风建设问题，就是要改进党的作风，改变党的形象，密切党与人民群众的联系。

我社的领导班子和干部首先要落实从严要求，在工作作风上要坚持一条基本原则——尽心尽职。每一位领导干部都要自我检查，对自己负责的工作是否尽心，是否尽职，抓工作是否细致，是否真的解决问题、推动工作？我们坚持民主集中制，班子成员分工负责，每位领导都要勤于思考和研究问题。虽然很多事情都是集体决策，但分管领导是直接责任人。所以，要履行好自己的职责，做好自己的分管工作。一定要抓落实、抓小事、抓细节。只有这样，才能形成合力。分管领导自己能解决的问题先要自己解决，实在不能解决的再集体决策解决。很多问题自己不能解决可能有很多客观原因，但也要从自己身上找原因。首先要尽心尽责，不辜负组织和群众的期望。我们的发展理念都定了，体制机制改革也将陆续完成，关键是落实，分兵把关，提升整体战斗力。

"三实"首先是要从实际出发，结合自己单位的实际和问题，从我们的历史、人员状况和问题出发，良好的愿望能否实现，就看是否结合实际。第二就是要务实，而不是务虚。第三就是实干、实践，不搞花架子，不吹嘘。做人要实、要正，努力做到公平、正派、正气。视野要宽，心胸要宽，要善于学习，丰富自己，要团结和带动其他同志。每个人的脾性都不一样，要把人拢起来，甚至"化敌为友"，这是一种工作能力。要做到尽心尽职就要勤奋，加强自律，严格要求自己，做人做事正派。

加强组织纪律观念。严格执行请示汇报制度，严格遵守"三项纪律"。习近平总书记讲"四个服从"，即党员个人服从党的组织，少数服从多数，下级组织服从上级组织，全党各个组织和全体党员服从党的全国代表大会和中央委员会。我们要坚决贯彻党中央和院党组的新精神新要求，社里做出的决策，大家一定要严格执行。要讲服从，否则就是一盘散沙，没有凝聚力和战斗力。要把组织纪律观念纳入年终考核中，绝不允许搞个人主义。

我们这次学习效果不错，大家都做了认真准备，但我们的学习还是初步的，下一步我们还要请专家来讲，一定要吃透文件精神，提高理论和思想水平，跟上新形势新要求，推动我们的工作。

# 学术出版的使命与作为<sup>*</sup>

## 一　坚持马克思主义新闻出版观与学术出版的使命

出版是人类文明传承和传播的重要载体。**出版的生命力来源于出版人对人类优秀文化的传承和创新的价值追求，来源于他对出版事业的热爱以及使命感与责任感。编辑出版工作绝不仅仅是学术研究的终端环节，编辑策划工作以其自身的思维方式和创造性劳动，可以促进甚至引领学术研究，为文化积累和创新做出贡献。**

哲学社会科学研究人与世界的关系及人类社会发展规律，具有认识世界、创新理论、资政育人、服务社会的重要作用，对人类社会的发展起着至关重要的指导作用。承载学术思想的图书是文化的重要组成部分，是文化影响力中最具基础性和深远意义的因素。传播和传承学术思想，充分发挥学术精品的学术影响力和社会影响力，在推动中国特色社会主义文化的大发展大繁荣的进程中占据十分重要的地位，也是学术出版工作者肩负的重要历史使命，是坚持和践行马克思主义新闻出版观的必然要求。自古做大官、发大财的无数，但名垂青史的则是那些大思想家、文学家、诗人、艺术家以及大出版家。出版人理应具有这样的职业理想。

马克思主义新闻出版观认为：（1）包含出版在内的意识形态作为上层建筑的一部分，在根本上是社会存在的反映，同时对经济基础具有反作用，要为推动经济发展、社会稳定、历史进步做出贡献。

---

\* 2014年12月4日，在江苏省图书及音像电子出版单位领导班子成员及中层干部培训班上的讲话。

（2）出版传承文明，传播知识。（3）积累和传播人类思想创新成果。（4）满足人的精神文化生活需求，丰富人的精神世界，始终把社会效益放在首位。（5）传播真善美，鞭笞假恶丑，弘扬主旋律，传播正能量。

在当代中国，出版工作要坚持以马克思主义理论特别是中国特色社会主义理论体系为指导，服务中国特色社会主义发展大局，坚持中国特色社会主义文化发展道路，引导人们弘扬社会主义核心价值观，为增强人民群众对中国特色社会主义的认同感和中华民族的凝聚力，为人民群众提供更多丰富多彩的精品力作和精神佳作，为建设社会主义文化强国，推动中华民族伟大复兴做出自己重要的贡献。

## 二 坚持正确的出版方向，始终把社会效益放在第一位

（一）牢记出版的意识形态属性，讲政治、守纪律、把底线

学术出版，特别是哲学社会科学出版具有鲜明的意识形态属性和价值属性，要坚持党的基本纲领、基本理论、基本路线、基本经验和基本要求。要始终与以习近平同志为核心的党中央保持高度一致，充分发挥党和国家意识形态主流阵地作用，做到守土有责、守土负责、守土尽责。在当前，首要的就是要学习宣传贯彻党的十八大和十八届二中、三中、四中全会精神，要学习宣传贯彻习近平总书记系列重要讲话精神，认真学习和贯彻最近习近平总书记以及其他中央领导同志关于意识形态工作的重要批示精神，学习贯彻近期国家新闻出版广电总局关于出版工作的通气会精神，不断提高马克思主义理论水平、政策水平和政治把关能力。

1. 要按照中央精神要求，在"三个坚持"上绝不含糊

"三个坚持"是指：第一，坚持中国共产党的领导；第二，坚持中国特色社会主义制度；第三，坚持马克思主义指导地位。这是三

条基本底线，不容挑战，绝不允许书稿中有与之相冲突的内容。我们要始终与以习近平同志为核心的党中央保持高度一致，严守党的政治纪律，始终保持清醒头脑，增强政治敏锐性，不为错误思想或观点所干扰、所迷惑。

2. 绝不给错误思潮或主张提供传播空间

一些错误的思潮我们要坚决抵制，如宣扬西方宪政、"普世价值"、历史虚无主义等，其根本目的在于否定中国共产党的历史和新中国的历史，企图动摇党的执政理念和执政基础，这些在书稿中绝不允许出现。我们要提高警惕，仔细审读，及时处理。

3. 始终把社会效益放在首位，经济效益服从社会效益

社会效益包括学术品位、图书质量，我们要讲品位、讲格调、讲质量，坚决杜绝质次、低俗、媚俗的选题与图书。坚决杜绝只要给出版资助就出书的现象。特别是一些涉及宗教、民族、社会及国际问题的选题要严格把关，当经济效益与社会效益及出版社的品牌声誉发生冲突的时候，经济效益要坚决服从社会效益。

4. 加强对涉外选题的监管

对外工作或对外宣传、"走出去"的图书，都不能出现政治错误。这些作品一旦出版，在国际上就代表中国政府的观点和形象，所以在组织翻译时，一定要进行认真审核。在出版外版图书时务必要认真审稿，遇到政治上有分歧的问题要及时向主管领导汇报。

5. 严格遵守重大选题备案制度

这是对出版社的保护，不是"紧箍咒"。但凡出了问题，有没有报备就完全不一样了。因此，所有重大选题，特别是刚才讲的几个重要思想领域的书稿，一定要到总局报备。

6. 加强"三审三校"制度

对选题的内容进行审稿时，要注意政治导向、学术价值、社会影响等因素。初审、复审、终审每一个环节都要切实担负起自己的责任，初审有没有把问题指出来？复审把问题解决了没有？终审处

理了没有？要提高对兼职编辑的要求，兼职编辑的稿子我们必须要认真审核。不能把兼职编辑拿来的稿子直接送校对，校对对政治问题是不负责任的，负责任的是责任编辑。

编辑要加强学习，提高自己的马克思主义理论水平和政治水平，多了解国际形势以及党和国家的要求，提高我们的政治把关能力，要做到不糊涂、不含糊、不松懈。不糊涂是指，要有过硬的政治把关能力，哪些观点是对的，哪些观点是错的，要一清二楚，糊涂就是不明是非。不能对一些观点的对错辨别不清、把握不准，更不能把错误的东西当作正确的。不含糊是指，要坚持正确立场。不能模棱两可，左右摇摆。不松懈是指，始终保持清醒头脑和政治警觉性，松懈懈怠就容易犯错。

（二）主动作为，弘扬主旋律，传播正能量

1. 组织策划更多马克思主义理论创新成果和大众化新成果

马克思主义是我们党的指导思想，是我国意识形态的灵魂。坚持马克思主义的基本原理、基本观点并进行与时俱进的创新，是保证我们党和国家长治久安和充满生机活力的根本之道。我社在两年前成立了马克思主义理论出版中心，专门策划高质量的关于马克思主义经典著作和基本原理研究的学术精品，马克思主义重大理论创新的成果，以及适合大众阅读的普及读物。今年我社重点推出了由中国社会科学院王伟光院长主编的《新大众哲学》，以满足广大党员干部学习哲学之需要。我们还出版了《马克思主义经典作家专题摘编》《马克思主义专题研究文丛》《中国社会科学院马克思主义研究文集》《马克思主义理论学科前沿研究报告》等中国社会科学院"马工程"项目，以及《马克思主义学术文丛》、《中国化马克思主义观》丛书、《马克思主义基本观点18讲》等，发挥了作为马克思主义理论成果重要出版窗口的作用。

2. 策划出版阐发和研究中国特色社会主义的图书

将习近平总书记关于坚持和发展中国特色社会主义的新思想新

观点新论断阐释清楚，坚定广大党员和人民坚持走中国特色社会主义道路的自信，是学习习近平总书记系列重要讲话的一项重要任务，也是出版的一个重点方向。

党的十八大召开后，特别是习近平总书记在新进中央委员会的委员和候补委员学习贯彻党的十八大精神研讨班开班式上发表重要讲话后，本人积极策划了《理解中国》丛书。该丛书旨在回应批驳中国"威胁论""国家资本主义""新官僚资本主义""资本社会主义"等各种质疑与论调，它全面系统地阐释中国特色社会主义道路、理论和制度的基本内涵，不仅有《中国道路》《中国理论》《中国制度》《中国梦》《中国价值观》《中国改革开放史》等总体性的理论阐释，还有《破解中国经济发展之谜》《中国社会巨变和治理》《走向人人享有保障的社会》《中国特色解决民族问题之路》等涉及中国发展的具体领域。这套丛书由中国社会科学院和国内著名高校的一流专家学者撰写。该丛书不仅有助于引导国内读者理性认识中国特色社会主义的道路、制度及相关政策，还能使国外读者更加准确地理解中国，提升中国国际影响力和话语权。该丛书已与德国施普林格出版集团签约。

3. 要发挥学术出版优势，致力于做好贯通、融合中华优秀传统文化与以社会主义核心价值观为主体的中国特色社会主义文化的工作

习近平总书记指出，要讲清楚中华优秀传统文化的历史渊源、发展脉络、基本走向，讲清楚中华文化的独特创造、价值理念、鲜明特色。对中国传统文化进行创造性转换，切实将中国优秀传统文化转化为社会主义先进文化的重要组成部分。在这方面学术出版大有可为。我社继出版《简明中国历史读本》之后，正陆续推出《简明世界历史读本》《简明中国近代史读本》《中华文化简明读本》《简明中国哲学史读本》《简明中国文学史读本》《简明中国艺术史读本》等系列图书，为人民群众了解中华传统文化，培育社会主义

核心价值观提供重要读物。

4. 推出更多阐发和普及社会主义核心价值观的研究成果

我们正在以"三个倡导"24个字核心价值观为蓝本，策划出版相关研究性学术精品和更多通俗易懂的大众读本，充分发挥出版传播作用，为社会主义核心价值观宣传教育提供丰富的文化产品，为提高人民群众的思想道德素质提供重要支撑。

5. 策划更多关于中国梦的选题

要与全国各大高校、研究机构以及智库合作，推出一批在国内外学界有说服力、有影响力的有关中国梦的研究成果，向中外读者说清楚中国梦的确切含义和重要意义。

6. 策划更多研究全面推进依法治国新观点新举措方面的选题

最近，我们请中国社会科学院法学所所长李林牵头撰写两本书稿。一部是《中国法律制度》，写得高屋建瓴，适合"走出去"，可以作为国外读者了解中国法律制度的入门书；另一部是阐释当代中国法律制度的创新变革的书。还有，我们策划了《法学学科新发展丛书》。

7. 策划与错误思想观点做斗争的选题

要积极出版一些对错误思想进行回应和批判的书。这没有什么抹不开面子的，要旗帜鲜明，绝不能遮遮掩掩。比如，我们出版的社科院原副院长李慎明、求是杂志社社长李捷主编的《还历史的本原》一书，有针对性地选取了若干历史虚无主义的错误论点，摆事实讲道理，有理有据有论地加以澄清。

（三）牢记出版的文化属性，致力于新知识、新方法、新思想的积累与传播，启迪人们的智慧，增强人们认识世界、改造世界的能力

（四）牢记出版的精神属性，始终把以文化人、润人、育人作为出版的重要使命与责任

出版社不是一般的生产经营企业，其产品——图书也不是一般

的商品，而是精神产品。出版要弘扬真善美的人文精神，起到春风化雨，泽润心灵，丰富人的精神文化生活的重要作用。

### 三　努力策划和出版学术精品，增强学术影响力和社会影响力

就学术出版来讲，首先要把出精品佳作、出经典作为始终不渝的最高追求，舍此，出版社无以立足，也没有存在的价值。我认为，出版社价值不能仅仅以它创造多少经济效益来衡量，衡量它的价值始终就是它出版了哪些好书，包括学术经典、好教材、好作品、好著作等，无论是组织的还是自己策划的，图书的社会效益始终高于经济价值。

（一）近几年我社策划出版的精品图书

近几年，我们策划出版了一批学术精品，主要有：《中国哲学社会科学学科发展报告》系列丛书、《理解中国》丛书、《中国社会科学院学部委员专题文集》、《中国社会科学年鉴》系列、《当代中国学者代表作文库》、《社科学术文库》、《中国社会科学博士论文文库》、《中国社会科学博士后文库》、《21 世纪初中国少数民族地区经济社会发展综合调查》（50 多卷）、《中国政治思想史》（13 卷本）、《苏联通史》（8 卷本）、《法学学科新发展》（45 卷），《当代中国近代史研究丛书》（16 卷）等，以及《商代史》（11 卷）、《中华人民共和国国家历史地图集》、《新中国经济学史纲（1949—2011）》、《马克思主义中国化史》、《中国历史地名大辞典》、《摩诃婆罗多》、《马克思传》和《老子古今》（修订版）、《中国经学思想史》、《马克思主义哲学形态的演变》、《中国民族关系史纲要》等获得中国出版政府奖等重大奖项的图书。还有我们积极申报和承担的全国社科规划办《国家哲学社会科学成果文库》和国家社科基金后期资助项目、总署"十二五"时期国家重点图书出版规划、新闻出版总署国家出版基金资助项目、新闻出版总署国家古籍整理项目等国家重点项目。还有，翻译引进的国外学术经典，如《西方现代思想丛书》

《国际学术前沿观察丛书》《约翰·罗尔斯著作集》《克尔凯郭尔文集》《外国伦理学名著译丛》等。

1. 《中国哲学社会科学学科发展报告》

把握学术发展的历史和研究前沿是进行学术研究和创新的前提，我社于 2008 年开始策划的《中国哲学社会科学学科发展报告》，包括三个子系列即"重要学科 60 年学术史"、三年一度的"学科前沿研究报告"以及"年度学科发展综述"（内部出版）。60 年学术史已出版 22 卷，学科前沿研究报告第一批出版 18 卷，法学系列 45 卷，近代史系列 16 卷，国际学科系列 8 卷等都正在出版。

该丛书由中国社会科学院王伟光院长担纲编委会主任，李扬副院长担纲编委会副主任。丛书各学科分卷的主编和执笔者均为国内知名的学科带头人，在相关领域有长期深入的研究和丰硕的科研成果。高水平、实力雄厚的作者队伍以及认真扎实的研究态度保证了丛书的高质量和权威性。

这套大型丛书对我国哲学社会科学学术研究具有重要的引领作用，它努力实现了中国哲学社会科学学术发展历史与当下学术前沿的有机衔接，对当代中国学术追根溯源，跨越中华人民共和国成立前后直至当今学术发展的脉络，以学术史的形式反映出学科进步的内在动力和创新成果，成为哲学社会科学学术研究重要的史料文献和教学参考资料。它旨在系统展现当代中国学术的发展道路，反映学科最新发展动态，准确把握学科发展前沿，引领学科发展方向。

这套丛书现在已经"走出去"，与博睿出版集团签约，成为国外了解中国哲学社会科学的发展脉络和前沿动态的重要资料。

2. 《理解中国》丛书

围绕中国道路、中国制度、中国理论等重大问题，策划具有重大现实意义的选题。由于我国当前社会面临利益分化、认识分化，不同阶层、不同利益群体对一些重大理论和现实问题看法不一，形成了不同的声音和期待。从国际层面看，对中国改革和发展存在多种质疑，如"中国威胁论""国家资本主义论"等。党的十八大报告，明确提出坚定不移地走中国特色社会主义道路，明确回应了国内外的质疑。通过学习党的十八大报告，我们敏锐地认识到，应该策划一套正确、准确理解、传播中国特色社会主义道路、理论、制度，提升中国社会科学国际学术话语权的图书，即《理解中国》丛书。

该丛书由本人策划，组织中国社科院及国内一流专家学者撰写。甫一问世，就引起国内外学术界、出版界的广泛关注，现已与德国施普林格出版集团签订合作出版协议。该项目还被列为 2014 年国务院新闻办外宣产品回购项目。

3. "剑桥史"系列

"剑桥史"系列是我社的传统品牌图书，我们之前出版了《剑桥中国史》《新编剑桥世界近代史》，市场反响比较好。我们又引进由中国社会科学院原副院长武寅研究员牵头的《剑桥古代史》《新编剑桥中世纪史》（29 卷），很快就要出版，还启动了《剑桥基督教史》《新编剑桥哲学史》系列项目。这是我们维护已有品牌书的一个经典案例。

4.《当代中国学者代表作文库》

这套书旨在集中展现代表性人物的代表性作品，能反映当代中国人文社会科学的学术水平。

（二）通过抓出版的专业化、精品化，我社学术影响力和社会影响力显著提高

通过实施专业化、精品化战略，我社的专业选题、重点选题的比例显著提高，在多项图书评奖和影响力排名评比中名列前茅，学术影响力和社会影响力明显提升。

2014 年 8 月 28 日，"海外馆藏：中国图书世界影响力评价"发布，我社 2013 年出版的 1500 多种图书中，有 1078 种被海外图书馆收藏，海外馆藏影响力排名第一。

2013 年底，第三届中国出版政府奖揭晓，我社《商代史》（11

卷）、《中华人民共和国国家历史地图集》、《新中国经济学史纲（1949—2011）》三种书获奖，与科学出版社、中华书局并列第一。我们还有《马克思主义中国化史》获提名奖。

2013 年 4 月，教育部正式公布第六届高等学校科学研究优秀成果奖（人文社会科学）获奖名单。这一奖项一直是我国哲学社会科学领域最具公信力和影响力的奖项。我社在此次评奖中共荣获一等奖 2 项，二等奖 10 项，三等奖 25 项，总计 37 项，在全国出版社中排名第二。

2012 年 1 月，南京大学人文社会科学评价中心发布出版社学术影响力报告，我社的综合学术影响力评价在全国 580 家出版社中位居前五之列。数据进一步显示，改革开放后中国学者撰写的学术著作，我社是出版最多、影响最大的出版社之一。

2011—2014 年，我社承担全国社科规划办《国家哲学社会科学成果文库》和"国家社科基金后期资助项目"连续四年排名第一。在全国社科规划办组织召开后期资助项目出版协调会上两次受邀发言，并对我社这一工作提出表扬。

2014 年 7 月 12 日，中国新闻出版研究院发布的《2013 年新闻出版产业分析报告》显示：社科类图书出版单位总体经济规模综合排名，我社比 2012 年提高八位，名列第九，首次跃进前十。

此外，我社图书《中国历史地名大辞典》《摩诃婆罗多》获得第一届中国出版政府奖图书奖；《马克思传》和《老子古今》（修订版）荣获第二届中国出版政府奖图书奖提名奖；《中国经学思想史》获第四届中华优秀出版物奖图书奖；《马克思主义哲学形态的演变》获得"三个一百"（人文社科类）原创图书出版工程奖；《中国民族关系史纲要》获新闻出版总署"首届向全国推荐百种优秀民族图书"；《中国考古学·秦汉卷》《中国考古学·新石器时代卷》等 5 种图书获得第四届郭沫若中国历史学奖二等奖、三等奖和提名奖；《马克思主义哲学范畴研究》等三项获吴玉章人文社会科学奖;《金融大崩溃》《下一波财富狂潮》《萨姆·沃尔顿自传》《华尔街的污点》获得引进版社科类优秀图书奖;《历代判例判牍》(12 册)等 7 种获得第七届(2010 年)中国社会科学院优秀科研成果奖一等奖、二等奖、三等奖等,还有数百种图书获得其他国家级、省部级奖项。

(三)努力策划更多大众化学术精品,进一步提高社会影响力

学术出版要打造学术精品,推动学术创新,传播先进理论和思想。但学术精品不能是高高在上的"阳春白雪",不能仅仅供专业学者研究使用,还要为大众认识和掌握,只有这样,才能充分发挥哲学社会科学推动社会发展的作用。因此,学术出版有两层含义,一是出版高水平的学术著作,二是出版大众化的学术精品。近年来,我们策划出版了《简明中国历史读本》《新大众哲学》《甲午战争简史》《邓小平的智源》《金融大崩溃》《下一波财富狂潮》《萨姆·沃尔顿自传》《华尔街的污点》《相信》《攻坚》《出路》《壬辰倭乱》《改变你人生的80/20》等许多优秀的大众化的学术精品,以此不断增强我社图书的社会影响力。

(四)主要做法

1. 深化管理体制机制改革,为做精做强学术出版提供制度保障

制度建设是做好学术出版的根本保障,能不能调动编辑潜心学术出版的积极性,能不能将学术出版做精做细做强,最根本的依赖于一个好的制度体系。我社在"经济效益与社会效益、数量增长与品牌提升、个人利益与出版社长远发展相统一"的发展理念的指导下,努力深化管理体制机制改革,大胆推进制度创新。

第一,建立专业出版管理体制。按照学科调整编辑部机构设置,成立七大专业出版中心以及大众分社、数字出版中心、年鉴分社、重大项目出版中心,旨在夯实专业化基础。

第二,建立鼓励出精品图书的考核激励机制,树立出好书有利

益、出好书光荣的导向。完善编辑岗位责任制，加强对专业选题、重点优秀选题的指标考核，加大对优秀选题和获奖图书的奖励力度。设立中国社会科学出版社优秀图书奖。将弘扬主旋律，做好主题出版纳入年终绩效考核，做得好的给予表扬和奖励。职称评审时，加大精品图书策划情况和获奖图书情况的分值。通过这些措施，调控编辑的选题策划方向，调整和优化图书结构。

第三，按照建立现代企业制度的要求，探索建立新的企业薪酬体系、用人机制、福利制度等。形成多劳多得、优劳优得的利益激励机制，充分调动编辑的工作积极性和创造性，提升队伍的整体战斗力和竞争力。

2. 着力提高编辑的策划能力

第一，学习能力。要跟踪、了解和认真学习掌握习近平总书记重要讲话精神和党中央精神。把握国际国内形势，了解人文社科学术前沿动态。

第二，追踪、把握信息的能力。提高自己的学术思维能力和鉴赏能力，要有敏锐的学术感觉。要求编辑心中有一幅清晰的全国学术科研分布图，及时了解和掌握关于学科基地、首席专家和科研骨干、重大科研项目进展的新情况，深入、全面、有重点地挖掘全国学术出版资源。

第三，交往和交流的能力。主动与学者交朋友。同事间举办读书会，交流分享策划经验与体会。

在以上基础上进行选题的策划创新，做到人无我有，产品独特，才有选题唯一性和引领性。真正起到对学术研究的组织、推动、引领和规范四个方面的作用。

3. 提高选题质量和作者的层次

同样是出版1500种书，如果不对专业选题和重点选题做出要求，影响力就会大打折扣；所覆盖的作者层次和结构就会不一样，与其他同类出版社相比所表现出来的竞争力也不一样。

4. 领导重视，亲自策划，带出一批核心骨干策划队伍

5. 提高自己的历史意识、问题意识和国际意识

学习和熟悉自己学科的学术史、世界史和中国史；具备强烈的问题意识，及时捕捉策划好的选题；要有国际视野，放眼全世界，积极开展与国外的交流与合作。

6. 舍得资金投入

尤其是对那些具有重要学术价值和现实重要意义的图书，要舍得重金投入。

## 四 加大对外传播推广力度，增强国际影响力，充分发挥学术出版在中国文化"走出去"中的重要作用

2014年8月最新发布的"中国图书世界影响力评价"，该评价是基于对全世界图书馆联机书目数据的分析和研究而得出的，是评价中国图书世界影响力的一个重要指标。评价报告显示，我社2013年全年出版的图书有1078种进入世界图书馆收藏系统，在中国大陆516家出版社中排名第一。这不仅说明国外对我社图书的学术水平和出版品牌的认可，而且表明国外对中国哲学社会科学学术成果越来越重视。因此，学术出版要自觉肩负起将更多哲学社会科学优秀成果推向国际学术舞台，自觉担当起增强国际学术话语权，建构国家形象、传播中国声音的重要使命。

第一，策划和出版更多的学术精品是增强国际学术影响力的根本。学术出版只要进一步提高选题和图书的学术质量，在代表性和权威性上下功夫，强化学科特色和优势，做专做精，就会有更大的国外市场，就会提高国际影响力。

第二，紧紧围绕中国改革开放、中国道路、中国发展和中国当前重大改革问题，组织策划一批国外读者感兴趣的，有助于他们了解研究当代中国的政治、经济、社会、文化、生态、社会创新等方面的研究性著作，向世界证明中国道路、中国制度、中国理论的有

效性、科学性、合理性，更好地发挥哲学社会科学图书在建构国家形象中的作用。如《理解中国》丛书、《宏观经济分析中的财政政策》、《中国法律制度》、《社会转型与中国经验》等。

第三，加强与国外著名出版社合作，提升对外传播力。要积极与国外著名出版社合作，使我们的学术精品进入国外主流高端学术市场。如前面提到的我社《中国哲学社会科学学科发展报告》丛书、《理解中国》丛书、《中国社会科学院学部委员专题文集》系列都是作为博睿出版集团、施普林格出版集团、罗德里奇出版集团的重点推广图书，还有《中国古代社会生活史》（宋辽西夏金卷）入选剑桥大学出版社《中国文库》。日文版《简明中国历史读本》《简明中国历史知识手册》由日本合作方出版后，将由该国主流渠道发行，对日本读者正确了解中国历史具有十分重要的现实意义。

第四，重视做好已签约项目的翻译工作。高质量的翻译是争取更多的国外读者、真正发挥图书的世界影响力的一个关键环节。要积极与高校外语学院联系，合作建立翻译基地，主动与青年汉学家、海外华人学者等建立联系，建立一支稳定的翻译和外文审校专家队伍。

第五，要提升社科图书的国际影响力，需要扩大国际学术交流，增进与国外学术界的了解和信任。我们在落实中将"走出去"与"请进来"双向并举。我们将聘任国外著名学者及相关领域专家，以促进国际交流、扩大全球视野、协助版权推荐、兼顾审读翻译。

第六，重视对外营销推广工作。如编制学术精品图书的英文书目常态化，构建向欧美和其他地区高等院校图书馆及科研机构推介书目的渠道，同时向华文图书地区、世界各地孔子学院和各图书馆中文部主动推介我们的学术精品图书。在适当时机还将考虑建立国外分社或分支机构。

第七，加大专业队伍人才建设的力度。人才引进、队伍建设和专业人员综合素质的培养提高是"走出去"战略的关键环节，也是这项工作的核心竞争力所在。积极引进和培养业务拓展与交流人才、翻译人才、产品研究与开发人才以及国际市场营销人才、版权维护人才。创新人才管理制度，为引进人才、留住人才、培养人才提供有力的制度保障。

# 构建中国特色社会主义经济学话语体系[*]

由中国社会科学出版社发起主办的中国特色社会主义经济学话语体系建设暨《新中国经济学史纲（1949—2011）》出版座谈会于 2014 年 3 月 23 日在京举行。中国社会科学院副院长、经济学部主任李扬出席会议并讲话。《新中国经济学史纲（1949—2011）》主编、中国社会科学院学部委员张卓元，中国社会科学院学部委员周叔莲、杨圣明，以及来自中国社会科学院、国家发展改革委员会、国家行政学院、中国人民大学、北京师范大学等单位的专家学者，围绕新中国经济学六十多年的发展历程，就如何构建中国特色社会主义经济学话语体系进行了深入探讨。中国社会科学出版社社长兼总编辑赵剑英出席会议并致辞。

赵剑英表示，中国经济发展道路是中国特色社会主义道路的重要基础，如果不把自身的经济话语体

---

* 2014 年 3 月 23 日，作者主持召开"中国特色社会主义经济学话语体系建设暨《新中国经济学史纲（1949—2011）》出版座谈会"，这应当是比较早地提出构建中国特色经济学话语体系问题。

系梳理出来，中国特色社会主义的理论体系就会缺乏基础。我们讲道路自信、理论自信、制度自信，其中经济学理论就占据非常重要的地位。经过改革开放的实践，我国经济发展取得了举世瞩目的成就，应将建设中国特色社会主义经济学话语体系提到日程上来。

与会专家一致认为，构建中国特色社会主义经济学话语体系对于向世界介绍中国道路和中国经验，不仅十分必要而且具有重要意义。中国特色社会主义经济学理论体系是新中国经济学六十多年发展的主要成果，也是构建中国特色社会主义经济学话语体系的核心内容。其中，社会主义市场经济理论是一个不可或缺的重要组成部分。如何将传统中国的经济学理论与西方经济学理论融合起来，形成一个有机统一的理论体系，将是中国特色社会主义经济学话语体系建设的一个重要任务。

（以下为与会专家发言主要观点，在此基础上形成了《中国经济学成长之路》一书）

**李扬**[①]：建设中国特色社会主义经济学话语体系很有必要，中国特色社会主义话语体系建设要放在社会主义发展进程的大背景下进行考察，而中国特色社会主义经济学话语体系的来源包括中国古代传统、西方经济学、丰富的中国实践三个方面。他指出，建设中国特色社会主义话语体系是一个长期的过程，就目前来说，构建中国特色社会主义经济学话语体系应注意八个方面的问题：市场经济与社会主义

---

① 李扬，时任中国社会科学院副院长。

的结合问题；政府与市场的关系问题；人口问题；经济转型问题；对外开放和汇率问题；社会主义发展道路问题；发展中国家投资大于储蓄和进口大于出口的"双缺口"突破问题；互联网问题。

**张卓元**[①]：市场不是万能的，需要有"看得见的手"如政府的宏观调控等来弥补市场的缺陷，以保证经济的健康运行。在中国社会主义建设过程中，有的探索是成功的，有的探索是失败的，关键在于我们的探索是不是从中国的国情出发，切合中国的实际需要。他还认为中国特色社会主义经济理论，包括社会主义市场经济理论，真正站得住脚、得到各方面的认可，还是要靠我们社会主义建设取得更大的成就，要靠"中国梦"的逐步实现。

**周叔莲**[②]：高度评价了《新中国经济学史纲（1949—2011）》，认为此书概括了中华人民共和国成立六十多年来马克思主义中国化的重要成果，分析了我国政治经济学发展的主要经验和教训。对于中国特色社会主义经济学话语体系建设，他提出了四点建议：第一，增强在社会主义政治经济学上的话语权；第二，清理社会主义理论和研究中的错误指导思想；第三，社会主义政治经济学要以中国特色社会主义生产方式为研究对象；第四，把民族问题作为社会主义政治经济学的一个重要问题来研究。

**杨圣明**[③]：每一个时代都会有一些经济强国、经济大国，也会出优秀的经济学家、经济学著作。中华人民共和国成立六十多年来发生了翻天覆地的变化，成了新的经济大国，应该出一些理论家，多出理论成果，回答中华人民共和国是如何成长起来的，中华人民共和国的经济是如何发展起来的等问题。

---

① 张卓元，中国社会科学院学部委员，经济研究所研究员。曾任中国社会科学院财贸经济研究所所长，工业经济研究所所长，经济研究所所长。
② 周叔莲（1929年7月—2018年3月），中国社会科学院学部委员，工业经济研究所研究员。曾任中国社会科学院工业经济研究所所长。
③ 杨圣明，中国社会科学院学部委员。曾任中国社会科学院研究生院副院长、财贸经济研究所所长。

叶坦[1]：创新中国特色的经济学话语还应该包括三个部分：一是中国传统文化中的经济学思想，二是中国借鉴西方传统经济学之后的经济学思想，三是中华民国时期的经济学思想。

胡家勇[2]：建设中国特色经济话语体系还欠缺一些基本概念和理论判断，比如对"资本"等一些重要概念还没有定论。我们要借鉴西方经济学的概念，这样才能得到国际学术界的认可。

贺力平[3]：中国经济学要在国际上取得话语权，语言的障碍和共同的知识范畴是两个亟待解决的实质性问题。

常修泽[4]：应将以人为本作为一个核心来创建中国特色社会主义经济学体系，可以从中、马、西三大领域，去挖掘人本思想及其在经济学中的地位。

张占斌[5]：党的十八届三中全会提出要发挥市场配置资源的决定性作用，以及更好发挥政府的作用，这两个作用怎么才能发挥好，在新的时代下，需要中国特色的经济学给予回答。

胡乃武[6]：强调市场在资源配置中的决定性作用，并不意味着政府在资源配置中的作用无足轻重。在市场经济体制下，政府的作用主要有八个方面：保持宏观经济稳定；强化和优化公共服务；保障公平竞争；加强市场监管；维护市场秩序；推动可持续发展；促进共同富裕；弥补市场失灵。

李义平[7]：建设中国特色社会主义经济学体系，首先得有自己的概念、自己的范畴，立足于我国经济发展的成果。解决现实中的各种问题，是经济学家的时代使命。

---

① 叶坦，中国社会科学院经济研究所研究员。
② 胡家勇，中国社会科学院经济研究所研究员。
③ 贺力平，北京师范大学经济与工商管理学院教授。
④ 常修泽，国家发展和改革委员会经济研究所研究员。
⑤ 张占斌，时任国家行政学院经济学部主任。现任中共中央党校（国家行政学院）马克思主义学院院长。
⑥ 胡乃武，中国人民大学经济学院一级教授。
⑦ 李义平，中国人民大学经济学院教授。

# 努力扩大中国图书的世界影响力<sup>*</sup>

　　非常荣幸参加由中国文化走出去协同创新中心·中国海外汉学研究中心、中国出版传媒商报社、中国图书进出口（集团）总公司共同主办的"中国图书世界影响力评价"发布礼活动。

　　"中国图书世界影响力评价"是基于对全世界图书馆联机书目数据的分析和研究而得出的，是评价中国图书世界影响力的一个重要指标。根据2013年《中国图书世界馆藏影响力报告》的数据，中国社会科学出版社进入全球30家以上图书馆的图书共有551种。今年最新发布的报告显示，我社2013年全年出版的图书有1078种进入世界图书馆收藏系统，在中国大陆516家出版社中排名第一。这说明，近些年国外对中国哲学社会科学学术成果越来越关注，同时也说明国外对我社图书的学术水平和出版品牌的认可。取得这一成绩，我感到非常高兴。借此机会，我代表中国社会科学出版社全体员工向该项影响力评价研究和发布方表示衷心感谢。你们做了一项非常有益的工作，对推动中国图书"走出去"意义重大。同时，我还要对长期关心和支持我社发展的广大学者、读者、各级领导、出版界同人以及新闻媒体界的朋友表示衷心的感谢！

　　人文社科学术图书是文化的重要载体和重要组成部分，是文化影响力中最具基础性和深远意义的因素。因此，出版机构在中国文化"走出去"中使命光荣、责任重大、大有可为。我社虽然取得了

---

* 2014年8月28日，在"中国图书世界影响力评价"发布礼上的发言。

一点成绩，但丝毫没有理由沾沾自喜。恰恰相反，这对于我们是一种鞭策，我们的工作才刚刚开始，还有大量的工作要做，有很大的潜力可挖。下面，我谈几点我社正在做和今后要继续加强的工作，请大家多提宝贵意见。

第一，坚持走哲学社会科学专业出版之路，多出精品力作。策划和出版更多的学术精品是增强国际学术影响力的根本。作为国内的专业学术出版机构，我社每年出版新书1500多种，大部分是中国社会科学院和各高等院校的研究成果。我社出版的图书覆盖的学科比较全，其中许多图书都是各学科的学术精品。可以说，我社出版的图书具有相当强的代表性，从一定程度上反映了当今我国哲学社会科学学术研究的状况与水平。今后，我们要发挥专业出版优势，努力提高选题和图书的学术质量，在代表性和权威性上下功夫，推动质量和数量共同发展，特别是在历史、考古、哲学、宗教、文学、政治等学科继续强化自己的优势。

第二，紧紧围绕中国改革开放、中国道路、中国发展等国内外关注的重大问题，组织策划一批国外读者感兴趣的，有助于他们了解研究当代中国的政治、经济、社会、文化、生态、社会创新等方面的研究性著作，更大发挥哲学社会科学图书在建构国家形象中的作用。如我策划的《理解中国》丛书。该丛书旨在全面系统地阐释中国道路、中国理论和中国制度的基本内涵，不仅有《中国道路》《中国理论》《中国制度》《中国梦》等理论性的阐释，还有《中国社会巨变和治理》《破解中国经济发展之谜》《走向人人享有保障的社会》《中国特色解决民族问题之路》等国内外读者十分关心的话题，非常有助于国外读者理性认识中国道路，以及相关的制度政策。这套丛书由中国社会科学院和国内著名高校的一流专家学者撰写，目前已与施普林格出版集团签约。该丛书今年将出版第一辑五个专题（中、英文）。

第三，加强对中文图书的外文翻译和"走出去"工作。2012年以来，我社与国外出版社共签订合作出版合同65种，其中有36项获得"中华外译"项目、"经典中国"项目和中国社会科学院创新工程外译项目资助。今后我们要接着做好这些项目的翻译工作，高质量的翻译是争取更多的国外读者、真正发挥图书的世界影响力的一个关键环节。

此外，我们还要进一步加强与国外出版界学术界的广泛交流与合作。将"走出去"与"请进来"相结合，积极聘任国外著名的学者及相关领域的专家，充分发挥他们在国际交流、扩大全球视野、协助版权推荐以及审读翻译等方面的作用。

第四，加强图书的营销宣传，做好图书的对外推广传播。定期编制我社学术精品图书的中英文书目，通过各种渠道发给世界重要国家和地区高等院校和科研机构的图书馆以及公共图书馆，让他们及时了解我们出版的图书。积极向华文地区和世界各地孔子学院及各图书馆中文部推介我社出版的学术精品图书，积极扩大在华文地区的影响力。在适当的时机还要考虑建立国外分社或分支机构。

第五，加大专业队伍人才建设的力度。人才引进和专业人员综合素质的培养提高是做好"走出去"工作的关键。国际出版要大量引进和培养业务拓展与交流人才、翻译人才、产品研究与开发人才以及国际市场营销人才、版权维护人才。我们还要创新人才管理制度，为引进人才、留住人才、培养人才提供有力的制度保障。

中国图书世界影响力评价研究是一项前所未有的开创性工作，意义十分重大，对于各出版机构重视图书的"走出去"，扩大图书的世界影响力具有十分重要的推动作用。我们希望这项工作在今后的研究实践中进一步完善，与出版界实现良性联动，为在新的形势下共同推动中国文化"走出去"，扩大国际影响力做出重要贡献。

# 马克思主义哲学时代化、中国化、大众化的理论创新之作<sup>*</sup>

作为《新大众哲学》的出版方之一，承担此书的出版任务我们感到十分的荣幸，在新书出版之际，请允许我代表中国社会科学出版社对以王伟光<sup>①</sup>院长为首的全体作者表示衷心的祝贺！

撰写一篇或一部艰深的专业论著对于专业学者来讲并不是一件很难的事，但要

撰写既具学理性同时又深入浅出、通俗易懂的大众读物，对学者来讲不啻为一种挑战。尤其是对于马克思主义哲学这样科学性与意识形态性有机统一的学科来讲，写出一本在守正中创新、深入浅出，令大众喜爱的通俗读物绝对是一个艰巨的挑战。以伟光同志为首的课题组全体同志不畏艰难，本着高度的理论担当意识和理论责任感，几经寒暑，披荆斩棘，攻坚克难，写出了这部包含7个分册、近90万字的《新大众哲学》，实在是可喜可贺，这是当前中国哲学界的一件大事，是马克思主义哲学时代化、中国化、大众化的一项重大成

---

\* 2014年9月26日，在"《新大众哲学》首发式暨出版座谈会"上的发言。

① 王伟光，时任中国社会科学院院长、党组书记。

果。我个人初读《新大众哲学》后有一个突出的感觉：《新大众哲学》是马克思主义哲学时代化、中国化、大众化的理论创新之作，具体来讲有三点粗浅的体会。

2014 年 9 月 26 日，《新大众哲学》首发式暨出版座谈会

## 一 结构上新

逻辑结构合理，内容丰富。首先，总论部分对哲学、马克思主义哲学、中国化的马克思主义哲学的基本特征及它们的意义作了简明扼要、高屋建瓴的概括。视野广阔，格局非凡。开篇引人入胜，十分成功。

另外，作者直面市场化、全球化、技术进步等带来的人的生存、存在的困惑，以及信仰缺失、道德滑坡、诚信缺失甚至人的异化等问题，专门辟出两篇来讨论价值观、人生观问题，显示了作者敏锐的问题意识和对当今时代人的精神生活问题的高度重视。对马克思主义人生观、金钱观、权力观、事业观、婚恋观、幸福观的阐释，对人们具有很强的指导性和启发性。这些都说明《新大众哲学》的作者不仅重视马克思主义哲学改造客观世界的功能，同时也十分重视其改造主观世界的功能。

## 二　内容上新

具有鲜明的时代感和强烈的问题意识，实现了马克思主义哲学时代化、中国化和大众化的有机统一。马克思主义哲学不能时代化、中国化是缺乏生机和根基的，就无法实现大众化。而不在大众化上下功夫，马克思主义哲学也只能是书斋里的哲学。当代世界无论是科学技术、社会生产力、生产关系、利益结构，政治、经济、社会、文化以及民族、国家关系经历着前所未有的变革与发展，《新大众哲学》作者不畏艰辛，力图站在时代的高点上对时代和社会实践的深刻变化做出新的哲学思考与分析，写出反映适应新时代的《新大众哲学》。中国特色社会主义在经历30多年高速发展后正处于全面深化改革、攻坚克难、推进国家治理体系和治理能力现代化的关键阶段，在这样一个时代和社会背景下，把什么样的哲学呈现给大众，是个十分艰巨而又具有重大意义的理论任务。《新大众哲学》回应和解读了许多时代的新问题。

如唯物论篇中专门阐述了实现人与自然和谐发展的自然观，对信息化世界与世界的信息化进行了深入研究，探讨了信息的功能与特点、虚拟实践、虚拟时空问题。结合现代科技发展以及所谓意识形态终结论，分别对意识的本质与意识的重要作用进行了深刻阐明。又如，辩证论篇结合国际金融危机来阐明事物的普遍联系，用系统的观点看世界。再如，从总的量变中部分质变视角阐述中国特色社会主义所处时代和历史方位的科学判断，用中国梦与中国向何处去阐述可能与现实的关系问题。

还有，在历史观篇中阐述了做历史发展的促进派，对西方所谓"价值"的回应与分析，构建社会主义核心价值观，塑造中华民族共有精神家园等，以上这些方面的阐释都很有新意。

## 三 方法上新

《新大众哲学》紧紧围绕哲学作为世界观、人生观和方法论的学问这一根本特征来展开研究和理论阐述，彰显了哲学的智慧本性。《新大众哲学》鲜明地体现了理论与实践的紧密结合——结合时代变革与发展的实践，结合中国特色社会主义实践的实际，结合时代与社会巨变下人的生存状态与精神思想状况来逻辑展开马克思主义哲学的基本观点。

阅读《新大众哲学》，我们深感作者努力要告诉和指导人们在市场化、全球化、信息化的时代环境下，应当如何对待自然，如何处理与自然的关系；如何认识历史与社会，如何认识利益的历史杠杆作用，如何更全面正确地把握社会规律，推进社会发展；应当如何正确合理地认识事物，确立科学的思维方式和方法；人应当如何活着，怎样的人生才有价值，怎样才是幸福的人生。对这些问题，《新大众哲学》都阐明了应有的态度，态度蕴含的就是哲学意识和哲学智慧。《新大众哲学》把哲学的智慧尤其是马克思主义哲学的智慧通过充满时代感和生活气息的生动例子，以深入浅出的语言表达出来、呈现出来。在这样的过程中把马克思主义哲学的基本观点和道理告诉了读者。同时，《新大众哲学》也融入了不少中国哲学、西方哲学的思想与智慧，体现了马克思主义哲学与中国哲学、西方哲学的融合与对话。

最后，我特别想说的是，《新大众哲学》的撰写，体现了科学、严谨、扎实的学风，朴实无华的文风，值得我们认真学习。《新大众哲学》写作历时四年，易稿数十次。它是课题组全体同志特别是伟光同志呕心沥血、殚精竭虑之作，是千锤百炼、精益求精之作。对他们所表现出来的推动马克思主义哲学时代化、中国化和大众化之理论担当意识，对他们科学、严谨、扎实的学风与文风，我们不得不表示由衷的敬意！同时，《新大众哲学》在撰写过程中广泛征求了中国哲学界众多资深学者和学科带头人的意见，吸取了他们许多的见识与思想，因此，可以说此书也凝聚了当今中国哲学家们的集体智慧，代表了当代中国马克思主义哲学时代化、中国化、大众化的新境界，是当代中国哲学界一次成功的集体创作，是马克思主义哲学大众化的一个新的里程碑。

　　总之，我认为《新大众哲学》是有强烈的问题意识、时代意识以及生活气息，体现了强烈的理论使命感、责任感，实现了马克思主义哲学思维与时代和实践的结合，是马克思主义哲学时代化、中国化和大众化的理论创新之作，对于提高人们的哲学思维能力尤其是马克思主义哲学思维素质，提高人们认识世界改造世界（包括客观世界与主观世界），以及实现有价值的和幸福的人生将具有十分重要的启示与指导意义。相信《新大众哲学》一定会变成广大党员干部和人民群众认识世界、改造世界的锐利思想武器，发挥出巨大而深远的精神力量！

# 以中国特色社会主义最新理论成果指导学术出版事业发展

## ——学习《习近平总书记系列重要讲话读本》心得体会<sup>*</sup>

习近平总书记系列重要讲话在全面深化改革、实现中华民族伟大复兴的关键阶段，针对坚持和发展中国特色社会主义的一系列重大理论和现实问题，提出许多富有创见的新思想，是新时期我们党统一思想和推进工作的科学指南，也是我们在新形势下做好出版工作的基本遵循。

## 一 五点学习体会

《习近平总书记系列重要讲话读本》内容丰富，这里我主要谈以下几点学习体会。

1. 关于坚持和发展中国特色社会主义提出了许多新思想、新观点、新论断

习近平总书记把"坚持和发展中国特色社会主义，续写好中国特色社会主义这篇大文章"作为新一代中央领导集体的历史使命。习近平总书记通过对社会主义五百年的发展历史和思想脉络的梳理，提出并论证了中国特色社会主义是科学社会主义理论逻辑和中国社会发展历史逻辑的辩证统一，阐明了中国特色社会主义的历史必然

---

＊ 作者赵剑英，发表于《中国社会科学报》2014 年 7 月 14 日。

性、科学真理性和理论创新性，同时，还特别强调了中国特色社会主义的历史渊源和文化渊源。习近平总书记指出，中国特色社会主义这条道路是在改革开放三十多年的伟大实践中走出来的，是在中华人民共和国成立六十多年的持续探索中走出来的，是在对近代以来一百七十多年发展历程的深刻总结中走出来的，是在对中华民族五千多年悠久文明的传承中走出来的，具有深厚的历史渊源和广泛的现实基础。这些论述都是发前人所未发。习近平总书记还指出，要正确认识改革开放前后两个三十年之间的关系。以上这些论述进一步开阔了我们对于中国特色社会主义的认识视野，使中国特色社会主义达到新的理论境界。

习近平总书记明确提出，中国特色社会主义是由道路、理论体系、制度三位一体构成的。从马克思主义社会形态理论来看，这"三位一体"表明中国特色社会主义是一种新型的社会形态。我认为，我们强调道路自信、理论自信和制度自信，其底气就来自于此。习近平总书记还对中国特色社会主义是科学社会主义而不是"国家资本主义""新官僚资本主义""资本社会主义"等其他什么主义进行澄清，为中国特色社会主义正名。习近平总书记关于中国特色社会主义重大理论问题的新论断，指明了党和国家的未来走向，对于全党和全国各族人民坚定信仰、统一思想、增强自信至关重要。

2. 进一步阐明了全面深化改革的方向

习近平总书记指出，改革的总目标是完善和发展中国特色社会主义制度、推进国家治理体系和治理能力现代化。我们改革的方向就是在中国特色社会主义道路上不断前进，要警惕绝对市场化和私有化的西方自由主义错误倾向。同时也要看到市场体系还不够健全，市场发育还不充分，政府和市场关系还没有理顺，市场在资源配置中的决定性作用还受到诸多制约。全面深化改革，首先是坚持社会主义方向的改革，是通过改变当前不适应生产力发展的生产关系，进一步解放生产力和增强社会活力，使市场经济的工具理性与社会主义的价值理性更好地结合，正确地处理市场在资源配置中起决定性作用和更好发挥政府作用之间的关系。

推进国家治理体系与治理能力现代化的提出，我认为，就是要形成比西方资本主义国家制度更具优势、更加成熟稳定的中国特色社会主义制度体系，建构与完善中国特色社会主义现代文明体系。经过三十多年的改革和发展，我们在物质生产生活上的现代性特征越来越明显，但是制度和精神文化的现代性建构相对滞后。推进中国特色社会主义制度更加成熟、更加定型的新要求，表明中国特色社会主义现代化进程迈入更高阶段。

3. 关于文化建设提出了许多新观点

习近平总书记强调培育和弘扬社会主义核心价值观，指出以"三个倡导"24 个字为内容的社会主义核心价值观，反映了全国各族人民共同认同的价值观"最大公约数"，回答了我们要建设什么样的国家、建设什么样的社会、培育什么样的公民的重大问题。他特别强调，中华文化是我们民族的"根"和"魂"，要认真汲取中华优秀传统文化的思想精华，做好对传统文化进行创造性转化和创新性发展。这实质上是要解决如何将中华优秀传统文化与社会主义核心价值观，与马克思主义意识形态相衔接与融合的问题。习近平总书记关于意识形态工作的极端重要性，对外努力传播当代中国价值观念即中国特色社会主义的价值观念，增强国家文化软实力和国际话语权的新观点，对做好新时期思想宣传工作具有重要指导意义。

4. 提出并系统阐释了中国梦的基本内涵，释放出强大的号召力和感染力

实现中华民族伟大复兴的中国梦集中表达了几代中国人的共同夙愿，中国梦的本质是国家富强、民族振兴、个人幸福，可以说，它是国家情怀、民族情怀、人民情怀的统一，体现了国家利益、民族利益、个人利益的统一。因此，我认为，中国梦是求得全国各族

人民梦想"最大公约数"的通俗表达。它强调共享性，要让全体中国人民共同享有人生出彩的机会，共同享有梦想成真的机会，共同享有同祖国和时代一起成长与进步的机会。因而，具有很强的感染力，成为激励中华儿女团结奋进、开辟未来的一面精神旗帜。

习近平总书记还指出，中国梦不单纯是中国人民的梦，而且是世界的梦。中国梦不是"强权梦""扩张梦""霸权梦"，而是追求和平的梦、促进世界和谐的梦，它与各国人民的美好梦想相通。中国梦不仅造福中国人民，而且造福世界人民。可以说，中国梦不仅是凝聚中国力量的黏合剂，而且是沟通中国人民和世界人民感情的桥梁。

5. 关于党要管党、从严治党提出了新的重要论述和更高要求

习近平总书记围绕党要管党、从严治党，就坚持共产党人的理想信念、党的作风建设、党风廉政建设、反腐败斗争、开展党的群众路线教育实践活动、密切与人民群众的血肉联系、永葆党的执政地位等，提出一系列新的重要论述，也提出了更高要求，为新时期加强党的建设，提高党的先进性和纯洁性指明了方向。

## 二　以讲话精神为遵循推动哲学社会科学出版工作科学发展

深入学习习近平总书记系列重要讲话精神，不仅要深刻领会讲话的精神实质，更重要的是，将讲话精神切实贯彻到具体的出版工作中，推动哲学社会科学出版工作的科学发展。

### 1. 要坚持正确的出版方向

哲学社会科学出版具有鲜明的意识形态属性，我们要始终与以习近平同志为核心的党中央保持高度一致，充分发挥党和国家意识形态主流阵地作用，做到守土有责、守土负责、守土尽责。加强理论学习，不断提高马克思主义理论水平和政治把关能力，对涉及一些敏感问题的选题和书稿的把关要做到不糊涂、不含糊、不松懈，绝不给错误思潮和言论提供传播空间。

2. 把策划出版阐发和研究中国特色社会主义的图书，作为哲学社会科学学术出版工作的一个重点方向

将习近平总书记关于坚持和发展中国特色社会主义的新论断阐释清楚，坚定广大党员和人民走中国特色社会主义道路的自信，是学习习近平总书记系列重要讲话的一项重要任务，是我社作为哲学社会科学专业出版社工作的一个重点方向。

我社要努力推进《理解中国》丛书（中英文版）的出版工作。该丛书旨在全面系统地阐释中国特色社会主义道路、理论体系和制度的基本内涵，不仅有《中国道路》《中国理论》《中国制度》《中国梦》《中国的价值观》《中国改革开放史》等总体性的理论阐释，还有《破解中国经济发展之谜》《中国社会巨变和治理》《走向人人享有保障的社会》《中国特色解决民族问题之路》等涉及中国发展的具体领域。这套丛书是我社组织策划、中国社会科学院统筹实施的重点项目，由中国社会科学院和国内知名高校的专家学者撰写。该丛书不仅有助于引导国内读者理性认识中国特色社会主义的道路、制度及相关政策，还能使国外读者更加准确地理解中国，提升中国国际影响力和话语权。我社已与德国施普林格出版集团签约，该丛书今年预计出版 8 种。

此外，还要出版更多研究阐发和普及社会主义核心价值观、中国梦的研究成果。

3. 要发挥学术出版优势，致力于做好贯通、融合中华优秀传统文化与以社会主义核心价值观为主体的中国特色社会主义文化的工作

哲学社会科学学术出版，要挖掘更多中华传统文化中"活"的东西，也就是真正为社会主义核心价值体系提供理论支撑的内容，切实将中华优秀传统文化转化为社会主义先进文化的重要组成部分。习近平总书记指出，要讲清楚中华优秀传统文化的历史渊源、发展脉络、基本走向，讲清楚中华文化的独特创造、价值理念、鲜明特

色。在这方面，学术出版大有可为。

4. 自觉承担学术出版在文化"走出去"中的责任

学术成果"走出去"承担着弘扬中华文化、增强国际话语权的重要使命，学术出版在推动学术"走出去"方面应当发挥更大作用。

我社将继续做好《理解中国》丛书、《民主的中国经验》、《理解中国政治》、《新中国经济学史纲（1949—2011）》、《全球化视野下的中国研究》、《孔子与20世纪中国》、《论中国模式》、《新中国人权保障发展60年》、《还历史的本原》等已签约图书的"走出去"工作，在对外传播当代中国价值观念方面做出更大成绩。做好《当代中国学术思想史》丛书的翻译出版工作，向国外系统展现新中国成立后我国学术发展史和最新成果，推动更多高端学术著作"走出去"。推动更多如《简明中国历史读本》（日文版）、《中国古代社会生活史》等文化历史方面的图书"走出去"。

5. 提高运用战略思维、历史思维、辩证思维、创新思维、底线思维管理和发展企业的能力

运用战略思维，就是善于从全局的角度、长远可持续发展的角度和业内业外、国际国内市场的角度，对我社的发展目标、发展思路和路径进行考虑；运用辩证思维，就是要努力实现主业与其他产业、传统出版和数字出版、社会效益和经济效益以及出版社长远发展和职工当前利益的有机统一；运用创新思维，就是要创造性地开展工作，敢于打破成规、另辟蹊径，用科技创新、管理创新的成果和手段解决发展中的问题；坚持底线思维，要求我们守住出版主业尤其学术出版的底线，不随波逐流、盲目跟风，坚持在自己的领域内精耕细作，在任何时候，都必须坚守学术出版的底线，巩固和拓展好自己的主业。失去这一底线，就会犯战略性错误。

习近平总书记系列重要讲话站得高、看得远、讲得透，内容丰富、思想深邃、鼓舞人心。我们将更加深入地学习习近平总书记系列重要讲话，切实将讲话精神转化为我社统一认识、凝聚力量的强

大思想武器，转化为我们攻坚克难、化解矛盾的科学理论指导，转化为我们改革创新、奋发有为的强劲动力，扎扎实实做好学术出版，为我国哲学社会科学的繁荣与发展做出自己的贡献，为实现"两个一百年"奋斗目标和中华民族伟大复兴的中国梦尽绵薄之力。